江苏高校"青蓝工程"资助

数字经济时代中国零售业数字化创新与转型

包振山　著

中国大百科全书出版社

图书在版编目（CIP）数据

数字经济时代中国零售业数字化创新与转型 / 包振山著 . -- 北京：中国大百科全书出版社，2024.12.
ISBN 978-7-5202-1771-2

Ⅰ . F724.2-39

中国国家版本馆 CIP 数据核字第 2024SA0333 号

出 版 人　刘祚臣
策 划 人　臧文文
责任编辑　臧文文
责任校对　关少华
封面设计　博越创想 · 夏翠燕
版式设计　博越创想
责任印制　李宝丰
出版发行　中国大百科全书出版社
地　　址　北京市西城区阜成门北大街 17 号
邮　　编　100037
电　　话　010-88390703
网　　址　http://www.ecph.com.cn
印　　刷　北京九天鸿程印刷有限责任公司
开　　本　710 毫米 × 1000 毫米　1/16
印　　张　16.5
字　　数　242 千字
版　　次　2024 年 12 月第 1 版
印　　次　2024 年 12 月第 1 次印刷
书　　号　ISBN 978-7-5202-1771-2
定　　价　70.00 元

序

　　零售业是促使生产到消费各环节有效衔接的核心媒介，是促进中国消费升级、激发超大规模市场优势的基础性动能。大数据、云计算、人工智能、5G 等新信息技术的发展及应用，催生了继农业经济、工业经济之后的又一主要经济形态——数字经济。数据成为重要的生产要素，成为促进经济发展的基础性生产工具，不仅推动了供给端企业在生产制造、经营管理、营销模式等环节的创新，也促使需求端在消费需求、消费升级、消费理念等方面向数字化转变。供给与需求两端的数字化创新与发展，对作为桥梁的零售业的发展提出了数字化转型的时代课题。

　　中国零售业经历了改革开放以来 40 多年的高速增长后转向了高质量发展，以数字经济赋能零售业，利用不同零售业业态特点来满足不同消费需求，进一步促进数字技术在零售业中的运用，这不仅提高了零售业的发展速度，也提升了零售业的发展质量。近年来，直播带货、线上营销等零售新业态的出现，以数据流量的获取和转化影响零售消费新场景，将虚拟经济与实体经济深度融合，打破了传统的零售壁垒，催生了零售消费的新增长点。

　　数字经济在改变居民消费习惯、方式、理念等的同时，在更深层次上改变传统社会生产关系，改变零售业的营销方式、网点布局、商业模式、营销渠道等，使得零售业的发展表现出独有的特点。将数字技术运用到零售业的创新驱动和融合发展成为新趋势。目前，数字信息技术正在逐渐消除零售业与其他产业的界限，行业间的深度融合体现在内容上更加丰富、形式上更加多元、路径上更加多样，这使得零售业与其他产业的融合呈现相辅相成、共同发展的新趋势。

本书以数字经济时代的零售业为研究对象，遵循"问题提出→理论建构→影响机制→实证研究→互促路径"的逻辑脉络构建总体研究框架，以数字经济下的创新范式转变为基点，基于数字经济、零售创新等理论，探讨数字经济时代零售业数字化创新机制与促经济增长路径，并从实证层面对相关机制效应进行验证。本书主要内容共十一章，分为三大部分。

第一部分：数字经济时代零售业演进历程与业态布局（第一至第四章）。从理论和历史视角，系统梳理中华人民共和国成立 75 年来中国零售业发展的时代演进，明晰零售业发展的内在规律与现实困境，引出课题的研究问题。

第一章为序章，交代研究背景和研究目的，对 Web of Science、中国知网（CNKI）数据库的研究文献进行计量分析。第二章将中华人民共和国成立 75 年来中国零售业发展历程分为六个阶段进行考察，提炼其发展成效，指出数字经济时代零售业发展存在的现实困境。第三章和第四章分别对大数据 POI 的城市零售网点空间布局进行分析，探讨影响零售网点布局的因素。

第二部分：数字经济时代零售业数字化与创新发展（第五至第八章）。基于数字经济时代零售业创新与转型的影响机制分析，从实体零售、网络零售和融合发展三个维度构建指标体系并量化评估，采用案例研究法、回归统计法、调研访谈法等，重点分析零售业创新转型的动态变化与融合趋势。

第五章为实体零售企业的经营战略重构研究，选取本土代表性零售企业从经营技术革新战略、多业态的扩张战略、连锁经营的扩张策略、灵活的 M&A 战略、复合型的多元化战略等五个方面来考察利群集团的经营战略调整与重构。第六章为网络零售满意度提升与网络直播优化路径，构建网络零售满意度指标测度体系，通过发放问卷与深度访谈、观察体验等方法收集数据，实证分析顾客在直播中的购物满意度及影响。第七章数字经济下零售企业数字化创新与转型的多案例研究，对比分析三大代表性零售企业的数字化转型战略与到家配送模式优化，探讨全渠道数字化融合、供应链采购、社群营销、配送模式等对实体零售企业创新发展的影响效应。第八章以日本老年群体的购物难问题为研究对象，构建"政府—企业—非营利性组织"三方协同的解决机制模型，从政府、企业与非营利性组织三个维度来探讨应对该问题的举措。

第三部分：数字经济时代零售业数字化与经济循环（第九至第十一章）。基于数字经济时代零售业创新与转型的理论分析与案例研究，从数字金融、跨境电商、人口老龄化、经济增长等层面探讨新经济变化对零售业创新发展的影响，重点分析零售业创新转型与经济增长的互动机制。

第九章基于《北京大学数字普惠金融指数》以及 2020 年中国家庭追踪调查（CFPS）数据，加入居民收入这一调节变量，建立多元线性回归模型和调节效应模型，实证研究了数字金融、居民收入与主观幸福感的关系。第十章分析跨境电商服务经济内外循环的历史逻辑、现实逻辑与发展趋势，基于日本发展经验提出对中国的镜鉴。第十一章探讨数字经济时代的零售业创新转型与经济增长，分析零售数字化以促进社会再生产、提升经济增长质量、优化经济结构、拓展下沉市场、助推全国统一大市场建设等方式影响着经济增长，提出两者互动创新的路径。

本书基于数字经济时代背景，对零售业数字化创新与转型进行了全方位研究，内容全面、视角新颖，是一部专门研究零售业数字化的学术专著，具有如下创新之处。

一是立意鲜明，紧扣数字经济时代对零售业影响的主题。2017 年数字经济第一次被写入政府工作报告，中国自此进入数字经济发展时代。2021 年 12 月，国务院印发了《"十四五"数字经济发展规划》，产业数字化、数字产业化成为近年研究的热点。在此背景下，零售业以数字化创新为指导思想，积极迎接供给需求两端数字化发展对零售业变革的新要求。作者基于博士阶段开始的零售研究，结合数字经济时代背景进行深化研究，深入思考零售业如何运用数字技术进行创新转型。目前学界围绕零售、流通的数字化创新与转型发表了大量论文，但尚未正式出版系统研究的专著，因此本书选题具有较高的学术创新性。

二是系统全面，多维视角论证零售业数字化创新转型。本书在梳理和分析国内外零售转型研究的现状、热点及发展趋势的基础上，提出了创新驱动是当前中国经济社会发展的首要理念，更是零售业数字化发展的核心指导思想。书中基于消费者视角、企业立场、政府管理等多维角度，对零售业数字化创新转型进行了系统探讨。整体而言，全书章节联系紧密、逻辑关系清晰，在梳理零售业创新理论基础上，结合企业案例、数字消费变革等，创造性地提出了促进中国零售业商业模式创新的转型路径，对中国零售产业发展具有借鉴意义；坚持运用马克思主义政治经济学、流通经济学、商品经济学等学科理论知识，融汇交叉相关研究方法，从理论到实践，较为系统地构建了数字经济背景下零售业数字化转型的研究体系，覆盖了数字经济背景下零售业研究热点、空间分布、业态创新、商业模式创新等时代课题，具有显著的科学性、专业性和系统性特征；揭示数字技术对零售业数字化转型的作用机理，探究零售业数字化转型的主导因素，弥补以往研究过多关注网络零售而忽略实体零售的不足，为研究中国情境下零售业数字化创新转型提供新的样本；构建"供需协同"视角下侧重需求端的零售业数智化共生发展治理策略，与已有侧重供给端的研究相互对照，为零售共生理论提供新的实证支持。

三是结构清晰、重点突出，深度分析零售业数字化发展新趋势。本书在理论研究的基础上，着重突出了各个理论研究板块的案例分析与讨论，反映了数字经济时代下零售业数字化发展与商业模式升级的现状与趋势，并从理论创新和实践创新两个角度解析了零售业空间分布、业态创新、直播营销、数字技术运用、场景营造等零售业数字化转型的新机遇、新发展和新策略，引领了零售业创新发展的时代新潮流。探究零售业将消费大数据转化为营销的有效策略，提升零售效率，明确零售业数字化的转型路径，为政府、零售行业、零售企业等提供零售业数字化创新的政策建议，促进数字技术、数字经济、数字化产业、跨界融合等的协同发展，加快数字经济时代下零售业的数字化转型，推动中国数字经济的产业经济创新发展。

本书在撰写过程中，得到了盐城师范学院黄利秀教授、陈宏付副教授、翁梅老师，日本东北大学金丹研究员、福岛大学朱永浩教授，我的学生吴宣、杨琪琛、尤康、陈智岩、李佳、吴华宇、周聪、王海洪的帮助，他们撰写的论文为本书提供了强有力的支持，在此向他们致以衷心的感谢。

最后特别感谢中国大百科全书出版社的领导，感谢盐城师范学院"数字经济"硕士培育点的激励资助、江苏高校"青蓝工程"资助。限于作者学识和能力，本书尚有不足之处，还请专家学者和读者们批评指正。

包振山

2024 年 7 月于江苏盐城

目　录

第一篇　零售业演进历程与业态布局

第二篇 零售业数字化与创新发展

第三篇 零售业数字化与经济循环

第一篇

零售业演进历程与业态布局

第一章　引　言

第一节　选题背景及问题提出

　　数字经济时代，数字化创新与转型是企业管理者的战略决策要务，数字化资源的投入与组织适应性方面的不同，影响企业的数字化转型战略，进而影响转型模式的选择[①]。数字经济时代下的企业数字化转型是市场微观主体通过技术进步和由此驱动的组织创新的重要途径，其中以零售业的数字化创新与转型最为活跃和突出[②]。近年来的贸易保护主义抬头、逆全球化及衍生的贸易摩擦，影响着全球经济的发展，新冠疫情加剧了百年未有之大变局的不确定性，国际产业链、供应链受到严重冲击，国内超大规模市场优势和内需潜力亟需深化激活。基于国际环境变化与国内经济发展阶段转换的综合考量，2020年5月14日，中共中央政治局常委会会议首次提出了"构建国内国际双循环相互促进"的新发展格局。双循环的核心是打通生产、分配、流通和消费的堵点，畅通国民经济循环。衔接生产与消费的零售业，承担起冲击疫

[①] Warner K, Wager M. Building Dynamic Capabilities for Digital Transformation: An Ongoing Process of Strategic Renewal[J]. Long Range Planning，2019，52（3）：326–349.

[②] 王晓东，万长松，谢莉娟．零售企业数字化转型策略选择——基于转型深度和广度对全要素生产率的影响 [J]. 中国人民大学学报，2023，37（03）：56–69.

情影响、提振经济发展的重任，成为影响经济发展的重要动力源。

零售业作为连接生产和消费的纽带，其核心职能决定了零售业在促进产业升级和推进现代服务业与先进制造业、现代农业深度融合，建设现代化产业体系中要发挥重要媒介职能[①]。伴随着互联网技术等新技术革命的发展，以大数据、云计算、区块链、人工智能、物联网及 5G 技术等为驱动力的创新转型成为传统行业转变发展动能的新趋势。新技术革命促进了以电商为首的网络零售迅猛发展，使零售业成为迭代创新最活跃的领域。中国零售业在数字赋能与消费升级的双重作用下，经过多年的改革创新发展后，现已成为世界第四次零售革命的引领者。

零售业的创新转型发展成为全球各国政府、产业界和学界的关注热点。本章基于计量经济学的理论方法，以 Web of Science（WOS）数据库和中国知网（CNKI）收录的有关"零售"为主题的文献作为统计源数据，通过对零售创新转型研究的主题文献梳理来分析该研究的热点及演进趋势，揭示文献统计特征与知识图谱表象背后的研究热点，以期回答近 10 年来国内外零售创新转型研究的主题发生了什么变化、是如何发展演进的，研究力量主要分布及研究呈现什么样的发展趋势等。

第二节　数据来源与研究方法

一、数据来源

基于 Web of Science（WOS）核心数据库 SCI-Expanded、SSCI 等，选定时间样本为 2010 年至 2020 年 6 月，采用 "retail" 和 "innovation" "transformation" 为主题词进行检索，收集分析国外零售业研究的文献，通过人工筛选，在剔

---

① 梁佳，严锋，张其林.数字技术提升零售产业效率：机理与实证 [J].商业经济与管理，2023（12）：5—21.

除文献综述、学术会议报道及重复文献等不相关文献后，最终得到有效文献442 篇。为更好地与国外文献样本做比较并得到质量较优的国内文献样本，综合使用中国知网（CNKI），"来源类别"选择学术影响力最优的"CSSCI"，时间样本同样是 2010 年至 2020 年 6 月。以"零售""创新""转型"为主题词进行检索，收集分析国内零售业研究的文献，通过人工筛选，在剔除文献综述、学术会议报道及重复文献等不相关文献后，最终获得 456 篇有效文献。

二、研究方法

选用 CiteSpace 软件对文献进行分析。该软件是一款基于引文分析理论的科技文本挖掘及可视化的分析软件，可以绘制科学领域发展的知识图谱，直观地展现科学知识领域的信息全景、宏观结构，以及一个学科或者知识领域在一定时期的发展趋势与动向。CiteSpace 最大的优势是基于 Java 环境下科学计算文献中的作者、关键词、来源机构等题录信息的数据规律，不仅可以以知识图谱的形式展示，而且可以进行关键词共现、文献共被引分析，绘制分时动态网络图谱以便于寻找相关知识趋势的前沿热点及发展趋势。因此，本章选取可将复杂的数据信息转化为直观的图形进行表达的 CiteSpace 可视化分析软件，对近 10 年来国内外零售业创新转型研究的热点及发展趋势进行分析。

将获取的 898 篇中外文文献，按照每篇文献一个研究单位进行类目构建和编码，具体类目构建为论文发表的作者分布、研究机构分布、年文献发布量以及地区分布等。在此类目下，对样本进行分类编码，统计不同类目的文献数量，通过 CiteSpace 进行数据分析和知识图谱的绘制。在研究关键词及研究热点上，运用 CiteSpace 对零售创新转型研究的关键词进行共现、聚类和突变分析。在文献统计计量的基础上，从研究文献的作者分布、机构分布、区域分布、年度发文量分布等维度进行内容分析，梳理出零售业创新转型研究的现状及热点，并对研究变化的趋势进行分析。

第三节　零售创新转型研究分布统计分析

一、国外研究分布

（一）作者分布

文献核心作者是研究中"嗅觉"最为"灵敏"的，通过对其分析，能迅速发现研究领域中的热点话题，为展开深入研究提供理论参考和依据，进而可以充分利用推进研究深入的潜在力量。在 CiteSpace 软件中，以"author"为关键节点对 Web of Science 检索到的文献样本进行知识图谱分析。首先，根据普莱斯定律计算零售创新转型研究的核心作者，方法为：$N = 0.749 \cdot (N_{max})^{1/2}$ [①]，最高发文量是 4 篇（表 1.1），经计算，$N \approx 2$，即发文量 2 篇以上的作者为零售创新转型研究的核心作者。结果表明，发文量 2 篇以上的作者人数共 12 人，共发表论文 28 篇，约占零售研究文献样本总数的 6%，与稳定的核心作者发文占比需达到 50% 以上还有很大的差距。其次，作者合作网络密度仅为 0.0032，表明发文作者之间的合作交流还相当欠缺，多数研究者仍处于各自独立的研究状态。

表 1.1　国外零售创新转型研究的主要作者

序号	发文量（篇）	作者
1	4	巴特·明顿（Bart Minten）
2	4	托马斯·里登（Thomas Reardon）
3	2	马廷·凯姆（Matin Qaim）
4	2	彼得·蒂默（Peter Timmer）

[①] 王猛 . 社会治理创新研究的知识图谱：现状、热点与趋势——基于 CiteSpace 的分析 [J]. 西南民族大学学报（人文社科版），2020，41（07）：231–240.

（续表）

序号	发文量（篇）	作者
5	2	乔恩·斯托巴特（Jon Stobart）
6	2	班尼特·亚历山大（Bennett Alexander）
7	2	伊万·苏卡尔（Ivan Soukal）
8	2	布兰克·戈西克（Blanka Gosik）
9	2	约翰·哈伯格（Johan Hagberg）
10	2	克里斯汀·格·凯奇（Christine G K Chege）

资料来源：Web of Science。

（二）研究机构分布

分析研究机构之间的合作关系及对零售创新转型研究的贡献，对促进和创新零售创新转型研究具有重要作用。这是因为文献核心作者聚集在有一定影响力的研究机构，研究机构之间的合作网络又会影响一项研究的进度以及成果[①]。在 CiteSpace 软件中，以 "institution" 为关键节点对 Web of Science 搜集的文献样本进行研究机构的合作网络结构分析，发现在 2010 年至 2020 年 6 月的时间段内，发文量 2 篇以上的研究机构有 40 个，且在知识图谱中各个节点相对集中，说明各个研究机构之间具有合作关系（表 1.2）。

表 1.2　国外零售创新转型研究的主要机构

序号	发文量（篇）	研究机构
1	7	密歇根州立大学（Michigan State University）
2	6	曼彻斯特城市大学（Manchester Metropolitan University）
3	5	国际食物政策研究所（International Food Policy Research Institute）
4	5	考门斯基大学（Comenius University）
5	3	米德塞克斯大学（Middlesex University）

---

① 袁利平，杨阳.高校创业教育课程研究的主题进展与热点比较——基于 CNKI 和 WOS 文献的知识图谱分析 [J]. 大学教育科学，2020（01）：89–98.

（续表）

序号	发文量（篇）	研究机构
6	3	俄罗斯科学院（Russian Academy of Sciences）
7	3	加利福尼亚大学伯克利分校（University of California，Berkeley）
8	3	阿尔托大学（Aalto University）
9	3	皇家墨尔本理工大学（Royal Melbourne Institute of Technology University）

资料来源：Web of Science；Cite Space5.6.R3。

（三）研究区域分布

以"国家"为节点进行分析，可以发现在国际上研究零售创新转型具有影响力和活跃度的国家或地区。在 CiteSpace 软件中，以"country"为关键节点，对 Web of Science 的文献样本数据进行国家合作网络结构分析，发现美国在零售创新转型领域发文量最多，共 78 篇，中介中心性为 0.37，其次是英国、德国、印度等（表 1.3）。无论是发文量还是中介中心性，美国都处于较高水平，由此可见美国在零售创新转型研究领域中具有引领作用。德国、英国、澳大利亚等也具有相对较高的中介中心性。零售创新转型研究所在的国家均为零售业较为发达的国家，这表明零售创新转型研究与所在国家的零售业发展是息息相关的。

表 1.3　国外零售创新转型研究的主要国家

序号	发文量（篇）	中心性	国家
1	78	0.37	美国（USA）
2	48	0.24	英国（England）
3	24	0.26	德国（Germany）
4	22	0.01	印度（India）
5	20	0.09	西班牙（Spain）
6	19	0.18	澳大利亚（Australia）
7	16	0.06	意大利（Italy）
8	15	0.00	俄罗斯（Russia）

（续表）

序号	发文量（篇）	中心性	国家
9	14	0.14	加拿大（Canada）

资料来源：Web of Science；CiteSpace5.6.R3。

（四）年度发文量分布

由于本章选取的文献样本时间是 2010 年至 2020 年 6 月，所以导致 2020 年统计的文献数量不足以体现整一年度发文量的趋势，由此只对 2010 年至 2019 年的文献样本进行分析，绘制出零售创新转型研究的年发文量趋势图（图 1.1）。从该趋势图可以看出，国外对零售创新转型研究的关注度在起伏变化中整体呈现上升的特征。其中 2010 年至 2014 年的年度发文量处于较低水平，2015 年后年度发文量开始大幅度增多，因此可以将其划分为如下两个阶段。

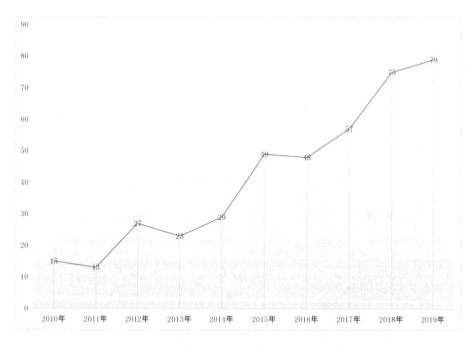

图 1.1   2010—2019 年国外零售创新转型研究文献年度发文量（单位：篇）
资料来源：Web of Science。

1. 低水平增长阶段。继 2008 年全球金融危机后，2010 年欧洲又出现主权债务危机，整个欧盟都受到债务危机的困扰。金融危机以及后危机时代全球经济低迷，居民消费支出受到较大影响，连锁效应对零售业的创新转型也带来较大影响，造成该时间段内的零售创新转型研究年发文量处于较低水平。

2. 高水平增长阶段。以欧洲央行于 2015 年初提出全面量化宽松政策为标志，欧洲经济进入全面恢复期；同年美联储提出近 10 年内首次加息等一系列利好措施，提振了居民的消费信心，激发了居民的消费欲望。在互联网新技术的加持驱动下零售业迎来了新的发展，从而引发各国学者对零售业政策效应的关注和讨论，使得相关研究的年发文量逐渐增多。

基于以上分析，可以看出国外学者对零售创新转型的研究，与国际经济大环境以及能够引起国际经济波动的国家重大政策直接相关。

二、国内研究现状

（一）作者分布

对零售发展领域核心作者及其主要研究内容的分析，可以更好地了解零售创新转型的研究现状及发展趋势。在 CiteSpace 软件中，以 "author" 为关键节点，对 CNKI 所收集的文献样本进行作者合作网络结构分析，得到作者合作网络密度为 0.0233。根据普莱斯定律公式，计算得出 $N \approx 2$，发文量 2 篇以上的作者人数共 25 人，共发表论文 58 篇，约占零售创新转型研究文献样本总数的 13%。该数据虽然与国外相比比例较高，但是与稳定的核心作者发文占比需达到 50% 以上还有很大的差距。

由于进行零售创新转型研究的国内研究者人数较少，虽然研究者合作网络密度比国外高，但是参照最优合作密度标准来看，依然存在较大的差距，这说明国内研究者之间也需要加强合作交流。对中心作者名称为检索词进行检索，发现这些作者的研究领域集中在企业管理和零售企业，对零售创新转型发展的关注度相对较低，虽然发文量与国外相比相对较高，但是没有形成较高的影响力，缺乏核心作者的引导。

表 1.4 国内零售创新转型研究的主要作者

序号	发文量（篇）	年份	作者
1	4	2015	齐永智
2	4	2016	刘向东
3	3	2016	王超贤
4	3	2017	罗超平
5	3	2017	但 斌
6	3	2017	牛 可
7	2	2010	石树文
8	2	2019	谢莉娟
9	2	2015	王文硕
10	2	2017	荆林波

资料来源：CNKI；Cite Space5.0。

（二）研究机构分布

研究机构作为文献发行者的聚集地，可以反映零售创新转型研究的聚集地以及机构之间的合作关系，可以推动新型合作关系的建立及该领域研究合作的深入开展。在 CiteSpace 软件中，以"institution"为关键节点，对 CNKI 检索到的文献样本进行研究机构合作网络结构分析（表 1.5），发现发文量超过 2 篇的研究机构共 24 个，其中发文量最高的是中国人民大学商学院，其次是中国社会科学院财经战略研究院。与国外文献样本的分析结果相比较，国内文献样本计量得到的知识图谱中各个节点较为分散，说明国内各个研究机构之间的合作并不是太紧密。其中首都经济贸易大学工商管理学院、对外经济贸易大学国际经济贸易学院和山西财经大学工商管理学院，辽宁工业大学和武汉东湖学院等存在较为密切的合作关系。

表 1.5　国内零售创新转型研究的主要机构

序号	发文量（篇）	研究机构
1	15	中国人民大学商学院
2	9	中国社会科学院财经战略研究院
3	3	首都经济贸易大学工商管理学院
4	3	南京财经大学国际经贸学院
5	3	西南大学经济管理学院
6	3	山西财经大学工商管理学院
7	2	对外经济贸易大学国际经济贸易学院
8	2	辽宁工业大学
9	2	仲恺农业工程学院计算科学学院
10	2	山东农业大学经济管理学院

资料来源：CNKI；CiteSpace5.0。

（三）来源期刊分布

对国内零售创新转型研究领域的 456 篇研究文献进行整理分析，得到发文量排名前 10 的来源期刊（表 1.6），主要分布在《中国流通经济》《价格理论与实践》《北京工商大学学报（社会科学版）》等经济类期刊上，TOP10 内并未出现其他类型的期刊。

随着互联网技术的发展和国家政策的变化，信息科技、工程科技等理工科类的期刊如《工程工业与管理》《系统工程理论与实践》等也刊登了零售创新转型研究的论文，但所占比重不高。由此可见，虽然国内零售创新转型研究文献发表的期刊较为集中，但该领域的研究引起了越来越多不同领域学者的关注。

表 1.6　国内零售创新转型研究文献的来源期刊 TOP10

序号	期刊	发文量（篇）	占比
1	《中国流通经济》	41	9.0%
2	《价格理论与实践》	20	4.4%
3	《北京工商大学学报（社会科学版）》	18	3.9%
4	《商业研究》	15	3.3%
5	《商业经济与管理》	13	2.9%
6	《宏观经济管理》	11	2.4%
7	《税务研究》	10	2.2%
8	《消费经济》	9	2.0%
9	《中国金融》	9	2.0%
10	《财贸经济》	8	1.8%

资料来源：CNKI。

（四）年度发文量分布

文献年发文量可以从客观上反映国内学者在零售创新转型领域的研究热度。经过对 CNKI 不规定时间限制检索到的文献样本进行降序排列，发现国内对于零售创新转型的研究开始于 1998 年，且当年文献发文量为 27 篇；而 WOS 不规定时间限制检索到的文献样本降序排列之后，发现国外对零售创新转型研究开始于 1985 年，由此可见国内对于零售创新转型的研究起步较晚。

从图 1.2 可以看出，2012 年的年发文量达到最低；2012 年至 2015 年由于零售业在国民生产总值中所占的比重越来越大，使得国内对零售创新转型等问题的关注度逐渐上升，年发文量也呈现上升的趋势；随着 2015 年财政部发布降低日用零售商品的进口关税税率等利好政策影响，2015 年的年发文量达到最高；而后 5 年的年发文量呈现小幅波动，数量维持在 50 篇左右。因此可以看出零售业的研究与国家政策、零售业发展状况是密切相关的，国内对零售创新转型的关注呈现不稳定的特征，文献年发文量波动较为剧烈。

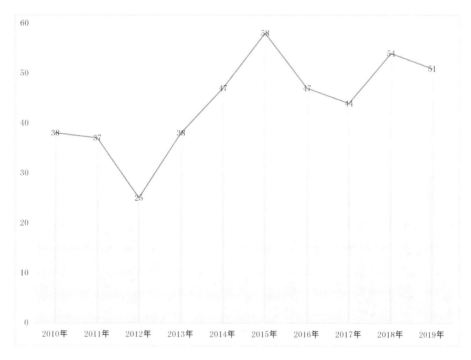

图 1.2   2010—2019 年国内零售创新转型研究文献年度发文量（单位：篇）
资料来源：CNKI。

第四节   零售创新转型研究的热点分析

一、国内外零售创新转型研究的知识图谱

（一）国外文献知识图谱分析

对 WOS 数据库检索到的 442 篇文献进行关键词共现网络结构分析，以时区视图显示关键词趋势图谱，可以反映出国外零售创新转型研究的热点。图1.3 中每一个"十字架"的图案对应一个关键词节点，节点的大小与关键词出现的频次成正比。从图 1.3 可以看出，2012 年后关键词迅速增加，与零售方式、零售创新转型、零售技术、零售渠道等有关的词汇逐渐增多。这说明国外较

早地开始了对零售创新转型的研究，且研究逐步深入，探讨主题也比较广泛。

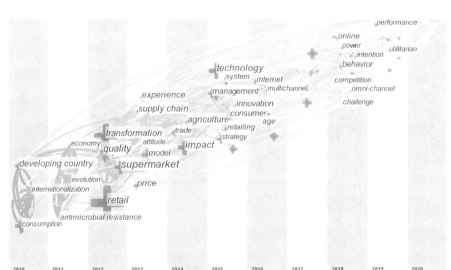

图 1.3　国外零售创新转型研究关键词趋势图谱

资料来源：CiteSpace5.6.R3。

对关键词出现的频数及中心性整理发现，"impact""retail" 和 "supermarket"
等关键词具有较高的中心性（表 1.7），这与图 1.3 反映的时间趋势图谱是完
全一致的。结合图 1.3 和表 1.7，可以发现国外关于零售创新转型是将信息技
术与零售业有机结合，在共同促进零售多业态发展方面开展研究。

表 1.7　国外零售创新转型研究领域的高频关键词

序号	频数	中心性	关键词
1	47	0.18	retail
2	31	0.12	transformation
3	22	0.11	technology
4	21	0.17	impact
5	20	0.14	supermarket
6	20	0.05	consumption
7	19	0.03	model

（续表）

序号	频数	中心性	关键词
8	14	0.08	developing country
9	14	0.07	management
10	13	0.06	strategy

资料来源：CiteSpace5.6.R3。

（二）国内文献知识图谱分析

对 CNKI 搜集到的 456 篇文献样本进行关键词共现分析，即在 CiteSpace 软件中，以"keyword"为关键节点对文献进行关键词网络结构分析，以时区视图的形式展现，得到如图 1.4 的关键词趋势图谱。图 1.4 是体现零售业创新领域高频关键词之间按照时间分布的关联方式图谱，可以反映国内零售创新转型研究的热点。图中每一个圆圈对应一个关键词节点，且圆圈的大小与关键词出现的频次成正比。从图 1.4 中能够看出，2014 年后关键词迅速增加，关键节点变多。国内关于零售创新转型的研究，比国外的 2012 年要晚 2 年。需要注意的是，在 2014 年之后，关键节点虽然增加，但是关键节点的规模却

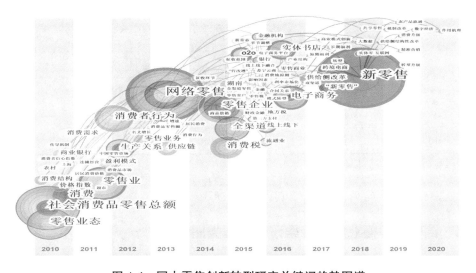

图 1.4 国内零售创新转型研究关键词趋势图谱

资料来源：CiteSpace5.0。

小于 2014 年之前，这说明对新零售领域的研究还不够深入。从图 1.4 中还可以看出，网络零售、新零售、零售业态、全渠道等关键词汇的节点较大，说明国内对零售创新转型的研究逐步深入，且探讨的主题也比较广泛。

高频关键词是展示研究活跃度的主要指标，有助于掌握某一阶段某类主题研究文献的爆发式增长情况。表 1.8 是零售创新转型研究的高频关键词，与图 1.4 反映的时间趋势图谱是完全一致的。从表 1.8 的数据中，可以看出新零售、网络零售等关键词中心性较高，说明该研究领域在学界及产业界具有较高的认可度和影响力，在一定程度上反映了国内零售创新转型研究有着相对较高的关注度。

表 1.8　国内零售创新转型研究领域的高频关键词

序号	频次	中心性	关键词
1	24	0.40	新零售
2	22	0.60	网络零售
3	19	0.17	社会消费品零售总额
4	14	0.04	消费
5	14	0.08	零售企业
6	13	0.24	零售业
7	13	0.11	零售业态
8	12	0.07	消费者行为
9	10	0.12	全渠道
10	10	0.00	消费税

资料来源：CiteSpace5.0。

二、国内外零售业创新转型研究的聚类图谱

（一）国外文献聚类图谱

为了更好地反映国外零售创新转型研究的现状及关键词之间的组合分

类，在进行关键词共现的基础上，运用快速聚类、LLR 算法以及 LIS 算法对关键词进行聚类分析，共得到 55 个聚类标签（图 1.5）。拓扑网络模块值（Modularity，Q 值）反映了聚类结构的有效性，Q 值越大，表明聚类结构越有效，反之相反 ①。该拓扑网络模块值（Modularity，Q 值）为 0.6417，平均轮廓值（Mean Silhouette）为 0.5013，说明该聚类结果明显有效且具有高信度。聚类标签中排名前六的分别是互联网（internet）、有机农业（organic agriculture）、信息技术（information technology）、饮食环境（food environment）、中产阶级化（gentrification）和数字化转换（digital transformation）。聚类 0、聚类 2 和聚类 5 进一步证实了零售创新转型与信息技术应用是国外零售创新转型研究的热点；聚类 1 和聚类 3 反映了有较多的关键词组合成有机农业及饮食环境，从表面上看似乎与零售业的关系并不是很密切，但可从侧面反映出国外零售创新转型研究的热点是零售与相关行业的融合发展。

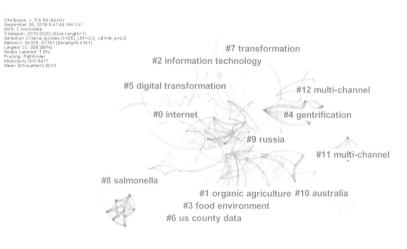

图 1.5 国外零售创新转型研究关键词聚类图谱

资料来源：CiteSpace5.6.R3。

---

① 彭亮，高维新. 新时代中国乡村振兴的研究进展、热点及展望——基于 CiteSpace 的文献计量分析 [J]. 世界农业，2020（05）：76-84.

（二）国内文献聚类图谱

为了进一步考察国内零售创新转型研究热点的知识结构，探索关键词之间的组合分类，在上述关键词共现网络操作后，运用快速聚类、LLR 算法以及 LIS 算法对关键词进行聚类分析，共得到 18 个聚类标签（见图 1.6）。该拓扑网络模块值（Modularity，Q 值）为 0.765，表明划分出的聚类结构是明显有效的；平均轮廓值（Mean Silhouette）为 0.5104，说明聚类的结果是具有高信度的。如图 1.6 所示，聚类标签中排名前五的分别是新零售、零售业务、消费、消费需求及价格指数，这五个标签代表了近 10 年文献样本中的核心研究热点，进一步证实了国内对新零售研究的高关注度。

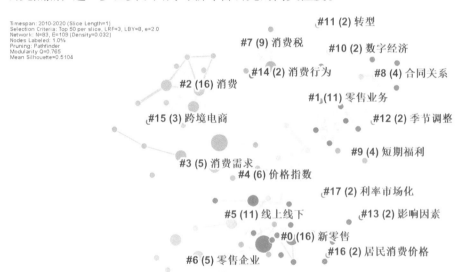

图 1.6　国内零售创新转型研究关键词聚类图谱

资料来源：CiteSpace5.0。

第五节　零售创新转型研究的演进趋势分析

一、国外零售创新转型研究的演进趋势

　　Brust 探测关键突变词是根据词频变化，反映在某一时期文献中关键词的变化情况，可以从其变化中分析该领域的研究热点及发展趋势。为了全面反映国外零售创新转型的研究热点，在关键词共现分析基础上，进行了 Brust 探测关键突变词分析，分析结果如表 1.9 所示。在 2014—2017 年的 4 年间，零售创新转型研究的关键突变词全部与零售业直接相关；2017 年之后出现了似乎与零售业不相关的关键突变词，即"China"，这与中国电商引发的"新零售"快速发展直接相关。由此可以看出，中国零售业不管是其自身的发展，还是对其展开的研究，在经历多年的跨越式发展后，已经逐渐与国际零售业发展同步，并于近年出现引领其发展的趋势。随着全球巨头零售企业相继进入中国市场，促使中国零售业呈现出百花齐放快速增长的发展态势[1]。中国零售业的创新发展，引起了国际上的关注与讨论。如哈达克（Hardaker，2018）基于 2015 年在中国进行的访谈，从零售业的视角探讨中国经济的自由化[2]。

表 1.9　国外零售创新转型关键词突变度分析

关键词	突现度	起始年份	终止年份	2010—2020 年
governance	2.6174	2014	2015	
transformation	3.2067	2014	2017	

---

[1] 王江，廖理，张金宝. 消费金融研究综述 [J]. 经济研究，2010，45（S1）：5-29.

[2] Hardaker S. Retail Format Competition：The Case of Grocery Discount Stores and Why They Haven't Conquered the Chinese Market（Yet）[J]. Moravian Geographical Reports，2018，26（3）：220-227.

（续表）

关键词	突现度	起始年份	终止年份	2010—2020 年
retailing	2.5688	2015	2016	————————▬—————
retail	2.7576	2016	2017	—————————▬————
China	2.5233	2017	2018	——————————▬——

资料来源：CiteSpace5.6.R3。

综合上述关键词共现网络和 Brust 探测关键突变词分析，可以发现近几年来，国外研究者对零售创新转型的研究主要聚焦于信息技术带来的创新与行业协同发展。综合考虑零售创新转型并结合突变词起止时间以及关键词时区视图，具体可将其分为如下两个阶段。

（一）行业融合发展阶段（2010—2014）

在表 1.7 所呈现的高频关键词以及图 1.3 前 5 个聚类标签中，"supermarket"和"有机农业"这两个似乎不相关的关键词却拥有较高的中心性和排名。这两个关键词虽然代表着两个不同的行业，但都与零售业直接关联。时区视图中 2012 年出现的关键词节点"supermarket"、2013 年的"supply chain"和 2014 年的"agriculture"等，说明国外研究者对与零售相关行业的发展具有较高关注度，零售业在国外跨界融合趋势较为明显。如大卫·伯奇等（David Burch et al.，2013）通过分析金融化对粮食零售系统的影响，提出了超市在建立和管理农业食品供应链中要承担主导角色[1]。托马斯·维特等（Thomas Vetter et al.，2019）在对西爪哇和南苏拉威西的园艺价值链进行实地调查的基础上，得出印尼传统食品零售在激烈竞争中建立了较强适应能力的结论[2]。

经济发展水平与居民可自由支配收入的提高，提升了人们的生活质

---

[1] Burch D, Lawrence G. Financialization in Agri-food Supply Chains: Private Equity and the Transformation of the Retail Sector[J]. Agriculture & Human Values，2013，30（2）：247–258.

[2] Vetter T, Larsen M N, Bruun T B. Supermarket-Led Development and the Neglect of Traditional Food Value Chains: Reflections on Indonesia's Agri-Food System Transformation[J]. Sustainability，2019，11（2）：1–18.

量，从而使人们对食品安全与品质的要求变得越来越高。如萨格洛娃等（Syaglova et al.，2021）认为俄罗斯在食品零售贸易业务流程的实践中，引入适当的数字技术和工具可以提高食品零售贸易活动的效率[①]。

（二）新技术催生下的零售发展阶段（2015—2020）

随着经济发展，第三产业包括信息技术行业在整个国民经济中所占的比重越来越大。图 1.3 排名前 5 聚类标签中的"互联网""信息技术"与"数字化转换"，表 1.7 中心性排名较为靠前的"technology"以及时区视图中 2016 年出现的关键词节点"internet"和 2018 年出现的关键词节点"online"等等，均反映了国外零售创新转型的研究趋向于信息技术变革助推零售业发展。如谢尔盖·克里莫夫等（Sergei Krymov et al.，2019）的研究发现零售业中信息技术和数字技术的早期开发和引入，与分销网络管理有关[②]。马尔科·萨瓦斯塔诺等（Marco Savastano et al.，2019）探讨在全流通零售环境下，商店技术对顾客体验产生的积极影响，零售商采用新技术会产生持续的竞争优势[③]。

伴随着现代数字技术的革新，零售业也迎来了新的发展机遇。如普拉蒂姆·达塔（Pratim Datta，2020）研究发现数字战略可以提升 B2C 平台竞争力[④]。格温·莫里森等（Gwen Morrison et al.，2019）认为必须通过增量技术、数字化运用能力来提升零售企业的经营能力[⑤]。

---

① Syaglova Y V，Maslevich T P. Transformation of Manager Competences in Conditions of Digital Economy[J]. Vestnik of the Plekhanov Russian University of Economics，2021，18（2）：142–151.

② Krymov S，Kolgan M，Suvorova S，et al. Digital Technologies and Transformation of Modern Retail[J]. IOP Conference Series：Materials Science and Engineering，2019，497（1）：12126.

③ Savastano M，Bellini F，D'Ascenzo F，et al. Technology Adoption for the Integration of Online–offline Purchasing：Omnichannel Strategies in the Retail Environment[J]. International Journal of Retail & Distribution Management，2019，47（5）：474–492.

④ Datta P. Digital Transformation of the Italian Public Administration：A Case Study[J]. Communications of the Association for Information Systems，2020：252–272.

⑤ Morrison G，Marcotte D. Looking to the Future of Commerce：Retail Transformation as Connected Consumers Embrace Smart Homes and Smart Stores[J]. Journal of Brand Strategy，2019，8（3）：241–249.

二、国内零售业创新转型研究的演进趋势

为了全面反映国内零售创新转型研究的热点，在上述关键词共现网络分析基础上，运用 Brust 探测关键突变词分析，结果如表 1.10 所示。表 1.10 中 2014 年之前出现的三个关键突变词是消费、社会消费品零售总额和生产关系，可以看出 2014 年之前零售创新转型研究的方向主要聚焦在如何提高零售业销售额；2016 年之后出现的三个关键突变词是网络零售、电子商务和新零售，反映了近几年国内零售创新转型研究的方向，是围绕零售业线上线下融合发展而展开。其中新零售的突变度（burst）达到了 12.0619，明显高于其他几个关键词，由此衍生出一系列具有潜力、可挖掘的研究方向。

表 1.10　国内零售创新转型关键词突变度分析

关键词	突变度	起始年份	终止年份	2010—2020 年
消费	5.0367	2010	2014	
社会消费品零售总额	2.7165	2011	2013	
生产关系	3.9404	2012	2014	
零售企业	2.6181	2014	2017	
网络零售	2.7789	2016	2017	
电子商务	3.1719	2016	2017	
新零售	12.0619	2018	2020	

资料来源：CiteSpace5.0。

综合上述关键词共现网络和 Brust 探测关键突变词分析，可以发现近几年来国内零售创新转型研究，主要聚焦于新零售的发展。综合考虑零售创新转型并结合突变词起止时间，发现国内关于零售业研究具有较强的热点变更性，具体可以将其分为如下两个阶段。

（一）探索创新期（2010—2016）

从图 1.4 可以看出，2010—2016 年的最大节点是"网络零售"。网络零售是新型商业模式的电子商务与实体经济加速融合发展出来的新零售方式①。商业模式之间的竞争成为企业发展的关键②，其本身就是企业用来创造和经营价值的逻辑③，其基本定义都强调企业如何赚钱④。表1.10中可以看出，该时期突发主题值较高的关键词是"消费""生产关系"，凸显出"探索创新"的趋势。2013 年，中国成为全球最大的网络零售市场，消费者增长至3.12亿人⑤。为了促进网络零售的发展，政府发布了一系列政策。2010 年商务部发布《关于促进网络购物健康发展的指导意见》，鼓励生产、流通和服务企业发展网络销售⑥，由此引起学界的关注。如李淑珍等（2017）对网络零售型电商企业的概念进行界定，归纳不同的网络零售型平台及其业务模式⑦；王国顺等（2013）运用扎根理论对苏宁进行分析，总结实体与网络零售协同下商业模式的构成要素及其演进⑧；郭馨梅等（2014）系统地论述了中国零售业线上线下融合发展的五种模式⑨。

网络零售的发展引起学者对其发展路径的探索研究，如孙峰（2020）认为企业营销数字化转型将按照多维度、全品类、智能化的模式发展，高新技术的赋能必将促使企业追求速度与厚度的协同升级⑩；李飞等（2013）构建商

---

① 聂林海 . 我国电子商务发展的特点和趋势 [J]. 中国流通经济，2014，28（06）：97–101.
② Drucker P F. The Post-capitalist Executive. Interview by T George Harris.[J]. Harvard Business Review，1993，71（3）：114.
③ 盛亚，吴蓓 . 商业模式研究文献综述：兼论零售商业模式 [J]. 商业研究，2010（06）：40–43.
④ Malone T W，Weill P，Lai R K，et al. Do Some Business Models Perform Better than Others？[J]. Mpra Paper，2006：1–37.
⑤ 张鑫琦 . 我国网络零售平台的运行机制和模式创新研究 [D]. 吉林大学，2015.
⑥ 商务部关于促进网络购物健康发展的指导意见 [J]. 福建轻纺，2010（10）：28–29.
⑦ 李淑珍，李晓宾 . 网络零售型电商企业盈利模式分析及其创新发展 [J]. 电子商务，2017（01）：16–17，79.
⑧ 王国顺，陈怡然 . 零售企业实体与网络零售协同下商业模式要素的构成 [J]. 中南大学学报（社会科学版），2013，19（06）：41–47.
⑨ 郭馨梅，张健丽 . 我国零售业线上线下融合发展的主要模式及对策分析 [J]. 北京工商大学学报（社会科学版），2014，29（05）：44–48.
⑩ 孙峰 . 新零售时代分众传媒的发展模式浅析 [J]. 出版广角，2020（12）：71–73.

业模式创新路径的理论框架，分析了海底捞商业模式创新的路径①。

（二）探索转型期（2017—2020）

从图 1.4 可以看出 2017—2020 年突发主题值最高的关键词是"新零售"，新零售的概念虽然至今尚未形成定论，但自 2016 年提出后，就受到了产业界和学术界的关注，逐渐成为核心研究热点。

该阶段线上电商的发展增速放缓②，实体零售开始利用新技术转型发展③，通过数据挖掘，精准定位目标用户，进行产品推荐，使新零售业黏性更高，用户的忠诚度更好，从而有效降低获客成本④。消费升级背景下的中国正步入消费需求急剧变化的新时代⑤，乐于接受新事物的"80 后""90 后"成为中产阶级的主力军，简单、便捷、注重商品质量的消费习惯，逐渐成为社会经济生活的主要节奏。新零售的发展动力是促进新零售业态形成的关键，如周蓉蓉（2020）从零售市场、消费者、技术革新三个角度揭示新零售模式产生的动力机制⑥；杨守德等（2018）从居民消费习惯和消费偏好、信息时代的转变、网络零售与实体零售之间关系的转变及电子商务对供给侧改造的深化等四个方面揭示了零售业态创新转型的动因⑦。

从新零售发展路径的研究角度来看，新零售虽是网络零售和实体零售的有机结合，但其融合的路径相差较大。如鄢章华等（2017）认为新零售的未来发展将进一步实现基于平行社会框架的分工协作，总体上遵循生产关系适

① 李飞，米卜，刘会.中国零售企业商业模式成功创新的路径——基于海底捞餐饮公司的案例研究 [J]. 中国软科学，2013（09）：97-111.
② 王宝义."新零售"的本质、成因及实践动向 [J]. 中国流通经济，2017，31（07）：3-11.
③ 狄蓉，焦玥，赵袁军.新零售背景下零售企业供应链整合创新机制 [J]. 企业经济，2019（08）：60-67.
④ Koutanaei F N，Sajedi H，Khanbabaei M. A Hybrid Data Mining Model of Feature Selection Algorithms and Ensemble Learning Classifiers for Credit Scoring[J]. Journal of Retailing and Consumer Services，2015，27（11）：11-23.
⑤ 吴锋.主动适应消费需求之变 [N]. 经济日报，2015-07-16（009）.
⑥ 周蓉蓉.我国新零售商业模式的动力机制与升级研究 [J]. 管理现代化，2020，40（02）：52-55.
⑦ 杨守德，杨慧瀛.中国零售业业态结构调整与转型升级：动因、原则及操作标准 [J]. 商业研究，2018（02）：155-160.

应生产力的过程①；魏伟（2020）从注重服务、消费匹配、场景体验三个方面
分析新零售为实体书店创新带来的启示②；李然等（2020）通过对新零售运行
模式的分析，提出创新转型下新零售未来的发展趋势③；李志堂等（2021）通
过对新零售下农庄四种服务模式的研究，得出农庄选择多渠道服务模式利润
较高的结论④。

　　从新零售促进业态发展的研究角度来看，物流与生鲜类产品结合形成生
鲜超市、互联网与超市或便利店结合形成无人便利店或无人超市等，多路径
的发展形成多业态的新零售。如单懿昕（2019）通过研究新零售模式下的生
鲜电商末端配送，从配送的成本、时间与质量三个角度提出供生鲜电商长期
可持续发展的建议⑤；王玥（2018）采用动态视角来研究零售供应链中的权利
与价值，揭示出新兴市场中供应链网络转型升级的复杂性和不均衡性⑥；薛倩
玉等（2019）通过因子分析法对新零售上市公司的财务绩效进行评价，得出
新零售在未来有极大发展空间的结论⑦。

　　值得关注的是，未来商店的最显著特征就是非常个性化，能有效地让商
家与消费者互动⑧。新零售的发展将逐步颠覆中国传统流通业的商业格局，优
化流通业的商业环境，形成支撑新零售发展的现代流通体系，从而进一步促
进中国流通业创新转型，全面提高中国流通业的整体运营效率⑨。但是新零售

① 鄢章华，刘蕾."新零售"的概念、研究框架与发展趋势 [J]. 中国流通经济，2017，31（10）：12-19.
② 魏伟.新零售背景下实体书店的转型探索——以茑屋书店为例 [J]. 出版广角，2020（06）：71-73.
③ 李然，王荣.实体商业创新转型下的"新零售"运营模式深度研究 [J]. 管理现代化，2020，40（01）：93-96，120.
④ 李志堂，张翠华，邹宇峰，等.新零售下农庄绿色产品服务模式的策略选择 [J]. 工业工程与管理，2021，26（03）：105-114.
⑤ 单懿昕.新零售模式下生鲜电商末端配送优化研究 [D]. 北京邮电大学，2019.
⑥ 王玥.基于全球生产网络视角下的零售供应链升级与转型——以鲜奶和大豆油为例 [J]. 地理研究，2018，37（07）：1435-1446.
⑦ 薛倩玉，吴智洋，朱家明.基于因子分析对新零售业上市公司财务绩效的综合评价 [J]. 高师理科学刊，2019，39（07）：34-39.
⑧ 郑石明.商业模式变革 [M]. 广州：广东经济出版社，2006：15-17.
⑨ 张建军，赵启兰.新零售驱动下流通供应链商业模式转型升级研究 [J]. 商业经济与管理，2018（11）：5-15.

的发展也出现了如产品质量、物流质量、企业公关以及消费者信息安全等问题①。随着数字信息技术的革新发展、消费需求升级等社会经济的变化，零售业的数转智改已成为发展新动向，今后将会是零售创新转型研究的关注重点。

第六节　研究结论与展望

本章选取 2010 年至 2020 年 6 月 10 年间 Web of Science（WOS）SCI 数据库与 CNKI 数据库中的核心论文为研究样本，采用文献计量与知识图谱法，通过对零售业创新研究分布统计、研究热点分析和研究的趋势分析，得出如下四点结论：

一是在研究的时间分布上，国外在 2012 年、中国在 2013 年开始关注网络零售、新零售、零售渠道等方面的零售创新转型。国内外的研究侧重点存在较大差异，国外较多从技术层面来分析零售业的发展趋势，国内较多从理论层面对其分析。但不管是国内还是国外的研究，对零售创新转型的研究都较为广泛，理论研究较为深刻。

二是在研究机构的分布上，国内外均集中在商科较为出名的大学或研究机构，如国外较多地集中在密歇根州立大学、曼彻斯特城市大学等大学，国内主要集中在中国人民大学商学院、中国社会科学院财经战略研究院等大学和研究机构。但国内与国外的合作研究存在较大区别，国外的合作研究较为密切，而国内相对松散。

三是在研究热点上，国内外的研究均随着经济社会的发展而变化，中国零售业的发展在全球范围内受到关注。如中国在 2014 年之前出现的三个关键突变词分别是消费、社会消费品零售总额和生产关系，可以看出 2014 年之前关于零售创新转型的研究方向，主要聚焦在如何提高零售业销售额；2016

---

① 赵树梅，徐晓红."新零售"的含义、模式及发展路径 [J]. 中国流通经济，2017，31（05）：12-20.

年之后出现了三个关键突变词分别是网络零售、电子商务和新零售，反映了近几年国内零售创新转型的研究方向，是围绕零售业线上线下融合发展而展开。国外在 2014 年至 2017 年的 4 年间，零售创新转型研究的关键突变词全部与零售业直接相关，2017 年之后出现了似乎与零售业不相关的关键突变词 "China"，这与中国在 2016 年 10 月提出的"新零售"概念有着很大关系。

四是在研究趋势上，不管是国外还是国内，先后聚焦于"网络零售""新零售"等研究领域，近年来都在关注零售业态的创新、零售业的跨界融合等研究。突发的新冠疫情对零售消费的影响开始引起学界重视，可以预见不管是国内还是国外，都将加大对此背景下零售业发展的研究。

本章综合运用文献计量学方法对零售创新转型进行了梳理与分析，归纳出了零售创新转型研究的热点及发展趋势，能为该领域的研究提供理论参考。但也存在如下三点局限之处：一是对频度较高的节点进行分析，可能存在对关注度低但较为新颖的议题的疏漏；二是由于数据库资源及搜索的限制，未来可适度增加中外文数据库的文献样本；三是数字经济时代的零售业，在新冠疫情变量的助推作用下，数智化变革已成为零售业发展的新趋势，未来需要进一步对其进行关注和分析，助推理论和实践的融合。

第二章　中华人民共和国成立 75 年来中国零售业发展历程、成效与展望

第一节　绪论

中华人民共和国成立 75 年来，中国流通领域变化最大的是零售业，已从计划经济时代的各种小店铺逐渐发展成为业态齐全、形式多样、技术先进的现代化零售业。中国共产党基于社会主义革命和建设、改革开放、社会主义市场经济建设与发展、全面深化改革等经济社会发展要求与人民生活需求等，从计划经济体制下的国家调控发展到市场经济体系下的学习引进向自主创新发展转变，探索了一条符合中国发展情境的社会主义零售业现代化发展道路。中国零售业用较短时间追赶上发达国家，尤其是以电商为首的新零售，成为世界第四次零售革命的引领者，推动了中国零售业现代化制度的形成与演化。

零售创新过程是一种持续性创新过程，是零售创新主体（含零售商、顾客、供应商、政府、金融机构等）在长时期内，持续不断地进行创新互动、创新设计、创新实施以及创新扩散，推出和实施创新项目（包括理念、业态、服务、商品、管理和制度等），并实现创新经济效益和社会效益的过

程[①]。近年来的新零售、无人零售、全渠道零售、零售数字化等零售创新发展成为学界和产业界关注的热点。

中华人民共和国成立 75 年来，中国零售业先后经历了百货商店革命、超级市场革命、连锁经营革命和由电子商务引起的革命。零售创新从内部来看是企业对利润追求以及企业家推动等的结果，从外部来看与消费者的需求变化、企业间的竞争、技术的进步等息息相关。关于零售学术研究先后经历了学习引进期（1978—1990）、消化吸收期（1991—2000）、模仿创新期（2001—2010）、自主创新期（2011—2017）和创新发展期（2018—2024）。在这五个阶段中，中国的经济社会发展形势发生了巨大变化，零售业发展取得了巨大成就，表现为顾客购买和消费过程越来越便利化。因此，系统梳理中华人民共和国成立 75 年来零售业的发展路径，探寻零售经济的发展规律，不仅能对零售业的现代化发展提供理论支撑，而且可以为零售发展趋势提供参考依据。

第二节　文献综述

零售业的发展集中表现为经营业态的变化，在历经五次变革后，尤其是在新一轮数字技术的迭代更新与加速应用背景下，零售业态出现了新的发展。针对零售业态的周期性变革，马尔科姆·麦克奈尔（McNair，1958）提出了零售之轮理论[②]，布兰德（E.Brand，1963）提出用商品组合宽度解释零售形态的思想，赫兰德（S.C.Hollander，1966）提出了零售手风琴理论[③]。在零售之轮理论的基础上，丹麦学者尼尔森（Nielsen，1966）提出真空地带假说，解释了那些以高价格、高服务为特征的高价店其实也可能是一种新的零

①　李骏阳.改革开放以来我国的零售革命和零售业创新 [J]. 中国流通经济，2018，32（07）：3-11.

②　McNair M P. Significant Trends and Development in Post War Period[M]. Pittsburgh：University of Pittsburgh Press，1958.

③　Hollander S C. Notes on the Retail Accordion[J]. Journal of Retailing，1966，42（2）：29-40.

售业态[①]。戴维森等（W.R. Davison et al.，1976）提出了零售生命周期理论[②]。近年来，随着互联网的发展，西方学者开始关注互联网对零售业发展的影响，如贝赫朗·瑞扎巴克等（Behrang Rezabakhsh et al.，2006）在对比传统经济与互联网经济时，提出信息技术能为消费者创造更加良好的消费环境[③]。

中华人民共和国成立 75 年来，中国零售业先后经历了百货商店革命、超级市场革命、连锁经营革命和电子商务带来的革命性变化。学者们对零售革命的次数有不同的看法，如李飞等（2018）认为按照零售业革命创新性、冲击性和广延性三种标准，零售革命至今一共爆发十次[④]。零售业发展至今，零售业态与运营方式都产生了巨大变革。赵树梅和徐晓红（2017）研究提出新零售注重云计算技术、大数据分析、网络等技术的运用[⑤]。"新零售"更注重信息化和物流技术的融合，寻求全渠道、无边界的合作协同，互惠共赢[⑥]。李飞等（2018）提出全渠道零售是指零售商通过与其他利益相关者进行有效的渠道协同创新，在目标顾客购买过程的每个环节提供尽可能多的渠道类型，以满足顾客对于渠道的个性化偏好，最终实现顾客价值及零售企业目标[⑦]。刘向东等（2022）基于利益相关者视角分析零售数字化创新与企业竞争力，发现零售数字化创新对企业竞争力的影响具有多维度和阶段性特征[⑧]。

---

① Nielsen O. Developments in Retailing[M]//Kjaer M. Reading in Danish Theory of Marketing. Amsterdam：North –Holland，1966：113.

② Davidson W R，Bates A D，Bass S J. The Retail Life Cycle[J]. Harvard Business Review，1976（6）：89-96.

③ Rezabakhsh B，Bornemann D，Hansen U. Consumer Power：A Comparison of the Old Economy and the Internet Economy[J]. Journal of Consumer Policy，2006，29（1）：3-36.

④ 李飞，任莹，衡量.零售革命形成的动因——基于技术革命的视角 [J]. 技术经济，2018，37（09）：25-35.

⑤ 赵树梅，徐晓红."新零售"的含义、模式及发展路径 [J]. 中国流通经济，2017，31（05）：12-20.

⑥ Lu Ying. The Research on Innovative Development Path of New Retail Business Model Based on Customer Experience[J]. World Journal of Accounting，Finance and Engineering，2019，3（2）：13-20.

⑦ 李飞，李达军，孙亚程.全渠道零售理论研究的发展进程 [J]. 北京工商大学学报（社会科学版），2018，33（05）：33-40.

⑧ 刘向东，米壮，何明钦，等.零售数字化创新与企业竞争力——基于利益相关者视角的实证研究 [J]. 商业经济与管理，2022（05）：5-17.

在信息技术对零售业发展影响方面，赖红波（2020）提出中国零售业借助数字化技术和数字媒体平台，不断推进线上、线下的一体融合，加速数字化转型，实现零售业的转型[①]。李然等（2021）基于"互联网+"时代下消费者的购物喜好和习惯发生巨大转变，提出数字化新零售将突破传统的禁锢，把商流、信息流、资金流与服务、体验和物流加以整合，使商业实体在产业链、生态体系等方面能够切合市场需要进行转型升级[②]。汪旭辉（2020）认为以云计算和大数据分析为代表的数字经济发展正在渗透社会各个方面，新零售突破了传统零售范畴的商业生态系统，是一个"全渠道＋物流＋金融＋新科技＋场景＋社交"的生态圈，通过跨界、整合、颠覆、创新商业模式和商业业态，新零售为传统电商企业找到了新的经济增长点[③]。互联网使消费者能够克服传统消费市场的大多数信息不对称，从而获得高水平的市场透明度，在价值链中发挥更积极的作用[④]。王淑英和田莉平（2021）基于省域网络零售业发展与省域间均衡协调发展的背景，运用空间杜宾模型分析互联网渗透水平和物流效率对省域网络零售发展的作用机制，研究发现网络零售产业在地区内的提升能够带动周围省份网络零售业的发展[⑤]。

在物流和消费者体验方面，新零售以顾客的体验为核心，并对人、货、场之间的关系进行了重建，对物流配送速度、订单客户分配、运力调度、供应链优化等提出了新的需求[⑥]。在市场中，电子商务的物流服务维度影响顾客满意度的问题一直存在。赵树梅和门瑞雪（2019）认为传统的物流企业缺乏

① 赖红波 . 数字技术赋能与"新零售"的创新机理——以阿里犀牛和拼多多为例 [J]. 中国流通经济，2020，34（12）：11-19.

② 李然，孙涛，曹冬艳 .O2O 业态融合视角下的数字化新零售发展趋势研究 [J]. 当代经济管理，2021，43（04）：13-21.

③ 汪旭晖 . 新时代的"新零售"：数字经济浪潮下的电商转型升级趋势 [J]. 北京工商大学学报（社会科学版），2020，35（05）：38-45.

④ Rezabakhsh B，Bornemann D，Hansen U，et al. Consumer Power：A Comparison of the Old Economy and the Internet Economy[J]. Journal of Consumer Policy，2006，29（1）：3-36.

⑤ 王淑英，田莉平 . 空间视角下互联网渗透水平、物流效率与网络零售发展 [J]. 调研世界，2021（08）：35-42.

⑥ 张晓芹 . 面向新零售的即时物流：内涵、模式与发展路径 [J]. 当代经济管理，2019，41（08）：21-26.

对物流服务的重视，"新物流"则侧重于物流自身的特性[1]。王勇（2021）提出应充分发挥中国超级市场的规模效应，提高中国流通行业的国际竞争力，促进国内市场和国际市场的互通[2]。王正沛（2019）等提出采用在售前端完成线上与线下市场的有效融合，中端基于新兴的信息技术，终端实现零售企业的柔性供应链系统[3]。魏华和万辉（2020）研究认为，网上零售业应该积极推动消费者的正面评价，并以品质改善方案来获得顾客的信赖与支持[4]。廖颖川和吕庆华（2019）研究认为全渠道零售的核心是渠道互通与客户体验的无缝衔接，传统零售商借助移动互联网和移动设备，通过渠道整合与集成为消费者提供个性化体验[5]。

在商业模式创新变革方面，王福（2020）发现零售业的商业模式变化主要是在信息环境、科技环境和商业环境的三重驱动下，引发变化并推动市场形成的[6]。新冠疫情对中国许多行业的发展造成了严重的负面冲击，李亚兵和夏月（2021）从当前零售企业表现出深度线上化、社群化与碎片化、无人化、平台化四大特征中对存在的风险进行识别，运用网络爬虫技术和专家加权打分法对零售企业商业模式创新风险进行评估[7]。胡祥培等（2020）认为近年来线上线下融合的新零售模式得到了飞速发展，加速了中国乃至世界零售业的新变革，极大地影响和改变了人们的生产和消费方式，且这种新模式实现线上线下优势互补、催生新的商务模式[8]。张艳等（2020）研究发现零售

① 赵树梅，门瑞雪."新零售"背景下的"新物流" [J].中国流通经济，2019，33（03）：40-49.
② 王勇."十四五"时期中国产业升级的新机遇与新挑战：新结构经济学的视角 [J].国际经济评论，2021（01）：56-75，5.
③ 王正沛，李国鑫.消费体验视角下新零售演化发展逻辑研究 [J].管理学报，2019，16（03）：333-342.
④ 魏华，万辉.网络零售企业社会责任对消费者购买意愿的影响——基于 SOR 模型的实证 [J].哈尔滨商业大学学报（社会科学版），2020（03）：64-73.
⑤ 廖颖川，吕庆华.消费者全渠道零售选择行为研究综述与展望 [J].中国流通经济，2019，33（08）：118-128.
⑥ 王福.新零售流通供应链商业模式创新体系构建 [J].当代经济管理，2020，42（07）：17-26.
⑦ 李亚兵，夏月.新冠肺炎疫情下零售企业商业模式创新风险识别与评价 [J].统计与决策，2021，37（02）：163-167.
⑧ 胡祥培，王明征，王子卓，等.线上线下融合的新零售模式运营管理研究现状与展望 [J].系统工程理论与实践，2020，40（08）：2023-2036.

业经营模式创新表现出"叠加共存"的特点，经过实践证明，这是一种创造性的、非毁灭性的创新[①]。林航和林迎星（2018）认为随着共享经济的不断发展，越来越多的零售商在竞争激烈的市场环境中积极寻求转型，追求线下线上双渠道的融合，以期挖掘潜在的客户流量，扩大市场份额，提高企业的竞争能力[②]。郑江淮等（2020）认为在疫情期间，无人配送、下沉市场、"宅经济"等新业态模式产生，疫情之后的"报复性消费"会减轻疫情对中国经济的影响[③]。

在线上和线下融合发展方面，郭燕等（2016）认为消费者对于传统零售与"互联网+"结合情境中各定价政策得失的理解，直接影响其消费行为取向[④]。实施线下服务与线上价格协调相结合的机制，以推动消费者从线下零售商处购买[⑤]。郭馨梅和张健丽（2014）认为在线上线下供应链的运营体系中，任意一条渠道的数据均可以进行即时、可视的信息共享，可调拨区域的末端门店仓库，而末端门店也可以通过订单查询系统迅速进行订单管理和物流配送[⑥]。

在零售业态创新的方面中，以客户为中心的零售业态发展框架，为该领域的未来研究提供了方向。迪内希·高里等（Dinesh Gauri et al.，2020）提出首先应提升客户体验，其次是减少客户摩擦[⑦]。周蓉蓉（2020）认为新零售商

① 张艳，王秦，张苏雁.互联网背景下零售商业模式创新发展路径的实践与经验——基于阿里巴巴的案例分析 [J].当代经济管理，2020，42（12）：16–22.

② 林航，林迎星.社区新零售的发展模式——基于资源共享角度的分析 [J].中国流通经济，2018，32（09）：3–10.

③ 郑江淮，付一夫，陶金.新冠肺炎疫情对消费经济的影响及对策分析 [J].消费经济，2020，36（02）：3–9.

④ 郭燕，陈国华，王凯.传统零售与"互联网+"融合中的定价策略研究——基于消费者感知价值的分析 [J].价格理论与实践，2016（08）：152–154.

⑤ Pei Z，Yan R L，Ghose S. Which One is More Valuable in Coordinating the Online and Offline Distribution？Service Support or Online Price Coordination[J]. Industrial Marketing Management，2020，87（2）：150–159.

⑥ 郭馨梅，张健丽.我国零售业线上线下融合发展的主要模式及对策分析 [J].北京工商大学学报（社会科学版），2014，29（05）：44–48.

⑦ Gauri D K，Jindal R P，et al. Evolution of Retail Formats：Past，Present，and Future[J]. Journal of Retailing，2020，97（1）：42–61.

业模式的形式构成应该是所有参与者通过网络技术相互依赖，将生态和社会性的商业联系起来，形成完整的网络生态系统①。包振山等（2022）研究发现在数字经济时代，个性化、虚拟化的消费内容及数字化、平台化的消费模式等变化促使传统消费向数字消费转变，并提出了三种力量聚合形成复合服务型商业模式、三位一体形成平台协同型商业模式、跨界融合形成价值共创型商业模式、利益相关者协同形成产品驱动型商业模式、突出数字技术形成技术驱动型商业模式五种数字经济下零售商业模式创新的路径选择②。

新一轮数字新技术对零售业的影响方面，梁佳等（2023）在数字技术与传统产业深度融合以及加快构建新发展格局的背景下，探讨了数字技术对零售产业效率的影响机理及其对促进流通服务业高质量发展的意义③。耿菊徽和井润田（2023）基于探索—利用框架理论分析数字经济背景下传统零售平台企业商业模式的创新路径④。自新零售概念提出后，国内学者对新零售进行了大量研究。如张普（2021）以零售业革命的发展视角，梳理分析传统零售业的变革、电子商务与新零售的兴起，提出新零售在本质上是线上线下和物流的有机结合⑤。近几年直播经济的发展为零售业带来了较大影响，如王宝义（2021）认为直播电商在本质上是围绕"人、货、场"核心要素的重构，在技术赋能下融购物需求与情感需求于一体，建构"货到人"沉浸式商业场景，满足消费者购物、娱乐、社交多维一体需求⑥。

通过以上对既有研究成果的梳理可知，随着经济社会的发展，零售业呈现动态的创新发展状态，与之相对应的研究已经拥有了丰硕积累，这也为

---

① 周蓉蓉.我国新零售商业模式的动力机制与升级研究[J].管理现代化，2020，40（02）：52-55.
② 包振山，常玉苗，万良杰.数字经济时代零售商业模式创新：动因、方法与路径[J].中国流通经济，2022，36（07）：12-21.
③ 梁佳，严锋，张其林.数字技术提升零售产业效率：机理与实证[J].商业经济与管理，2023（12）：5-21.
④ 耿菊徽，井润田.数字经济背景下传统零售平台企业的商业模式创新路径——基于红星美凯龙和宜家中国的双案例研究[J].研究与发展管理，2023，35（03）：15-35.
⑤ 张普.新零售的兴起、理念及构建——以零售业革命的发展为视角[J].哈尔滨商业大学学报（社会科学版），2021（05）：112-120.
⑥ 王宝义.直播电商的本质、逻辑与趋势展望[J].中国流通经济，2021，35（04）：48-57.

本章的研究提供充足的理论支持。中国零售业的创新发展，从落后于西方国家到开放学习，再到模仿创新再到并道领跑，其快速发展亟须系统的长维度梳理分析，鉴于此，本章以中国零售业的创新发展为研究对象，将中华人民共和国成立 75 年来的零售业发展分为国内改革阶段（1949—1992）、零售领域对外开放阶段（1992—2001）、零售领域全面开放阶段（2002—2007）、零售电子商务发展阶段（2008—2016）、新零售阶段（2016—2020）、零售数字化发展阶段（2020—2024）六个阶段，系统考察其演进历程；对中华人民共和国成立 75 年来零售业的发展成效进行归纳提炼，分析零售业在新发展阶段存在的问题；最后结合以上分析，提出要加快零售数字化转型助力消费升级，构建现代零售体系服务经济发展，促进线上线下融合、跨界融合等满足多元消费需求，加强物流数字化发展服务零售业转型升级，多措并发挥零售在经济发展的"最后一公里"职能等对策建议。

第三节　中华人民共和国成立 75 年来中国零售业发展的演变历程

一、1949—1992 年：国内改革阶段

中华人民共和国成立后至改革开放之前，中国零售系统被称为计划配给系统，商品的生产、流通、消费等都是计划经济体制下执行的，零售部门只是作为政府的配给机构而存在。这种分配体制是一种高度集中化、多阶段、单一所有制和单一渠道的计划管理体制下的分配系统，在物资匮乏的票证时代，统一购买、集中销售是当时的特色。

改革开放初期，经济体制改革刚刚开始，大规模的零售业并不是主要的流通方式。1984 年下半年开始了以城市为重点的经济体制改革，许多国有企业及各行业翘楚都纷纷借力发展商业零售业，建立商业大厦，仅 1986 年至

1990 年，中国新建的大型商场数量就相当于前 35 年建设的总和。到 1992 年底，全国零售业固定资产投资原值已近 2000 亿，全国零售企业总量激增，但同时也面临着组织系统相对散乱、业态分类较少的问题。

这一时期，中国对大型零售商实施了系列改革。其一，通过调整零售业的所有制结构，鼓励发展集团、个人店铺，并允许个体工业自销，使得大型零售业结构出现了巨大转变。其二，引入新经济发展与竞争体系，提高了零售业商户的积极性。其三，加大对零售业的直接投资，社会资本进一步流入零售业，零售企业利用银行贷款扩大营业面积。其四，零售业基础建设开始往现代化方向发展。

二、1992—2001 年：零售领域对外开放阶段

1992 年 7 月，国务院批准在北京、上海、天津、广州、大连和青岛 6 个大中城市以及深圳、珠海、汕头、厦门和海南 5 个经济特区进行零售业对外开放试点，由此拉开了中国零售领域对外开放的序幕。从 1992 年至 1995 年10 月，共成立了 15 家中外合资和合作经营的零售企业。零售企业的经营管理法律体系依然是以政府直接规制的经济法体系为主导，但这个阶段的某些零售业法规政策执行举措也开始进行一定程度上的社会化或严格规范管理，如《城市商业网点建设管理规定》明确提出城市商业网点规划应遵循布局合理、居住便利、兼顾经济效益与社会效益等，这也标志着相关行政部门开始重视并协调零售业规划、经营中所产生的外部性问题。1997 年 8 月到 1998年 6 月，国家有关部门对 277 家外商投资零售企业进行了彻底调查。2001 年中国加入 WTO，成为零售业发展新的转折点。

随着改革开放的深度推进，中国经济社会得到了快速发展，居民收入水平随之提升。收入的增加促进了消费者需求的变化，从原来的"生存型消费"（20 世纪 80 年代前半期是以衣食为中心的消费）向"重视生活质量的消费"（20 世纪 80 年代后半期开始以电视机、电冰箱、洗衣机为中心的消费），进而到"享乐型消费"（20 世纪 90 年代以后开始追求住房、私家车、服务等

的消费）转变，从"单一化"向"多样化""个性化"转变①。该阶段零售领域实行对外开放后，以沃尔玛、家乐福等为首的世界零售巨头企业纷纷抢滩中国市场，并带来了以超级市场为代表的零售业态快速发展。到了 2000 年，超市已渗透至东部地区的乡镇，中西部拓展到县城。

三、2002—2007 年：零售领域的全面开放阶段

随着中国加入 WTO 广度与深度的提升，外资零售企业纷纷加速抢滩中国市场，国内大型零售商贸应用领域的市场竞争也非常激烈，在城市商店站点设置的城市规划中，出现了布置不合理、构成比重严重失衡、业务功能雷同等现象。对此，政府为规范引导零售业的健康发展，先后制定实施了规范外商投资零售业发展和城市商业网点建设的政策制度，如《外商投资产业指导目录》（2002）、《外商投资商业领域管理办法》（2004）、《国务院关于促进流通业发展的若干意见》（2005），加大改革开放力度，通过对国有零售企业进行改组改制、培育大型零售企业集团、放开搞活中小零售企业、营造公平竞争环境等提升零售企业竞争力。

2004 年末，中国零售业的入世转型过渡时期基本结束，实现了中国对零售业经济发展准入范围全部向外放开的诺言，在零售领域实现了全面开放。在从"引狼入室"到"与狼共舞"的演进中，中国本土零售企业在激烈的竞争中不断提升经营能力，中外资零售企业间的竞争也变得日渐激烈，虽然其间也衍生出同行间恶性竞争、企业间竞争加剧、零工矛盾加剧等问题，但不可否认的是，在竞争中快速提升了中国零售业的发展。2003 年，阿里巴巴创立了淘宝。2004 年，阿里巴巴推出支付宝，京东也上线运营。2005 年，易初莲花首个独立的超级市场在济南开业。中国的零售业步入"外资由慢转快、国内资本由快转慢"的阶段。

---

① 包振山 . 中国零售业演变的内在逻辑与政策体系构建 [M]. 经济科学出版社，2020.

四、2008—2016 年：零售电子商务发展阶段

面对复杂多变的国内外形势，特别是为应对国际金融危机的冲击，零售消费再次成为稳定经济增长的主要抓手，通过实施家电、汽车下乡及以旧换新等促消费扩内需保增长的政策，零售多业态竞相发展，商业经营模式多样化发展，电子商务迅速发展，形成了中外资零售业多元化、多层次、少环节、开放式的竞争发展新格局。《国内贸易发展规划（2011—2015 年）》《商务部关于"十二五"时期促进零售业发展的指导意见》等将电子商务作为扩大国内需求，尤其是满足消费者消费需求的重要策略。电子商务的进一步发展促进信用服务、网上支付、物流配送等社会支持服务的发展。电商平台从 C2C 发展到 C2C 与 B2C 多种模式并存，逐渐形成自营式电商。

这一时期，消费者的消费主动权意识越来越强，互联网技术深度应用到零售业，促进了零售业向社交化转型。以 BAT（百度、阿里巴巴和腾讯）为代表的互联网企业改变着消费者的购物习惯和消费理念，网购成为消费者的购物新常态。如天猫 2009 年发起的"双十一"后发展成为全球性的"疯狂购物"活动；2011 年，支付宝获得了中国第一张支付牌照，以天猫、淘宝为首的电商平台又创设了"双十二"购物节。网络订购、电子产品交易、送货到家渐渐变成中国人民的日常生活。2012 年微商兴起，变成通过个人社交平台发布产品的另一种零售方式。2015 年中国网购市场交易规模较 2014 年增长了 37.2%，达到了 3.8 万亿元。据艾瑞咨询数据核算，2010 年至 2016 年，国内网络购物市场的复合年均增长率（CAGR）约为 47.17%，国内网络购物发展经历了持续高速增长的"黄金时代"。新技术革命衍生了以电子商务为首的网络零售迅猛发展，使中国成为世界第四次零售革命的引领者[①]。

---

① 包振山，朱静，郑晨 . 近十年零售创新转型的研究热点与演进趋势——基于 WOS 和 CNKI 数据库的文献分析 [J]. 盐城师范学院学报（人文社会科学版），2022，42（04）：94–107.

五、2016—2020 年：新零售发展阶段

2016 年 10 月 13 日，杭州云栖大会开幕式上，阿里巴巴董事局主席马云提出"新零售"的概念。2017 年，京东集团成为国内销量最高的电商企业，拼多多以全新的经营模式迅速成为龙头电商企业之一。2018 年，"跨境"成为新零售行业的热门话题，品牌商们纷纷将目光从"互联网 +"转向"新零售 +"。"新零售 +"是在电子商务基础上发展演化而来的，基于互联网思维将重心转移至消费者，围绕消费需求重构"人货场"，旨在提升流通效率，满足消费者消费升级和多元化的需求，由此也衍生出智慧零售、无人零售、社群经济等系列新概念。

"新零售"以智慧平台搭建为重点，以线上线下融合为核心，以线下促线上为导向，以产业链协同跨界融合为趋势进行变革发展。"新零售"代表业态或模式主要有盒马模式、小店模式、美团模式、平台赋能模式、社交引流模式和拼团模式等①。数字技术的升级推动新兴零售业不断进步，零售业不断地根据顾客需求实现业态更新，逐步重塑传统线下零售业体验，运用最新的科技为消费者提供便捷的消费感受。该阶段中国零售业稳步增长，2020 年零售业增加值占 GDP 的比重约为 4.07%，作为国民经济的先导性产业和基础性产业的提质增效保增长职能越发凸显。

六、2020—2024 年：零售数字化发展阶段

数字技术正在不断改变消费者的消费行为，一方面，由于消费者的行为方式越来越趋向于网络化、平台化、社区化、娱乐化；另一方面，由于平台经济和数字零售业的出现，消费者的消费行为也随之发生变化。此外，数字化技术也带来了一种全新的消费需求，随着消费者的个性化、多元化、虚拟化，数码产品收获越来越多消费者的喜欢。

---

① 王宝义."新零售"演化和迭代的态势分析与趋势研判 [J]. 中国流通经济，2019，33（10）：13-21.

　　随着 5G 网络的全面推广，零售业间流量竞争更加激烈，各企业对市场的认知能力日益增强，但对流量的把握也更加困难，所以零售企业和供销商共同产生了通过跨界合作、整合产业链等方法进一步强化与消费者的关系的想法。在实现顾客价值的共同目标的基础上，各实体间应当本着互信、开放、平等的理念，增强市场响应力、组织韧性和顾客关系可持续性，提供资源交换、信息共享和职能整合。零售企业拥有不同的业态，可横向联动，还能纵向整合，从生产过程至消费，再到产品的生产周期的角度进行合作。大数据时代下零售业的竞争关键在于坚持收集和更新消费数据，发现更多的价值，同时，建设具有数字化和跨界结合的基础设施也成为零售业进一步突破生产力的重要因素，为达到成本效率和客户价值同步增长提供了基础支持。

　　随着数字时代的到来，居民的日常消费习惯形式是必然发生变化的，如何适应新的消费环境变化、如何满足消费需求升级成为零售业生存发展的重要课题。线上网络销售保持继续增长态势的同时，线下零售企业及时调整营

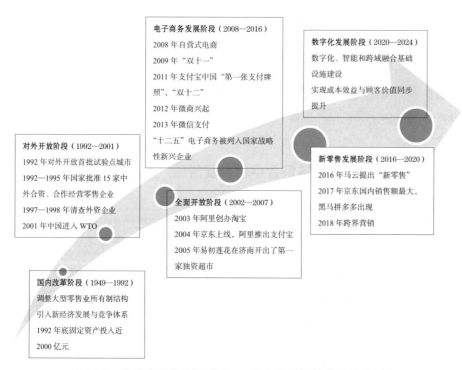

图 2.1　中华人民共和国成立 75 年来中国零售业的演变历程

销方式，催生了无人零售、无接触购物和无接触配送等模式。数字经济时代，数字技术通过优化零售交易的职能、精准适配供需、重塑零售服务与消费者的交互方式、重构商业模式、线上线下竞合中深度融合等，引领中国零售业数字化发展，并成为世界第四次零售革命的启动者和引领者。

第四节　中华人民共和国成立 75 年来中国零售业创新发展的成效

一、信息技术促进零售业态创新

改革开放前，世界零售业曾经历过三次革命，分别是百货商店革命、超级市场革命和连锁经营革命，而中国的零售业由于业态陈旧、商业设施落后，没有超市、连锁店，百货公司更是少之又少。改革开放以来，新的商业模式在中国快速地被引进，并随着信息技术革命的发展不断创新。

百货商店革命，国外是由蒸汽工业革命而产生的现象，自 1852 年法国巴黎创立了世界上首家百货店博马尔谢，百货商店成为当时的发展趋势。中国改革开放以后，当时的百货商场主要有两个特征：第一，以百货商店为主体，市场信誉度最高；第二，营业商品从食品到家用电器、家具应有尽有，成为真正的百货公司。但大中型百货商店在 1995 年效益明显下降。1999 年，国内最大的百货公司——上海第一百货被华联超市以 73 亿的年销售额超越，标志着中国百货业态让步于超市业态。

超级市场革命，电脑技术的出现使零售店的收银、订单管理和核算等过程计算化，因此运作效率得到很大提升。超级市场在中国全局范围内迅速绵延，并演化出了大型超市、仓储商场、便利商店和家具中心等各种形式。改革开放后，中国第一个大型超市是 1990 年于东莞亮相的美佳超市，1991 年上海联华超市出现，不久后也出现了北京农工商超市。超级市场在上海市内蓬勃发展，并在各地快速铺开。2011 年中国国内大型超市店铺数量达到历史最高峰，为 38554 家。2012 年中国国内大型连锁超市店铺总数量达到 11947 家，为历史最高峰。

连锁经营革命，国外的连锁商店业态基本形成于 19 世纪中期，运输和通信技术的改进大大提高了物流配送能力和仓储利用率，为连锁体系的建立奠定了基础。改革开放以后，由于超市的蓬勃发展而产生的连锁经营，主要是把已有的各种零售业态连锁化，对中国国有商业的转型改革有积极影响，改善了零售企业的经营管理机制，促使供应链效率提升。

中国前三次零售革命阶段发展速度很快，主要原因有：第一，中国在 20 世纪 80 年代国内经济快速发展，零售业的蓬勃发展与国民经济发展总体水平提高存在联系；第二，改革开放使我们对先进零售模式有了更深刻的了解，已有的业态能够同步引入，可以充分汲取海外的经验，大大缩短了业态创新的时间。

第四次零售革命时期（21 世纪初至今），信息技术进入互联网时代，电子商务的兴起颠覆了过去中国传统零售的方式，给零售业创造了大量的利润，使零售业市场发生变革。这场革命主要经过三个阶段：第一，网络零售时代，以淘宝、京东为代表，人们开始大量使用个人电脑、移动设备进行支付；第二，有效运用 O2O 技术实现线上和线下的结合；第三，发展智能零售，以人工智能全面辅助或代替人类工作。由此，中国零售业形态出现巨大变革，形成了网上商店、智慧卖场、线上线下统一运营、跨境电商和无人店经营等新形态。

二、零售业量质齐升促消费

消费升级实际上是个人需要得到满足。消费升级现象主要体现在四个方面。在消费水平方面，如图 2.2 所示，1979—2021 年，全国人均可支配收入额长期处在上升阶段，由此可见中国居民消费水平仍在逐步扩大，并可预想到对国内经济发展的带动效应将会进一步凸显。

在消费结构方面，随着中国"互联网＋"战略的提出，网络技术成为居民和组织的巨大推动力。对于消费者而言，网络技术将影响其消费行为，并对传统消费模式产生重要影响；对生产者来说，网络技术有助于对企业产品进行精准定位，拓展出新的消费领域从而推动消费升级。

在消费方式方面，消费者的渠道从分散采购向一站采购转变，从自主选购到专业筛选服务合作转变。在付款方式上，从现金向移动支付过渡。在交通运输方式上，从个人运输向专业配送服务过渡。在购买、付款、运输等各个方面，消费者的消费模式得到了升级。

在消费环境方面，近年来，国家注重农村地区基础设施的投资建设，进一步推进城市铁路运输和农村公路的全方面覆盖，提高商品的流通效率及质量，刺激居民消费。

人民的生活水平稳步提升，不断形成新消费增长点，居民消费水平日益提高。而消费者购买意愿和购买力的提高，进一步激活了消费者的潜在消费需求，为现代零售业的发展提供了保证。

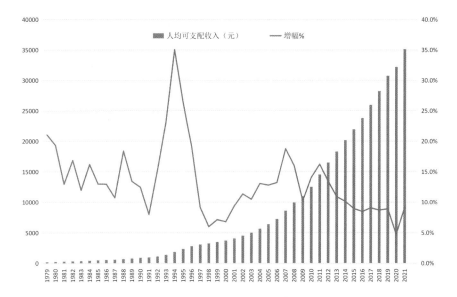

图 2.2　1979—2021 年全国人均可支配收入额及增幅情况示意图

资料来源：国家统计局网站 https://data.stats.gov.cn。

三、零售市场下沉布新局

市场"下沉"是指三线以下城市、县城和乡村地区的商品金融市场，覆盖全国 200 多个地级市、3000 个县城和 40000 个镇，占据了全国总人数的 70%。近年来由于网络信息技术与物流配送基础设施的成熟，"小镇青年"已经成为居民消费中不能忽视的重要力量，不但购物潜力巨大，而且社会市场规模扩大得极快。

第一，拓展零售业务的覆盖面。随着中国城镇建设的不断深入，农村居民对生活必需品的需求也不断增加。随着市场的下沉，中国的零售业逐渐转向乡镇，进而拓展了农村的零售业务。同时，这种服务范围的扩展，可以直接提高零售企业的整体销售额，进而推动中国零售业的可持续发展。

第二，扩大影响范围。在传统的经济发展模式下，零售企业的销售途径比较窄，因而所产生的社会影响范围也非常有限。但零售市场下沉情况中，零售企业通过全球联通功能促使其销售途径更为多元化，也使其社会影响范围更宽。这些影响区域的拓展使零售公司的销售不再局限于周围几公里市场区域，而是延伸到全国甚至国外。在零售市场下沉背景下零售企业进行商品与品牌的销售途径，由过去的单一广告形式转化为以网络为基础的全方位渠道推广。零售商也能够通过这样多元化的销售途径，以更为广阔的影响区域来实现销量的增加与运营成本的减少。

四、零售规模发展提升经济增长质效

自 2008 年中国进入零售电子商务发展阶段，中国互联网用户迅速增加，截至 2021 年，中国互联网上网人数规模为 103200 万。因此，中国拥有庞大的零售市场，消费者对零售业务的需求高度统一，为中国零售业的发展奠定了坚实的基础。国家统计局发布的社会消费品零售数据如图 2.3 所示，2021 年中国社会消费品零售额为 440823 亿元，同比增长 12.5%，更是比改革开放初期增长 243.9%，可见中国零售业这 40 多年的发展速度。2021 年，最终消费支出对经济增长的贡献率达到 65.4%，成为国内经济增长的第一拉动力。

　　受新冠疫情等因素影响，全球经济负增长，在此背景下，中国经济率先恢复增长，不但为全球经济复苏提供了力量和保障，而且也为国内消费市场的加速复苏和实现经济成长、引导和促进全球居民消费奠定了扎实的基础，并成为稳居世界前列的零售业大国。由此可以看出，中国零售业产业规模在不断扩大，保持着良好以及领先的发展态势。

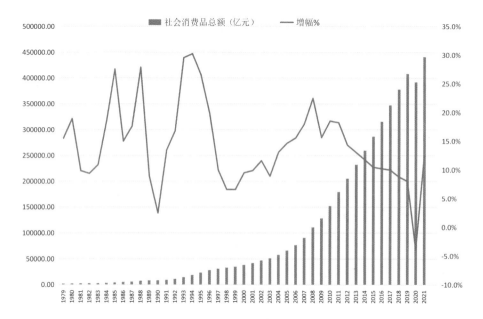

图 2.3　1979—2021 年全国社会消费品总额及增幅情况示意图

资料来源：国家统计局网站 https://data.stats.gov.cn。

第五节　新发展阶段中国零售业发展的现实困境

一、零售数字化转型与消费提质存在差距

传统零售遵循实体经营模式，经营成本日益提高。受地理环境影响，传统零售业辐射的区域范围受限导致新增顾客数量受限，而有时顾客进店会因店内装修陈旧、商品摆设杂乱等多个原因降低购物欲望，造成高投入、低收益的局面。同时由于社会消费的提升，人们的消费意识也发生变化，不再局限于千篇一律的商品，开始追求个性化的商品，而传统实体店受到商业店面影响，商品形式也受限，较难适应消费群体的个性化要求。另外，由于现阶段消费者本身获取资讯的途径较多，所以诱导性传播对消费群体心理的影响并不大，且消费群体心理在消费过程中也更偏于理性。因此，传统实体店这样单纯的消费模式很难再得到消费群体认可。实体运营成本提高、消费者消费观念转变等一系列原因也导致了传统零售业的盈利能力明显下降，发展速度放缓。

二、零售线上线下融合未能有效满足消费需求

线上零售无法提供给消费者真实的购物感受，和线下商品相比没有可触性、可感知性，也无法及时为消费者带来相应服务，虚拟环境又造成了商品质量的良莠不齐，服务质量没有保证。随着线上零售的出现，不同种类的网店想要吸引更多消费者和抢占更多市场份额而日益趋向同质化，商品缺少特色，无法满足消费群体的多元化需要。而且，新零售模式下往往需要线上线下商品的低售价一致，这将导致商品定价出现困难。网络零售的最大优点就是售价低于传统实物零售，一旦二者达成一致的低售价，那传统线上零售的低价格优势就会消失，传统实体店铺收益也会降低，所以在新零售模式下

售价的制定将成为难点。另外，传统零售业转型为新零售必须投入的巨大成本，成本管理将是未来中国零售市场发展的重要问题。

三、现代零售体系的构建与供应链等环节衔接不通畅

零售行业是供应链系统中的一个重要环节，具有很强的可替换性，因此对供应链系统的依赖程度比较高。近几年，随着中国产业结构的不断改革和基础设施的不断完善，供应链系统得到了重构。但是，零售商和供应商都有很高的成本意识，并且在零售业转型过程中，社区空间的扩展使得供应链的关系变得更为复杂，这与降低供应链的实际需要是矛盾的。同时，由于缺少有效的管理机制，供应链系统无法得到优化，供应商对零售商的控制能力也较差，出现零售商使市场秩序混乱的现象，从而影响了供应商在零售业中的营销计划。因此，在零售业转型过程中，社区空间的扩展是新时代供应链系统重构的必然选择，然而，供应链作为"双刃剑"，在零售转型过程中如何发挥自身的优势、推动社区空间的扩张就变得非常重要。目前由于电商服务体系还不完善，不能对消费者管理充分发挥实际功能。

四、物流数字化发展服务尚有较大提升空间

在传统零售业转型过程中，全面实施线上线下的融合更加艰难。首先，物流配送管理系统效率低。虽然物流是连接线上线下的主要平台，但现在的物流配送服务还面临服务区域狭小、进镇不能进村、配送服务周期较长、商品包装利用率低等问题。其次，物流专项人才紧缺，大部分人员只能从事运输、流通加工等环节，不能适应现代物流快速发展要求，给新零售的发展提出了挑战。最后，成本费用高，物流效率低。尽管目前传统电商融合计算机系统和大数据分析等资源促使企业物流配送服务体系更加现代化，但物流成本也在日益提高，企业物流所负担的人工费用仍然居高不下，且企业物流配送系统不完善、商品库存储存空间也不充分。另外，传统电商的物流配送效

率一直处于低迷状态，在货物配送过程中也存在货物短缺、货物损坏、配送不及时等问题。

五、零售业创新发展的同时应强化引导错位竞争

中国现阶段零售的规模经营门槛很低，造成了零售企业的过度进入。目前中国零售企业单店经营条件一般、门店规模也较小，即便连锁经营成功也很难做到规模经营。零售企业在启动成本方面并不是太高，开业的费用除需要先全额交租金之外，其余的诸如商店装潢、货架、收款机、冷柜等的费用均可以延期结算。产品也大多为代销的厂方供货商铺底，只有个别厂家才需要以现款供货，同时还可能收到厂家的入场费。对于大部分中小零售企业而言退出壁垒比较低，而对于大规模的零售企业而言，由于沉淀成本、高额负债率等经营原因会形成较大的限制退出效应。这些因素导致中国零售业中小规模偏多，对新兴技术、零售渠道营销推广的重视度不足，绝大多数选择传统零售模式进行营销，因此在零售市场转型过程中会面临较多市场风险；对市场预判能力的不足会导致零售业线下能力不断削弱，无法更好地进行零售业的全面升级。

第六节　新发展阶段零售业数字化创新与转型路径

一、加快零售数字化转型助力消费升级

随着人工智能、云计算、大数据分析、虚拟现实（VR）、人脸图像识别等技术手段的出现，越来越多的实体商家开始将这些技术手段应用到产品的营销流程中。首先，实体零售店运用数字技术手段进行消费者数据的分析挖掘，从各种渠道收集消费者的基本情况、消费偏好等信息，进而较为准确地定位用户需求，实现个性化专业定制，提升销售效率。其次，实体零售店逐

渐形成自己的线上支付体系，便利快速的交易方法大大缩短了消费者的结算时间，进一步提升了购买效率。

保障消费者安全的情况下，收集种类丰富的消费数据，在此基础上利用大数据分析掌握消费者的消费偏好，进而为消费人群量身定制个性化的推送业务，定期给消费人群邮寄小礼品，在消费人群的生辰时及时送上贺卡，让每类消费人群都感觉到自身在被公司关注，这样消费人群的个性化营销价值就能够凸显，并以此增加消费人群对公司的好感。另外，还能够获取消费者的消费感受数据，由此有针对性地优化消费者的消费生存发展环境。不管中国零售业发展到了什么阶段，都必须重视消费群体服务质量与消费行为体验，以此提升中国居民消费人群的满意度，并吸引新型消费人群进入，从而增加消费人群与企业发展之间的相互依存度。推动供求关系的协调发展，必须从供给和需求两个方面来推动供给侧结构性改革，通过进一步扩大居民消费需求来促进经济高质量发展。

二、促进零售线上线下融合、跨界融合等满足多元化消费需求

新发展阶段在构建以供求为导向的发展模式过程中，要强化居民消费在拉动经济增长中的重要作用，从而使传统消费得到进一步提升。在新的经济体制下，消费者的消费习惯正发生变化，在线消费模式愈来愈多，要把线上和线下的消费模式结合起来，才能真正促进国内经济的发展。线上和线下融合将是双赢的选择。

线上线下融合与跨界融合的方式主要有：第一，线下店通过第三方电商平台在线销售，第三方平台包括快手、抖音、微博、微信、淘宝等。第二，线下店拥有足够的消费者时，可以自己设计 APP 平台软件，让消费者自主下单购买。利用离线商业模式（Online to Offline，O2O）的特点，使公司在开展线上活动的同时，也可开展一些促销活动。线上与线下无缝连接，为消费者创造更多元化的消费途径与良好的消费感受，进而提升产品销量。第三，实体店铺还需要利用人脸识别、人工智能、VR 等技术手段建立无人店铺。

利用人脸识别对消费群体进行定位，再利用 VR 实现"试衣"，购买完成后消费者就能够实现在线支付，整个过程都是由消费群体本人参与，可以享受完整的购买体验。第四，线下实体店要避其锋芒，不跟线上打价格战，而是做到精准的市场定位，最大程度让利消费者，再加上有效的产品组合满足消费者需要，以"品质和品味"为改进重点，以"好货不贵"为营销方针。

三、加强物流数字化发展服务零售业转型升级

新发展阶段中国将加速建设现代物流体系，开拓新的物流领域和新的模式，培育具有勃勃生机的现代物流企业。传统零售的物流配送速度较电商自建物流配送滞后，在传统物流转型的过程中，其物流配送能力的提升势必要依靠电商物流中心配送，这也将是二者融合的一个趋势。另外，传统零售业还需要着重发展数字化和智慧化仓储体系，建立快捷、智能、精准、协同、环保的智能物流配送系统，并利用大数据分析技术实现与供应链的有效集成，从而形成全程智能的物流配送体系，以实现节省经营成本、降低存货、提升产品物流利用率的效果。

当企业推出线上销售＋线下运输模式后，物流配送就是两者融合的一个环节，企业与第三方的物流配送协作和自主物流运输服务分配成为问题。中国目前的第三方流配技术已经非常成熟，在各个城市随处可以见到如邮政、中通、饿了么等的身影，当然一部分企业拥有自己的物流运输分配体系且已相当成熟了，比如京东、苏宁易购等，但商家也需要依据自身的现实情况进行选择。在 O2O 较为常规化的今天，企业要加快线上与线下融合衔接，以提高物流配送效果，从而提高消费群体对商家的好感度，吸引新消费群体，促进零售业的发展。

四、激发零售业服务经济发展"最后一公里"的职能

有效打通服务经济发展的"最后一公里"，既需要强化政府在零售业发

展中的顶层设计作用，又需要产业行业的协同共生，更需要零售企业发挥创新主力军职能。中国政府可以从以下几个方面来促进新零售业发展：一是根据不同地区不同类型的零售业特点，制定相应的人才引进政策和人才发展奖励制度，能够吸引更多相匹配的人才并留住人才，从而确保在市场监督管理下发挥规划作用；二是加快新零售业的基础设施建设，推动零售业数字化、智能化的普及建设，引导中小规模发展，给予优惠政策；三是与零售业协会达成一致，利用合理的固定经费支持来保证新零售业发展，同时发挥协会信息中转站作用，形成多方良性互动的关系。

五、构建现代化零售体系服务经济发展

传统电商在服务、供应链等方面存在诸多缺陷，需要不断改进。传统电子商务服务体系的改进包括两个方面：一是在布局的过程中，企业应该关注消费者的购买体验和售后服务体验，为消费者创造更多交心谈话的机会。设计全面的商业模式产品售后服务体系和客户管理体系为消费者创造更多完善的产品服务。二是传统电商平台本身的服务体系比较完善，企业只有在实质上提升了自己的服务质量，方可开拓更广阔的互联网市场。传统电商的管理体系分为客户、物流配送、售后服务三个方面，为给消费者带来良好的购买感受，电子商务必须进一步健全组织结构、建立标准化流程。

供应链体系的完善主要是强化产品经营的能力，通过投资、人力和物力来优化企业的供应链，创新多渠道营销战略，形成更精确的全面布局。通过构建可预测的供应商链协同管理和信息服务系统，可以实现多批次、小批量的产品配送要求。同时零售业企业通过信息开放的供货商营销策略，向厂商提供数据、配送等相关方面的信息服务，有效赋能供货商，可以缩减供应环节，节约供货商生产成本。此外，与上中下游的企业间进行战略协同，实现信息资源共享，便于企业快速调整设计、制造生产运营、库存布局、跨渠道业务等各环节的供应链管理，以适应市场上更个性化的零售需求。

第三章　内需消费视角下地方城市
零售空间布局与业态差异

第一节　绪论

党的二十大报告明确指出，"着力扩大内需，增强消费对经济发展的基础作用和投资对优化供给结构的关键作用"[1]。中国经济已由高速增长阶段转向高质量发展阶段，经济发展模式转型、促进国内经济良性循环、带动投资结构转型升级、加快科技创新等均需全面促进消费[2]。这也是立足新发展阶段，扎实推进共同富裕，满足人民美好生活向往，适应人口结构转型以及应对外需走弱、安全发展等国际发展环境变化的需要。

内需消费是国内大循环的关键环节和重要引擎，《中华人民共和国国民经济和社会发展第十四个五年规划和 2035 年远景目标纲要》中明确提出要全面促进消费，增强消费对经济发展的基础性作用。消费是经济活动的起点和

---

① 习近平.高举中国特色社会主义伟大旗帜　为全面建设社会主义现代化国家而团结奋斗——在中国共产党第二十次全国代表大会上的报告 [R]. 人民日报，2022-10-26（1）.
② 张慧慧，李雪松.扩大内需战略下全面促进消费问题研究 [J]. 当代经济管理，2023，45（08）：1-8.

落脚点，也是扩大内需、增强经济增长的重要动能。自 2020 年国家提出加快培育完整内需体系以来，推动消费回升、稳定和扩大消费一直是扩大内需战略的主要内容，2024 年更是把恢复和扩大消费摆在优先位置。由此可见，激发消费潜能，发挥消费在经济稳定运行中的"压舱石"作用，是稳增长促发展的重中之重。

在社会再生产过程中，流通效率和生产效率同等重要，是提高国民经济总体运行效率的重要方面。流通体系在国民经济中发挥着基础性作用，构建新发展格局，必须把建设现代流通体系作为一项重要战略任务来抓。统筹推进现代流通体系硬件和软件建设，尤其是优化城市零售商业的布局，提升消费服务水平和畅通社会经济循环，为构建以国内大循环为主体、国内国际双循环相互促进的新发展格局提供有力支撑。城市零售业是对接内需消费和畅通社会经济循环的重要载体，合理的零售网点布局能引导城市人口流向，优化城市零售网点，对于服务内需消费、提高城市居民生活质量具有重要意义。

第二节　文献综述

零售业规划与空间布局的研究起源于欧美，如霍特琳（Hotelling）在 1929 年提出市场竞争模型，赖利（Reilly）在 1931 年提出销售引力模型，为此后在零售业规划布局和选址研究中出现的中心地理论、商圈理论、集聚理论以及消费者行为理论等奠定了理论基础，并从人口规模、市场竞争以及区位条件等因素探寻对零售业空间规划布局的影响[①]。如安瑟兰等（Anselin et al., 1996）从消费者行为、消费需求和区位因素等方面探讨影响

[①] 薛冰，肖骁，李京忠，等. 基于 POI 大数据的城市零售业空间热点分析：以辽宁省沈阳市为例 [J]. 经济地理，2018，38（5）：36-43.

零售业区位选择等问题[①]；布顿（Buton，1984）探讨了促进专业化分工和规模效应等在内的集聚经济效益对零售店铺选址的影响[②]；此外也出现了消费者行为对零售业空间布局影响、利益相关者及竞争对零售业选址影响等研究。

国内学者在 20 世纪 80 年代开始进行零售业规划与空间布局的研究，早期如以杨吾杨[③]等为代表的学者们研究了上海、北京、广州等大型城市零售业空间布局结构。近年来，国内学者在如下三方面对零售业规划与空间布局进行了新的探索。

一是将空间计量方法、地理学 GIS、商业经济学等相关方法应用到城市规划，创新城市规划的研究方法。如何伟纯等（2018）运用实地调研数据，借助标准差椭圆、最近邻聚类、Ripley's k 函数和 Ordinal Logistic 回归等分析方法，探讨开封市主城区零售商业网点空间布局特征及其影响因素[④]。高子轶等（2019）以西宁市为研究对象，运用核密度等空间计量方法探究零售网点的空间分布特征[⑤]。二是将城市零售规划与空间分布的研究对象进行不断拓展。如陈蔚珊等（2016）研究发现广州市零售商业网点的区位选择具有显著的差异性[⑥]；焦利民等（2017）研究武汉市空间集聚要素，指出商业 POI、人口密度的集聚特征最为明显[⑦]；林清等（2019）研究北京市商业中心，发现

① Anselin L，Anil K B，Raymond F，Mann J Y. Simple Diagnostic Tests for Spatial Dependence [J]. Regional Science and Urban Economics，1996（1）：77–104.

② Buton K J. Urban Economics [M]. Urban Economics Department of National Economy Institute of Shanghai Academy of Social Science，Trans. Beijing：The Commercial Press，1984.

③ 杨吾杨，怀博 . 古代中西地理学思想源流新论 [J]. 自然科学史研究，1983（04）：322–329.

④ 何伟纯，李二玲，崔之珍，张婕 . 开封市主城区零售商业空间布局及影响因素 [J]. 经济地理，2018，38（09）：158–167.

⑤ 高子轶，张海峰 . 基于 POI 数据的西宁市零售业空间格局探究 [J]. 干旱区地理，2019，42（5）：1195–1204.

⑥ 陈蔚珊，柳林，梁育填 . 基于 POI 数据的广州零售商业中心热点识别与业态集聚特征分析 [J]. 地理研究，2016，35（4）：703–716.

⑦ 焦利民，李泽慧，许刚，等 . 武汉市城市空间集聚要素的分布特征与模式 [J]. 地理学报，2017，72（8）：1432–1443.

越靠近市中心，商业中心形成的市场区域六边形结构越明显[1]。三是将城市零售规划与空间分布的成因进行分析。如周丽娜等（2020）研究广州市大型零售商业网点设施，指出人口规模、经济因素以及道路交通的临近性是显著性影响因素[2]。王雪等（2019）通过对西安市零售业的研究，发现街道网络密度和学校数量是影响城市零售业空间分布的主要因素，人口数量、财政收入的影响是次要的[3]。张逸姬等（2019）研究南京市零售业，发现不同类型零售店铺的地理影响路径不同[4]。

　　随着信息技术的变革发展，研究者将 POI 大数据结合空间密度分析、空间计量分析以及局部热点分析等方法引入零售业空间布局的研究中。如禹文豪等（2015）采用 Getis-Ord Gi* 统计指数定量分析零售设施 POI 的局部空间相关性特征[5]。另外，还有一些对城市商业空间演进的研究，如牟宇峰等（2014）研究南京市商业中心的演变，发现其受建筑面积、营业面积、营业网点数等因素的影响[6]；包振山等（2020）对城市零售网点空间集聚特征与区域差异机理进行计量论证[7]。还有基于生态学理论研究城市零售业空间布局的相关问题，如周春山等（2004）[8]、尚嫣然等（2005）[9]对城市零售业空间布局进行了生态学的解释。

① 林清，孙方，王小敏，等.基于 POI 数据的北京市商业中心地等级体系研究 [J]. 北京师范大学学报（自然科学版），2019，55（3）：415–424.

② 周丽娜，李立勋.基于 POI 数据的大型零售商业设施空间布局与业态差异：以广州市为例 [J]. 热带地理，2020，40（1）：88–100.

③ 王雪，白永平，汪凡，等.基于街道尺度的西安市零售业空间分布特征及其影响因素 [J]. 干旱区资源与环境，2019，33（2）：89–95.

④ 张逸姬，甄峰，张逸群.社区 O2O 零售业的空间特征及影响因素：以南京市为例 [J]. 经济地理，2019，39（11）：104–112.

⑤ 禹文豪，艾廷华，周启.设施 POI 的局部空间同位模式挖掘及范围界定 [J]. 地理与地理信息科学，2015，31（4）：6–11.

⑥ 牟宇峰，孙伟，吴加伟.南京商业中心演化与布局研究 [J]. 世界地理研究，2014，23（2）：112–122.

⑦ 包振山，陈康路.城市零售网点空间集聚特征与区域差异研究——以江苏省为例 [J]. 商业经济研究，2020（08）：151–153.

⑧ 周春山，罗彦.城市零售业空间布局与经营的生态学解释 [J]. 商业时代，2004（24）：6–7.

⑨ 尚嫣然，罗彦.生态学理论在城市零售商业空间布局与经营的运用 [J]. 商业研究，2005（13）：125–127.

・56・ 数字经济时代中国零售业数字化创新与转型

随着内需消费在国内大循环为主体的新发展格局的重要性日益提升，其重要载体的城市零售规划及空间布局优化，对于提升城市空间品质、激发城市活力及实现城市可持续发展等方面显得尤为重要①，对此进行的研究与讨论具有很强的现实意义。

与已有文献相比，本章有以下几点创新之处：一是已有研究零售业城市空间布局多以一线大城市或省会城市为主，而本章将研究对象拓展至地方城市，尝试为零售业空间布局研究做有益的补充；二是本章从内需消费这一研究视角切入，将连接生产、消费的零售业的空间布局现状进行空间计量分析，探究影响不同零售业态网点区位选择的因素，为优化其空间布局提供学理支持；三是已有研究零售业空间布局的文献集中于一线大城市或省会城市的某一零售业态，本章限于篇幅，探讨地方城市零售业态的空间布局，深入分析影响其布局的因素，进而提出扩大内需背景下优化城市零售商业空间布局的启示建议。

第三节 数据来源与研究方法

一、研究区域概况

扬州市位于江苏省中部、长江与京杭大运河交汇处。扬州市面积为6591平方千米，2020年总人口455.98万人，地区生产总值6048.33亿元，社会消费品零售总额1379.29亿元，居民人均可支配收入38843元。扬州市下辖江都区、邗江区、广陵区3个区，仪征市、高邮市2个县级市和宝应县。

本章选取扬州市为研究对象，原因有四方面。一是扬州市零售商业设施的分布特征具有广泛代表性。扬州是长江三角洲城市群重要城市，与南京、

---

① 朱李奎，吴玉林，卢伟，孙煜."城市双修"视角下垃圾填埋场的改造策略研究——以扬州"小茅山"垃圾填埋场改造为例[J].上海城市规划，2021（03）：121-127.

镇江构成南京都市圈，地理位置优越。扬州经济发展状况良好，汽车、船舶等工业制造业发达，区域内商业设施完备，零售商业设施的发展特征和进程在同类别城市中具有代表性。二是扬州市零售商业设施具有理论抽样性。扬州城市化建设密集，居民生活品质的提高和社会生活节奏的加快推动城市服务功能的升级和完善，客观带动了城市商业经济快速发展，这使得扬州城市商业设施的空间分布具有明显的形态特征。三是扬州市的发展具有未来性，依据发达国家的发展经验，当人均 GDP 达到 5000～8000 美元时，城市商业设施会进入快速发展建设阶段。2019 年扬州市人均 GDP 超过 1.8 万美元，在全国地级市中处于上游。经济的快速发展为城市商业网点的建设提供了发展空间和需求保障。四是扬州市零售数字资料获取具有可行性。扬州零售业在快速发展的同时，还存在传统零售商业设施空间分布不合理、新的零售商业中心难以进入城市中心圈层等问题。因此，选取地方城市扬州市作为研究案例，不仅可以探究其零售商业的空间分布及业态差异，而且可以为同类城市提供学理上的参考。

二、数据来源

近年来，随着大数据分析技术的突破和空间计量分析技术的发展，零售业空间地理数据多源获取、数据更新速度大大提高，为零售业空间地理的精准探究提供了新的路径。以 POI 数据为代表的大数据正在城市商业空间结构探究领域扮演着越来越重要的角色。较传统数据获取手段，POI 大数据具有可获取性高、成本低、准确性高以及范围广等优点，能够直观反映人类社会的经济发展活动，在城市商业空间布局的研究中被广泛使用。

以 2020 年扬州市零售网点 POI 数据作为数据源，该数据通过网络爬虫软件在百度地图上采集，通过 Python 软件运行源代码，并对数据进行了筛选、去重、纠偏、分类以及统一坐标系等处理。将获取的 POI 数据的位置信息导入 ArcGIS 软件，提取扬州市零售网点 POI 热点和核密度分布图 [①]。数据前期处理包括数据遴选、信息补全和坐标反查，后期处理主要是实地调研验证。其他经济社会发展数据主要来自《扬州统计年鉴》（2020 年）和扬州市统计局官网。

三、研究方法

（一）核密度估计法

核密度估计是概率论中用来估计未知的密度函数，属于非参数统计方法。在对给定样本点集合进行空间分布研究时，核密度估计法常用来表示要素在空间分布的相对集中程度。核函数有多种表达形式，但核密度估计对核函数的选择并不敏感，采用不同核函数所得到的核密度估计差异不明显。本章采用西尔弗曼（Silverman）的二次核函数 [②] 作为研究基础，表达式为：

$$\hat{f}(x,\ y) = \frac{3}{nr^2\pi}\sum_{i=1}^{n}\left[1 - \frac{(x-x_i)^2+(y-y_i)^2}{r^2}\right]^2 \qquad (1)$$

其中：$\hat{f}(x,\ y)$ 为所在空间位置为 $(x,\ y)$ 的核密度值，r 为定义搜索半径，x_i、y_i 为样本点 i 的坐标，n 为与位置 $(x,\ y)$ 的距离小于等于 r 的样本点个数，x、y 为在搜索半径 r 范围内的中心点坐标，$(x-x_i)^2+(y-y_i)^2$ 为搜索半径 r 范围内的样本点 (x_i-y_i) 与中心点直线段距离的平方。

（二）标准差椭圆法

标准差椭圆是一种方向分布分析方法，能够对零售业空间实现多维表征，有助于对 POI 设施的分布进行方向分布的描述。韦尔蒂·利菲弗（D. Welty Lefever）于 1926 年首次提出标准差椭圆（Standard Deviational Ellipse, SDE），主要用于分析空间分布、时空空间和统计方法的总体特征。SDE 以

---

① 包振山，尤康，毛佳明. 内需消费视角下地方城市零售业空间布局与业态差异——以扬州市为例 [J]. 城市勘测，2023（03）：1-7.

② Silverman B W. Density Estimation for Statistics and Data Analysis [M]. New York：Chapman and Hall, 1986.

长短轴和方位角为中心，在经济学、城市地理学等学科有较为广泛的应用。在测量一组点或区域的分布趋势时，分别计算水平（X）和垂直（Y）上的标准距离，并计算水平（X）和垂直（Y）与平均中心的标准偏差，这样一个包含所有要素的椭圆长、短轴的定义参数即作为椭圆的长轴和短轴。标准差椭圆运用转角、沿长轴的标准差、沿短轴的标准差来描述地理要素的总体分布特征。SDE 各参数的计算公式为：

$$\text{平均中心：} \bar{X}_W = \frac{\sum_{i=1}^{n} w_i x_i}{\sum_{i=1}^{n} w_i} \quad \bar{Y}_W = \frac{\sum_{i=1}^{n} w_i y_i}{\sum_{i=1}^{n} w_i} \tag{2}$$

$$\text{方向角：} \tan\theta = \frac{(\sum_{i=1}^{n} w_i^2 \tilde{x}_i^2 - \sum_{i=1}^{n} w_i^2 \tilde{y}_i^2) + \sqrt{(\sum_{i=1}^{n} w_i^2 \tilde{x}_i^2 - \sum_{i=1}^{n} w_i^2 \tilde{y}_i^2)^2 + 4\sum_{i=1}^{n} w_i^2 \tilde{x}_i^2 \tilde{y}_i^2}}{2\sum_{i=1}^{n} w_i^2 \tilde{x}_i \tilde{y}_i} \tag{3}$$

$$\text{X 轴标准差：} \sigma_x = \sqrt{\frac{\sum_{i=1}^{n}(w_i \tilde{x}_i \cos\theta - w_i \tilde{y}_i \sin\theta)^2}{\sum_{i=1}^{n} w_i^2}} \tag{4}$$

$$\text{Y 轴标准差：} \sigma_y = \sqrt{\frac{\sum_{i=1}^{n}(w_i \tilde{x}_i \sin\theta - w_i \tilde{y}_i \cos\theta)^2}{\sum_{i=1}^{n} w_i^2}} \tag{5}$$

（2）—（5）式中：x_i、y_i 为研究区域各单元的中心坐标，w_i 为研究单元的权重，$\bar{X}$、$\bar{Y}$ 为平均中心坐标，θ 为椭圆方位角，$\tilde{x}_i$、$\tilde{y}_i$ 分别为各研究单元中心坐标到重心的坐标偏差，σ_x、σ_y 分别为沿 x 轴和 y 轴的标准差。

（三）最近邻分析法

通过计算最近邻点对等的平均距离（实际测量值）与随机发散模式中的最近邻点的平均距离（期望值）来判断零售业分布的空间格局。若此格局随机分布时，上述两个平均距离是相等的；若表现为集聚时，最近邻点的平均距离小于随机分布时最近邻点的平均距离。平均最近邻比率计算公式为：

$$ANN = \frac{\bar{D}_O}{\bar{D}_E} \tag{6}$$

其中：$\bar{D}_O$ 为实测要素与其最近邻要素质心距离的平均值，$\bar{D}_E$ 为要素随机分布平均距离。如果 ANN 大于 1，则研究对象为随机分布；若 ANN 小于 1，则为集聚分布。本章利用 ArcGIS 软件空间统计工具计算扬州市不同业态零售业设施的最近邻指数，通过最近邻指数是否大于 1 来判断各零售业设施是否集聚分布。采用 Z 检验验证结果可靠性。

（四）空间自相关

空间自相关统计量用于度量地理数据在同一个分布区域内与其他位置上的观测数据间的潜在相互依赖程度，是一种依据空间邻近法则度量数据空间集聚程度的分析指标。本章选用全局自相关指标 Moran's I 指数检验扬州市零售业网点是否具有集聚特征。Moran's I 指数计算公式如下：

$$I = \frac{\sum_i^n \sum_{j \neq i}^n w_{ij}(x_i - \bar{x})(x_j - \bar{x})}{S^2 \sum_i^n \sum_{j \neq i}^n w_{ij}} \tag{7}$$

式中：$S^2 = \frac{1}{n}\sum_i^n(x_i - \bar{x})^2$，$\bar{x} = \frac{1}{n}\sum_i^n x_i$，$x_i$ 和 x_j 分别表示第 i 和第 j 个街道、镇的零售业网点的数量，w_{ij} 表示各街道、镇的总数。Moran's I 指数的取值范围是 [−1, 1]，若 Moran's $I > 0$ 则表示零售商业网点的分布呈现空间正相关；Moran's $I < 0$ 则存在空间负相关；Moran's $I=0$ 时，则零售网点是独立随机分布的，不存在任何的空间相关性质。正态统计量 Z 值可以检验空间自相关的显著性水平，Z 值越显著则表明零售业网点设施呈现集聚特征，反之 Z 值不显著，则空间集聚特征弱。

第四节　零售业空间布局特征

一、扬州市零售业的空间分布

（一）主城区呈现规模性核心集聚，外部县市呈现小规模集聚

扬州市零售业的 Moran's I 值显著，为 0.3696，表明扬州市零售商业的分布呈现较强的空间集聚特征。扬州市零售业设施在中心城区（市区）集聚，下辖周边的县市分布较为零散且集聚程度和规模较小，呈现出主城区成规模的核心集聚、周边县市小规模集聚的结构。在邗江区、广陵区形成了一个大型商圈，一个核心多个小规模商业集聚的特征明显，即以邗江区内、部分位于广陵区的京华城商圈为核心的大型商业集聚中心。在周边县市，一方面在

区县的交通发达、旅游景区周边出现分散的零售业设施集聚，形成了茱萸湾风景区—扬州凤凰岛生态旅游区商圈；另一方面在中心城区、区政府、学校聚集区域以及工业园区附近有小规模集聚，如仪征市政府—仪征鼓楼商圈、宝应吾悦广场商圈等区域性次级集聚中心。

（二）沿城市主干道集聚延展，路网密集区域连片集聚分布

根据最近邻分析，扬州市零售机构总体到城市主干道最邻近距离均值为 1235.59 米（见表 3.1），表明扬州市零售业设施总体临近道路分布延展明显，具有明显的道路指向性特征。结合标准差椭圆分析，其空间分布向东北和西南方向布局明显，沿城市干道延展分布明显。标准差椭圆平均中心坐标（119.489328N，32.568572E），位于主城区几何中心点东北方向，大致在扬州凤凰岛生态旅游区西北处，是扬州市商业活动活跃区域。椭圆短轴与长轴之比为 0.56，表明扬州市零售业方向显著性较高，具有明显的方向分布特征。根据椭圆面积来看，扬州市零售业格局呈现较强的集聚效应，表明扬州市零售业设施大都集中在中心城区附近。

表 3.1　零售机构总体与三种业态的最近邻汇总表、交通空间分布指向性分析表

	指标	零售机构总体	百货店	超市	购物中心和商场
最近邻汇总	最近邻比率	0.383109	0.514989	0.500403	0.444250
	z 得分	−23.925460	−10.978578	−10.980886	−12.669356
	p 值	0.000000	0.000000	0.000000	0.000000
	集聚程度	高	低	低	中
道路交通指向性	设施到干道最近邻距离 / 米	1235.59	1290.40	1328.15	1102.74

二、不同零售业态的空间分布

（一）百货店

百货店的 Moran's I 值显著，为 0.24，空间正相关性明显，其空间分布向

北和西南方向延展明显，在中心城区（邗江区、广陵区交界处）形成规模性集聚分布的零售业中心，这种分布与扬州市零售业设施总体方向基本吻合，表明百货店在扬州市零售业设施的空间分布结构中起到了筑基作用。百货店呈现全域多点集聚且集聚程度较低、有向周边边缘城市扩散分布的趋势。

（二）超市

超市的 Moran's *I* 值显著，为 0.78，在三种零售业态中最大，空间正相关性最为明显。其空间分布向西北和东南方向延展明显。超市与其他两种业态的零售网点相比，道路指向特征较为一般，但其分布呈现点状连片集聚分布，形成了多核心的分布格局。这类分布格局可能与超市经营形态多注重人流量等潜在消费群体以及追求较低的经营成本有关，其分布多集聚在道路交叉口以及小区住宅周边。

（三）购物中心和商场

购物中心和商场的 Moran's *I* 值显著，为 0.25，比扬州市总体零售机构的 Moran's *I* 值 0.37 要低，但高于百货店的 Moran's *I* 值 0.24，其 *Z* 值为 27.96，在三种业态的正态统计量中是最高的，这表明购物中心和商场的空间集聚程度在三种业态中最强。购物中心和商场的空间分布向西南方向延伸，与扬州市总体零售业设施方向分布基本相似，其分布为整体零售业的空间分布奠定了框架。购物中心和商场在中心城区的周边集聚特征最强，其道路最近邻距离的均值最小为 1102.74 米（表 3.1），呈现出在道路密集处集聚分布的特征，这可能是购物中心和商场的建设选址对人口密度、人流量以及人均消费水平要求更高所致。

第五节 零售业空间布局的影响因素

一、影响因素（变量）的选取

　　参考肖琛等（2013）[1]、李雪等（2019）[2]研究中影响因素的选取方法，结合扬州市零售业空间分布特征，综合考虑变量的可获得情况和对应变量的影响质量，选取公共车站密度、道路网的密度值、国内生产总值和零售业态等四个变量因素（表 3.2），探讨对扬州市零售业空间区位选择的影响。区位选择用距离市中心的距离表征，距离市中心 3.5 千米以内为一环、3.5 千米至 7 千米为二环、7 千米至 10.5 千米为三环、10.5 千米以上为四环，将其定义为有序数据并作为因变量（Y），变量具体说明如表 3.2 所示。

表 3.2　扬州市零售业空间分布影响因素、指标选取及说明

变量	变量符号	衡量指标	单位	变量赋值说明及体系构建说明
因变量	distance	离市中心的距离	千米	一环以内 =1；一环至二环 =2；二环至三环 =3；三环以外 =4
自变量	bus stop	公共车站密度（分析半径 2 千米）	个 / 平方千米	公共交通对区域交通通达性具有显著意义，单位区域内公交站密度越高，往往零售商业设施密度越高
	road	道路网的密度值（分析半径 1 千米）	个 / 平方千米	路网密度是衡量区域交通通达性的重要指标，路网密度高的区域，能促进零售商业以及人口消费等集聚
	gdp	国内生产总值	万元	GDP 在一定程度上影响居民的可支配收入和消费水平，对商业消费具有重要影响

① 肖琛，陈雯，袁丰，程绍铂. 大城市内部连锁超市空间分布格局及其区位选择——以南京市苏果超市为例 [J]. 地理研究，2013，32（03）：465-475.
② 李雪，谷人旭. 上海市品牌便利店的空间分布及其影响因素 [J]. 城市问题，2019（04）：36-46.

（续表）

变量	变量符号	衡量指标	单位	变量赋值说明及 体系构建说明
自变量	pop	人口规模	万人	区域人口规模决定了零售商业的潜在消费规模
	type	零售业态		百货店赋值为 1；超市赋值为 2；购物中心和商场赋值为 3

二、模型构建及检验

二元 Logistic 回归是二分类因变量进行回归分析时经常使用的一种非线性模型。该模型经常被用来研究商业地理及零售业的布局分析，依据选取的变量构建公式如下：

$$Distance_i = \beta_0 + \beta_1 Type_i + \beta_2 Busstop_i + \beta_3 Road_i + \beta_4 Gdp_i + \beta_5 Pop_i + \varepsilon_i \quad （8）$$

其中 i 为零售网点类别，$Distance_i$ 为对应零售网点的区域位置，β 为系数，ε_i 为随机扰动项，建立如（8）的多元 Logistic 回归模型，各网点离市中心的距离采用 GIS 分析中常用的欧氏距离，距离越近数值越小。人口、GDP 数据分别来源于中国公里网格人口分布数据集和中国公里网格 GDP 分布数据集。

由于选用多个变量，故需要考虑变量之间是否存在共线性的问题，选择了 VIF（方差膨胀因子）方法来检验变量的共线性情况，结果如表 3.3。由表 3.3 可以看出，变量之间平均 VIF 为 2.16，远小于 10，故变量之间不存在共线性。

表 3.3　扬州市零售业空间分布共线性检验结果表

变量	VIF	1/VIF
bus stop	3	0.332819
pop	2.83	0.353366
gdp	1.98	0.505015
road	1.94	0.51592
type	1.03	0.97458
Mean VIF	2.16	

对扬州市零售设施总体组成的数据样本进行回归分析，再对每个零售业态的样本进行回归分析，总共得到了 5 组回归结果（见表 3.4）。由表 3.4 可见，所有模型均表现为显著，对整体模型和每种零售业态模型进行似然比检验，得到 p（Sig.）的值均小于 0.001，说明选择变量中不存在变量系数为 0 的情况，所以这里选择的变量对模型有很好的解释作用。

表 3.4　扬州市零售业空间分布回归结果表

变量	Total	（1）	（2）	（3）
type	−0.0945873			
bus stop	−0.3444277***	−0.3921343***	−0.3216407*	−0.4958751***
road	−0.3567819***	−0.5661907***	−0.1709103	−0.3270027**
gdp	−0.1356452	−0.3481195*	0.1321533	−0.1101753
pop	−1.053968***	−0.2270956	−1.29774**	−1.197237**
观测数	411	142	124	145
卡方统计量	184.19	66.58	39.18	65.16
伪 R^2	0.2443	0.2747	0.2359	0.2126

说明：*** 表示在 99% 置信区间下显著，** 表示在 95% 置信区间下显著，* 表示在 90% 置信区间下显著。

三、零售业空间分布影响因素分析

从表 3.4 的模型回归结果来看，当置信区间为 95% 时，除经济因素以外，所有影响因素变量均表现为负相关，其中人口规模对扬州市零售机构总体空间分布的影响最为显著。随着人口密度的下降，零售业设施空间分布显著发生离散分布变化趋势。与人们日常生活息息相关的超市、商场等需要极具数量优势的零售业网点，较大的人口规模能使得零售业网点保持较多数量经营的同时，获得盈利。市区、江都区以及宝应、高邮的中心城区是扬州市人口主要的聚集区，在邗江区、广陵区形成了扬州市零售业网点最大的核心聚集区，在宝应县人民政府（京沪高速公路西南方向）形成了零售网点的次级集聚中心。

经济因素（GDP）的影响不显著，原因主要是本章研究的零售网点大多是中小型零售商业设施，相对于大型零售商业设施具有消费门槛更低的特征，对周边消费者的购买力要求有限。经济因素对百货店的分布有较为显著的影响，可能是因为在经济较发达地区，人们对百货店中实用且有趣的商品有更大的消费需求。

路网密度和公共车站密度的影响显著。随着路网和公共车站密度的下降，零售网点呈现离散的分布趋势，表明扬州市零售业设施空间分布与交通通达性（交通密度）具有明显的相关性，这与标准差椭圆、核密度估计呈现的结果是相吻合的。结合最近邻分析可以发现，各类零售网点临近城市主干道的指向性分布特征明显，即交通通达性对零售网点分布的影响是正向的，这与现实经验相符合。

第六节　结论及启示

一、结论

本章以扬州市为例，利用 POI 大数据分析扬州市零售设施的空间分布特征，结合业态差异性对零售业网点差异化分布的影响因素进行了分析。基于以上研究分析，得出如下四点结论。一是零售商业空间分布在主城区呈现规模性核心集聚，在外部县市呈现小规模集聚的特征。扬州市零售业设施在中心城区（市区）集聚，下辖周边的县市分布较为零散且集聚程度和规模较小。二是零售网点沿城市主干道集聚延展，路网密集区域连片集聚的空间分布特征突出。利用最近邻分析法得出，扬州市零售业设施总体临近道路分布延展明显，具有明显的道路指向性特征；利用标准差椭圆分析法得出，扬州市零售商业的空间分布向东北和西南方向布局明显，沿城市干道延展分布明显。三是不同业态分布差异显著。百货店的集聚呈现全域多点集聚且集聚程度较低，有向周边边缘城市扩散分布的趋势；超市的空间集聚程度最为明显，其分布多集聚在道路交叉口以及小区住宅周边；购物中心和商场在中心城区的周边集聚特征最强，在道路密集处集聚分布。四是从影响因素来看，人口、经济和交通因素对零售网点总体分布影响显著为正。不同业态所受影响因素有所不同：人口因素对零售网点分布均有极为显著的影响，百货店对经济因素敏感，城市主干道临近性、周边人口密度等因素对超市、购物中心和商场的空间分布有显著影响。

二、启示建议

（一）政府应在城市规划中重视零售网点的规划与空间布局

零售商业网点的集聚最能体现市场消费需求，城市商业规划中要重视"市场自组织"的作用，既要发挥零售商业网点的"集聚效应"，又要基于城市生活区、商务办公区、商业区等不同区域特点，结合零售消费促进内需发展需要，形成不同能级的城市商业中心，构建有序发展的现代城市商业体系。零售业的铁律是选址，店铺业绩的 80% 是由选址决定的，城市核心商圈、地铁站点、交通密集支干道、人流密集的步行街等都是零售店铺竞相布局的重点。因此，城市商业规划要顺应日常商业活动聚集规律，在形成不同能级商业中心的基础上，引导近邻型、社区型零售商业网点的分布，满足居民日常购物消费的需求。

（二）利用数字信息技术优化城市零售规划与空间布局

技术变迁是促进零售业变革发展的原动力。一方面，零售业不仅应利用人工智能、5G、大数据等数字信息新技术，在自助结算、智能配送、AR/VR体验等方面创新零售商业模式及服务内涵，而且应利用大数据分析能力，分析不同零售业态的店铺在不同城市区位如城市中心、边缘中心、次区域中心、区域中心等的选址。另一方面，城市商业主管部门、城市规划主管部门应积极利用数字信息技术，分析不同零售业态的商业集聚特点，优化商业用地布局，引导不同零售业态的商业网点错位布局。同时，在新一轮数字信息技术变革的背景下，要优化现存不同零售业态网点的空间布局，在新一轮土地利用规划中注重多类型活动空间，激活不同零售业态商业网点"连绵集聚效应"，更好地满足居民多元化的消费需求。

（三）激发交通、人口与经济等因素在零售商业网点规划中的正向影响

路网交通条件、人口规模、经济等要素影响着城市零售网点的空间布局，城市规划中应充分考虑不同零售业态的差异性，结合零售业发展特点及规律，结合零售业空间发展的趋势及规模需要，建立弹性的空间治理与引导，充分激发这些影响因素对零售商业网点空间布局的正向促进作用。在城市商业规划中，建议结合总体规划确定商业体系，一方面强化对零售业空间布局的引导，另一方面培育能引领区域商业中心的商业企业，构建起能满足消费需求的实体零售布局网点。

（四）发挥零售业服务扩大国内消费需求的主要载体功能

从内需消费的视角来看，发展现代零售业有助于扩大国内消费需求，从而促进相关生产性产业结构的转型升级，进而影响经济增长结构。零售商业网点空间布局是否合理不仅影响城市格局，而且制约城市经济发展活力。能否满足消费升级背景下的多元消费需求，成为影响零售业存续发展，尤其是城市实体商业设施能否存续的重要课题，这一问题有待进一步深入探讨。

第四章　基于 POI 大数据的便利店空间布局及影响因素

第一节　绪论

零售商业设施与居民日常生活息息相关，其空间布局及区位选择是商业地理学、经济地理学、城市地理学研究的重要议题。便利店作为零售商业的主要载体，不仅是城市空间的重要经济单位，也是城市商业服务的主要构成，其数量设置以及位置分布的合理性直接影响着人们对便利店便利性的感受[①]。便利店的近邻型特征决定了其要承担消费渠道下沉、满足消费即时性等商业职能，对实施扩大内需战略、畅通经济循环、增强经济发展内生动力至关重要。

随着居民收入水平的提高、城市功能的完善以及现代城市生活节奏的加快等，衍生出大量即时性、便利性的消费需求[②]。便利店作为新兴小型零售业

---

① 原榕，石飞.从地理中心到无界零售：新零售的布局选址及影响机制——以南京市三类便利店为例 [J].城市问题，2021（08）：72–82.
② 陈挚，史北祥.城市的"便利"空间：武汉市便利店空间布局研究 [J].规划师，2022，38（07）：79–86.

态，以为消费者提供即时性和多层次的消费服务为主要特征，在风起云涌的数字化浪潮下经历逆势上扬和深度蜕变后，在盈利能力、店效、人效、坪效等定量指标方面得到持续提升，成为实体零售业态中良好发展的典型代表。

便利店业在新生与湮灭的市场竞争中形成的空间布局，既体现了行业区位选择规律，又影响着居民日常消费和生活水平。毕马威中国与中国经营连锁协会携手发布的《2024年中国便利店发展报告》显示，中国便利店延续了增长势头，2023年销售总额攀升至4248亿元，同比提升10.8%；门店总数升至32万家，同比增长7.0%。便利店正在从传统零售型向柔性制造零售型转型升级，即时零售业态的竞争维度由"时效"转向"时长"，从"营销型"转向"效率型"，不断挖掘品牌价值、商品价值、供应链价值和服务价值。便利店数量增长的同时，遵循行业发展规律，引导便利店合理的空间布局，成为重要且现实的问题。便利店的空间布局成为城市商业设施布局是否合理、能否满足居民日常消费需求的一个重要评判依据。

第二节　文献综述

零售业空间布局研究始于20世纪初，赖利（Reilly，1931）提出的销售引力模型理论和克里斯塔勒（Christalle，1933）提出的中心地理理论，奠定了该领域研究的理论基础。其后相继出现了商圈理论、消费者行为理论和集聚理论等，其中集聚理论成为研究零售业空间布局的重要理论。近年来，西方学者的研究日益趋向多元化，在宏观上主要集中于零售业区位选择与空间上的竞争与博弈、消费升级与零售业规模扩张等。如热纳等（Geunes et al.，2002）通过博弈模型分析零售店铺选址、决策行为和超市价格差异对消费者购物行为的影响[1]。在微观上集中于消费需求多元化对零售业空间结构、城市商圈结构及集聚经济的影响等。如布拉德罗等（Bradlow et al.，2017）探讨

---

[1] Geunes J，Pardalos P M，Romeijn H E. Supply Chain Management：Models，Applications，and Research Directions [M]，Springer Science + Business Media，Inc.，2002.

大数据和预测分析在零售业中的运用，用现场实验等方法为零售业布局提供模拟检验[1]。

国内关于零售业空间布局的研究开始于 20 世纪 80 年代，早期主要是基于中心地理论等西方理论，对中国零售业的商业区位、等级体系和商业网点等进行实证研究，如以杨吾杨等[2]为代表研究了上海、北京、广州等大城市零售业的空间结构。近年来，国内学者在以下四方面展开了零售业空间布局的研究探索和拓展。

从研究零售业空间布局的方法来看，随着互联网技术的发展，运用大数据计算成为目前研究的热点，将空间计量方法与地理学 GIS 等分析工具相结合，定量化分析零售业的空间分布成为主流趋势。如张俊娥等（2018）运用 Arc GIS10 统计软件分析，发现黑龙江省的批发零售业、餐饮业及住宿业的商业网点，呈现中心集聚、外围分散并存的特征[3]。汪凡等（2020）采用空间计量模型分析，发现上海市的新零售呈现多中心分散特征[4]。

从研究零售业空间布局的对象来看，目前已有研究主要集中在一线大城市，其空间布局具有如下两点共性特征：一是不同城市零售业空间布局因零售业态的差异而呈现明显的异质性特征。如李花等（2016）指出兰州市的连锁超市总体呈"西疏东密"的不均衡特征，具有明显的商业中心趋向性[5]；樊立惠等（2019）的研究发现胡焕庸线两侧农产品批发市场差异显著，与人口分布比重具有相关性，且具有明显的契合城市群效应[6]。二是城市零售业空间布局具有中心集聚、向周边分散的典型特征。如王靓等（2021）

① Bradlow E T，Gangwar M，Kopalle P. The Role of Big Data and Predictive Analytics in Retailing [J]. Journal of Retailing，2017，93（1）：79–95.

② 杨吾杨，怀博．古代中西地理学思想源流新论 [J]．自然科学史研究，1983（04）：322–329.

③ 张俊娥，王东，魏宇．黑龙江省城市商业网点空间集聚特征及影响因素分析 [J]．商业研究，2018（03）：138–142.

④ 汪凡，林玥希，汪明峰．第三空间还是无限场景：新零售的区位选择与影响因素研究 [J]．地理科学进展，2020，39（09）：1522–1531.

⑤ 李花，张志斌，王伟军．兰州市大中型超市的空间分布格局及其影响因素 [J]．经济地理，2016，36（09）：85–93.

⑥ 樊立惠，王鹏飞．中国农产品批发市场时空演化与商品化效应 [J]．经济地理，2019，39（07）：175–183.

研究发现武汉中心城区的零售业布局具有多核发展趋势，远城区低密度点状集聚[①]。

从研究零售业空间布局的动力机制来看，目前已有研究主要集中在内部机制与外部因素影响。如岳丽莹等（2021）对商圈惠顾行为空间衰减的研究，发现距离是关键因素，闲暇时间对商圈惠顾行为有约束作用[②]。林玥希等（2020）研究发现，城市与区域原有发展基础、科技创新特质和政企引导共同影响中国新零售空间分布[③]。

从研究零售业空间布局的成因来看，城市交通、居民购买力、人口密度与分布、土地价值、商业空间结构和市场竞争等是影响零售商业区位选择的主要因素。如肖琛等（2013）发现经济发展状况、消费规模、交通通达性、城乡差别和公司战略对超市空间格局的形成有显著影响[④]。张圣忠等（2021）认为上一年度企业数量、常住人口及社会消费品零售总额等是影响商业空间格局形成的主要因素[⑤]。

此外，POI数据是一种代表真实地理实体的点状地理空间要素，包含实体的经纬度、类别、地址等属性信息[⑥]，成为商业空间布局研究的热点数据被频繁使用。如利用POI数据技术创新等角度研究新技术对商业空间组织结构的影响[⑦]，分析传输网络、货源供给、市场集聚、技术劳动力、信任等因素影

---

① 王靓，罗雯婷，李亚娟.城市零售业热点区演变特征及驱动机制研究——以武汉市为例[J].世界地理研究，2021（06）：1265–1274.

② 岳丽莹，李山，李开明，张颖，刘杰.商圈惠顾行为的空间衰减：幂律模式还是指数模式[J].地理科学，2021，41（03）：446–453.

③ 林玥希，汪明峰.中国新零售的空间分布与区位选择[J].经济地理，2020，40（12）：109–118.

④ 肖琛，陈雯，袁丰，程绍铂.大城市内部连锁超市空间分布格局及其区位选择——以南京市苏果超市为例[J].地理研究，2013，32（03）：465–475.

⑤ 张圣忠，柴廷熠.西安市物流企业空间格局演化及影响因素分析[J].世界地理研究，2021，30（06）：1–18.

⑥ 薛冰，肖骁，李京忠，姜璐，谢潇.基于POI大数据的城市零售业空间热点分析——以辽宁省沈阳市为例[J].经济地理，2018，38（05）：36–43.

⑦ 张逸姬，甄峰，张逸群.社区O2O零售业的空间特征及影响因素——以南京市为例[J].经济地理，2019，39（11）：104–112.

响商业空间布局①，等等。

综上所述，现有国内外研究一方面从研究方法、研究对象和区位选择等维度对零售商业空间布局进行了探索和拓展②，另一方面基于新信息技术对零售商业的关联效应进行了持续研究③，如将互联网技术应用在零售业的空间扩散研究，提出技术扩散假说和效率假说，利用网络数据分析实体商业聚集等④。在数字信息技术等的助推下，便利店成为零售变革的排头兵，但既有研究对便利店的研究和讨论尚且较少。便利店业成为消费升级发展的风向标，是商业地理学未来延伸发展的方向，需要更多的关注研究。

本章研究的边际贡献概括为如下三点：一是将研究对象从一般的零售商业聚焦到品牌便利店，分析其空间布局及区域差异，为更好地落实国家关于发展便利店的政策提供理论支持；二是基于区域异质性视角，以南京市四大品牌便利店进行空间计量测度，深入探讨不同品牌便利店空间分布的影响因素，并进一步探索各因素对便利店分布的影响差异；三是拓展和深化零售业空间布局的研究边界，揭示便利店空间布局及区位选择机理，为便利店基于交通、人口密度、租金等角度优化空间分布提供理论参考。

① 吴也白，梁绍连.上海药品零售行业科学布局和创新发展研究 [J].上海经济，2017（05）：62-70.

② 涂建军，唐思琪，张骞，吴越，罗运超.山地城市格局对餐饮业区位选择影响的空间异质性 [J].地理学报，2019，74（06）：1163-1177.

③ 张逸姬，甄峰，张逸群.社区 O2O 零售业的空间特征及影响因素——以南京市为例 [J].经济地理，2019，39（11）：104-112.

④ 史坤博，杨永春，白硕，等.技术扩散还是效率优先——基于"美团网"的中国 O2O 电子商务空间渗透探讨 [J].地理研究，2018，37（4）：783-796.

第三节　数据来源与研究方法

一、研究区域和数据来源

本章的研究区域按照《南京市城市总体规划（2018—2035）》区划设置，玄武区、秦淮区、鼓楼区、雨花台区、江宁区、栖霞区、建邺区是南京的江南主城区，浦口区是南京的江北新主城区，六合区、溧水区、高淳区是三个副城区。

选取南京市为研究对象的理由如下：一是南京市便利店空间布局具有典型性。南京市是长三角一体化示范区的重要节点城市，工业经济发达、综合交通网络便捷、区域性商业服务功能突出等优势明显，便利店业的空间分布在省会城市中具有典型代表性。二是南京市便利店的发展具有理论抽样性。南京市城市化水平较高，居民生活节奏的加快和生活品质的升级，协同驱动着便利店业加速布局和转型发展，其空间布局呈现鲜明的形态特征。三是南京市便利店的发展具有未来性。依据国外的发展经验，当人均 GDP 达到 5000 ~ 8000 美元时，便利店就会快速发展[①]。2019 年南京市人均 GDP 已达到 2.5 万美元，超过广州市位居中国省会城市首位，为便利店的加速发展提供了经济支持和发展空间。四是资料和数据获取具有可行性。以 2020 年 3 月在百度地图上采集的南京市便利店 POI 数据为数据源，通过 Python 软件运行源代码，获取 POI 数据的位置坐标信息后，再将获得的位置信息导入 ArcGIS 软件，提取便利店的分布点状图[②]。数据前期处理包括数据遴选、信息补全和坐标反查，后期处理主要是道路等级划分、地铁线路分布和实地调研验证。

---

① 李雪，谷人旭.上海市品牌便利店的空间分布及其影响因素 [J].城市问题，2019（04）：36-46.
② 包振山，陈智岩.基于 POI 数据的南京市便利店空间分布特征及影响因素 [J].世界地理研究，2023，32（06）：119-130.

其他经济社会发展数据主要来自《南京统计年鉴》和南京市统计局官网。

选取苏宁小店、华润苏果超市有限公司（简称苏果）、罗森（中国）投资有限公司（简称罗森）和北京便利蜂连锁商业有限公司（简称便利蜂）为研究对象，原因如下：一是四大品牌便利店均为中国便利店连锁百强中的前30强，具有典型代表性；二是四大品牌便利店是在南京市四家主要的便利店企业，所选企业具有经济规模性；三是四大品牌便利店在南京市的空间布局各具特色，具有鲜明的空间异质性；四是四大品牌便利店所受影响因素各不相同，具有样本差异性。

二、研究方法

（一）最近邻指数法

最近邻指数法用于衡量区域内要素分布均衡程度，是平均观测距离和平均期望距离之比。数值如果小于1，要素趋向聚集分布；如果大于1，要素趋向空间离散模式；如果等于1，要素为随机分布。一般用Z来检验结果的可靠性。

$$NNI = \frac{d(NN)}{d(ran)} \qquad (1)$$

其中，$d(NN)$ 是最近邻距离，$d(ran)$ 是平均观测距离。

（二）核密度估计法

核密度估计法可以表现出点要素的集聚和离散分布特征。以选定某要素的位置为中心，将该点的属性分布在指定搜索半径内（半径为 h 的圆），中心处密度最大，密度随距离衰减，到极限距离处密度为0。依此计算区域内每个要素点并叠加相同位置处的密度，得到要素在整个区域的分布密度。

$$\int_n^{\wedge}(x) = \frac{1}{nh}\sum_{i=1}^{n} K\left(\frac{x_i - x}{h}\right) \qquad (2)$$

（三）标准差椭圆法

标准差椭圆法可以识别点要素的离散程度和分布方向。标准差椭圆主要

由转角 θ、沿主轴（长轴）的标准差与沿辅轴（短轴）的标准差三个要素构成，椭圆的长轴为空间分布最多的方向，短轴为空间分布最少的方向，椭圆面积越小意味着要素越向中心集中。

（四）缓冲区分析法

缓冲区分析法可以分析空间要素在缓冲半径内的空间特征。常见的要素包括点要素、线要素和面要素。对一组要素按设定的距离条件扩展，从而获得它们的邻域，对于 1 个给定的要素 A，其缓冲区大小可以定义为：

$$P = \{x \parallel d(x, A) \ll r\} \tag{3}$$

其中，r 为缓冲区半径，d 为平面点 x 距要素 A 的欧式距离，P 是由 x 构成的集合，即要素 A 的缓冲区。

第四节 便利店空间分布特征

一、总体空间分布的集聚特征显著

首先，利用核密度估计法分析南京市便利店空间的集聚与分散格局。结果显示，南京市品牌便利店的空间分布存在区域发展不均衡现象，呈现集中分布于江南主城区，小范围聚集在江北新主城区，低密度零星分布在副城区的特点。其中在江南主城区的秦淮区、鼓楼区和玄武区交界处，以新街口为中心形成南北走向的椭圆区域，该区域的品牌便利店密集程度最高，核密度值达到 9 家 / 平方千米以上；在雨花台区、建邺区、江宁区、栖霞和浦口区出现 5 个小范围聚集地，核密度值达到 3 家 / 平方千米。

其次，利用标准差椭圆法计算南京市品牌便利店的空间分布，发现较为集中的区域主要位于东到玄武区马群创业园、西到建邺区新城市广场、南到江宁区东南大学九龙湖校区、北到浦口区泰山镇的范围内。呈现大致偏西北—东南方向的椭圆分布，与正北方向的夹角约为 11.63°，长短半轴值相差较大，在江南主城区中，短半轴值达到最大。由此可知南京市四大品牌便利店分布的方向性相对较强，尤其在江南主城区中呈现南北方向数量较多、东西方向数量较少的空间格局。

再次，依据标准差椭圆法和缓冲区分析法计算，得出不同品牌便利店的分布扁率差别较大（表 4.1），其中便利蜂分布扁率较小，方向性弱，分布比较均匀；苏宁小店分布扁率最高，分散性最强；苏果、罗森的分布扁率介于便利蜂和苏宁小店之间。

以上分析与《南京市城市总体规划（2018—2035）》中要形成"一主一新"两个中心城区，形成"一江两岸"联动发展的新格局相一致。随着江北新主城的发展，未来将分担更多的城市功能，因此可以预想今后各品牌便利店将会加速在该区域的布局。

表 4.1　南京市品牌便利店标准差椭圆比较表

品牌	标准差椭圆		
	X Std Dist（X 轴长度）	Y Std Dist（Y 轴长度）	Rotation（方向角度）
苏宁小店	30408.850987	11930.155256	166.433351
苏果	17502.746342	7977.781182	170.213103
罗森	11452.464966	9142.149829	170.351317
便利蜂	8768.439279	7975.133308	165.428383

二、空间集聚特征

（一）南京市品牌便利店沿道路分布特征明显

首先，利用凸角圆弧法计算南京市品牌便利店对城市道路的依赖关系，算出落入城市道路缓冲区内的品牌便利店数量。将南京市内的城市道路分为城市快速道、主干道、次干道和支路四个等级，以城市道路两侧 100 米为缓冲范围，对落入缓冲区的品牌便利店进行统计。结果显示，共有 478 家品牌便利店落入缓冲区域内，占本文总样本的 73.99%（见表 4.2）。以此可见南京市品牌便利店偏好于沿道路分布，且随道路等级的下降，品牌便利店分布数量上升，这与道路等级下降，居民区增多，便利店随之增加的客观现实是相吻合的。

其次，从落入缓冲区中的 478 家便利店来看，58.44% 的苏宁小店、64.71% 的苏果、49.33% 的罗森和 45.16% 的便利蜂门店分布在城市次干道和支路。一方面良好的交通条件是零售店铺布局的重要因素。从便利店的角度来看，小口径多批次的商品配送特征，要求便利店分布在交通可达性强的道路两边，能有效降低商品配送的运输成本，提高门店的资源配置效率。从消费者的角度来看，便利店沿靠近居民区的道路分布，可以提高门店的醒目性和可接近性，吸引周边消费者并引导其进入门店，增大门店的客流量。另一方面便利店作为近邻型日常生活消费的商业设施，选址下沉、深入社区的布局特点明显，偏向于在居民聚居区、学校等生活功能强的区域分布。近年，便利店中的蔬菜、肉禽蛋等高频、刚需、生活化的商品也成为消费者的重要选择，便利店业致力于打造"一刻钟便民生活服务圈"的功能愈发彰显优势。

表 4.2　南京市城市道路等级与品牌便利店数量统计表

	城市快速道	城市主干道	城市次干道	城市支路
苏宁小店	13	24	24	28
苏果	30	48	78	65
罗森	17	21	18	19
便利蜂	23	28	27	15
合计（家）	83	121	147	127

（二）南京市品牌便利店与地铁站点平行分布特征突出

利用核密度分析法，将南京市品牌便利店核密度分布图层与地铁站点核密度分布图层相叠加后进行分析，得出南京市品牌便利店沿地铁站核密度分布图①。南京市品牌便利店的门店布局与地铁站点的分布是相平行的，但不同地铁站点附近的便利店密度差异较大。在上海路、张府园、常府街、大行宫地铁站组成的区域内，便利店和地铁站点的核密度值均达到最高值。但在由珠江路—上海路—大行宫—浮桥组成的区域内，地铁站点虽然也较多，但便利店核密度值却有所下降。在 2 号线由集庆门大街至莫愁湖的区域以及如元通、天隆寺、胜太路、泰山新村地铁站点周围，均形成了便利店和地铁站点的小范围聚集区，但分布密度大大降低。在 10 号线临江路—文德路站、3 号线东大成贤学院—天润城以及大明路—南京南站、S3 号线高侯路—平良大街这些地铁沿线，地铁站点虽然较多，但便利店的分布却较稀疏。这些地铁站点多位于城市郊区，较低的人口密度难以支撑便利店的正常运营。

（三）南京市各品牌便利店的分布与其品牌定位、经营战略相吻合

利用最近邻指数法，计算南京市品牌便利店的最近邻指数为 0.36，小于 1，且在 99% 的置信度下，z 得分小于 –2.58，表现出统计学意义上的显著性聚类特征。依据彼得·卡尔索普（2009）②、刘泉（2019）③等研究，取 1 米/秒的步行速度，步行 10 分钟的服务半径约为 600 米，比较符合出行者的心理预期，因此选择 600 米作为交通通达性的分界点。分别计算四大品牌便利店的最近邻指数、z 得分，可以发现四大品牌便利店聚集程度不尽相同。其中苏果的聚集分布程度最高，苏宁小店次之，罗森和便利蜂的聚集程度几乎相当（见表 4.3）。

① 包振山，陈智岩.基于 POI 数据的南京市便利店空间分布特征及影响因素 [J]. 世界地理研究，2023，32（06）：119-130.

② 彼得·卡尔索普.未来美国大都市：生态·社区·美国梦 [M]. 郭亮，译. 北京：中国建筑工业出版社，2009.

③ 刘泉.轨道交通 TOD 地区的步行尺度 [J]. 城市规划，2019，43（03）：88-95.

表 4.3　南京市各品牌便利店分布平均距离汇总表

项目	品牌便利店	苏宁小店	苏果	罗森	便利蜂
平均观测距（米）	505.7225	1366.0112	767.5620	1291.6296	919.1595
预期平均距（米）	1392.6057	3305.7205	1944.7601	1963.3115	1404.5154
最邻近比率	0.363148	0.413226	0.394682	0.657883	0.654432
z 得分	−31.133341	−10.767015	−20.876423	−6.479155	−7.766123
p 值	0.000000	0.000000	0.000000	0.000000	0.000000

苏果旗下有两种便利店业态，一种定位于居民社区周边，一种定位于商务区、高档住宅区和学校周边，实行蜂窝战略，发挥规模优势，较其他三个品牌门店分布密集度最高。苏宁小店主打 O2O 模式，主要分布在居民社区、办公区和客流量大的商业区周边。罗森和便利蜂的目标人群均偏向年轻的消费者，多分布在居民区和文教区周边。由此可见，南京市四大品牌便利店的门店分布，与各自企业的品牌定位、经营战略相吻合。

（四）南京市便利店的分布与商圈布局相得益彰

基于上述分析得出的南京市品牌便利店分布不均衡，且江南主城区核密度值远高于其他地区的特征，现选取江南主城区的便利店，结合《南京市商业网点规划（2015—2030）》选择市级、副城级和新城级三级商圈，对四大品牌便利店进一步分析。

苏宁小店呈现点状、不连续的空间分布特征，高密度区域在新街口商业中心和仙鹤商业中心，平均每平方千米有 4 家门店分布；次高密度区域主要在东山老镇商业中心和白象商业中心附近；在龙江商业中心、湖南路商业中心、江东商业中心、安德门商业中心也有聚集，但规模和密度不及上述区域。

罗森和便利蜂的分布密度整体上高于苏宁小店。其中罗森除了深耕新街口商圈外，在玄武区的珠江路、秦淮区长白街，雨花台区的华为南京研究所，江宁区的万达广场和建邺区的河西中央公园有较高密度的门店分布；便利蜂的高密度分布区域为建邺区庐山路、万达广场，雨花台区软件谷云密城、软件大道，江宁区金王府，鼓楼区三牌楼大街。

苏果便利店主要集中于夫子庙—瑞金路—新街口商业中心和湖南路商业中心，并形成了规模化、相互连接的高密度区域，平均每平方千米有 5 家门店。此外存在多个显著的次高密度区，主要分布在鼓楼区龙江商业中心、下关商业中心、和会街，玄武区中央门商业中心、樱花西路，雨花台区铁心桥、春江新城，秦淮区永乐北路，建邺区奥体等，这些区域的门店布局密度高、门店面积较小、门店间的距离较近。

第五节　便利店空间分布差异因素分析

一、影响因素（指标）的选取

参考肖琛等（2013）[①]、李雪等（2019）[②]研究中影响因素的选取方法，结合南京市便利店的空间分布特征，选取便利店的品牌、人口密度、聚集特征、道路密度、交通通达性和租金六方面因素，探讨对南京市品牌便利店区位选择的影响。品牌便利店的区位选择用离市中心的距离表征，距离市中心 3.5 千米以内为一环，3.5 千米至 7 千米为二环，7 千米至 10.5 千米为三环，10.5 千米以上为四环；将品牌便利店所在的空间位置定义为有序数据并作为因变量（Y），变量具体说明如表 4.4 所示。

---

① 肖琛，陈雯，袁丰，程绍铂. 大城市内部连锁超市空间分布格局及其区位选择—以南京市苏果超市为例 [J]. 地理研究，2013，32（03）：465–475.

② 李雪，谷人旭. 上海市品牌便利店的空间分布及影响因素 [J]. 城市问题，2019（04）：36–46.

表 4.4　南京市品牌便利店空间分布影响因素、指标选取及说明

变量	衡量指标	编码	说明	样本均值（标准差）
因变量	品牌便利店所在的空间位置	Y	1＝一环以内；2＝一环至二环；3＝二环至三环；4＝三环以外	2.56（1.204）
自变量	便利店的品牌	X_1	苏宁小店＝1；苏果＝2；罗森＝3；便利蜂＝4	2.43（0.975）
	人口密度（万人/平方千米）	X_2	选取《南京统计年鉴》各区县关于便利店所在区域的人口密度	0.86（0.801）
	聚集特征	X_3	每个便利店网点周边 300 米范围内便利店网点的个数	0.88（1.485）
	道路密度（千米/平方千米）	X_4	1＝0-0.93；2＝0.93-0.61；3＝0.61-2.03；4＝2.03 以上	2.61（1.168）
	交通通达性	X_5	1＝便利店周边 600 米范围内有地铁站 0＝便利店周边 600 米范围内无地铁站	0.38（0.486）
	租金	X_6	依据 2017 年南京市国土资源局公布的《南京市市区土地级别与基准地价》，1＝Ⅰ级；2＝Ⅱ级；3＝Ⅲ级；4＝Ⅳ级（Ⅰ级最高）	2.25（1.087）

二、多因素有序多分类回归分析结果

二元 Logistic 回归是二分类因变量进行回归分析时经常使用的一种非线性模型[①]。该模型经常被用来研究商业地理及零售业的布局分析，依据选取的变量构建公式如下：

$$logit(Y_i) = \beta 1\, x_1 + \beta_2\, x_2 + \beta_3\, x_3 + \beta_4\, x_4 + \beta_5\, x_5 + \beta_6\, x_6 + \beta_0 \qquad (4)$$

其中，i 表示便利店所在的空间位置，取值为 1，2，3，4；β 是非标准化系数，β_0 是常数项。该公式以 i＝4 时因变量的值为参考，分别求出 i 取 1，2，3 时的方程。

———————

① 王济川，郭志刚. Logistic 回归模型：方法与应用 [M]. 北京：高等教育出版社，2001.

对南京市品牌便利店以及各品牌进行回归分析，拟合结果见表4.5。其中 R^2 检验表明模型拟合度较好；似然比检验结果表明所选择的解释变量对便利店的空间分布有很好的解释作用。

表 4.5　南京市品牌便利店空间分布有序多分类 Logistic 回归结果表

变量	整体模型	苏宁	苏果	罗森	便利蜂
X_1	-0.118	—	—	—	—
X_2	-1.784***	-1.712*	-1.382***	-1.782***	-3.513*
X_3	-0.410***	-.768***	-0.544***	-0.041	-0.448***
$X_4=1$	0.799**	1.370	0.261	2.198***	1.212*
$X_4=2$	-0.653	0.744	1.038***	-1.782**	3.752**
$X_4=3$	1.205***	2.196*	1.143**	1.089	3.767
$X_4=4$	0a	0a	0a	0a	-2.037
$X_5=0$	0.960***	-0.183	1.107**	0.543*	0.626**
$X_5=1$	0a	0a	0a	0a	0a
$X_6=1$	-3.545***	-19.181***	-5.407***	0.807	3.966
$X_6=2$	-2.534***	-16.760	-4.224***	0.888	0.841
$X_6=3$	-0.396	-23.317***	-0.223	0.857	0.332
$X_6=4$	0a	0a	0a	0a	0a
样本数量	653			98	
Cox-Snell R^2	0.718	0.875	0.727	0.905	0.898

注：*** 表示在99%置信区间下显著，** 表示在95%置信区间下显著，* 表示在90%置信区间下显著。

（一）总体分析

从整体拟合结果来看，在95%的显著性水平下，除便利店的品牌外，其他变量的显著性都较高；人口密度、聚集特征、道路密度在99%的水平下显著。从各品牌拟合结果看，各因素的影响程度差异较大。

具体来看，人口因素对南京市品牌便利店的空间分布呈明显的正向影响。作为提供快捷生活服务的行业，便利店门店布局要求较高的人口密度来支持其发展。周边同业态门店的聚集增多，使得品牌便利店呈现略偏向城市中心聚集的趋势。

交通因素对南京市品牌便利店的空间分布具有显著的正向影响。良好的交通条件有助于增大便利店的可视性和可达性，降低消费者来店购物的时间成本。便利店目标消费者的购物行为基本呈现与距离成反比的规律，即消费者的购物意愿随购物距离的增加而减弱，尤其是购买日常生活用品的消费表现得更为明显。因此品牌便利店多开设在交通格网单元较密集的区域。

租金也是影响南京市品牌便利店空间分布的重要因素，不仅影响便利店的空间分布，而且影响门店的经营策略。在租金较高的区域，便利店多与大型商业设施错位发展，通过销售高流转性的商品确保盈利；在租金较低的区域，则多提供周边居民急需的日用商品。

（二）分品牌分析

苏宁小店在租金较高或中等价格区域分布较为密集，尤其在中等租金地区形成向心分布趋势，且热衷于在聚集效应大的区域集中分布，受人口、道路等因素的影响并不显著。这是因为苏宁小店一方面倾向于在苏宁易购附近选址，另一方面定位比较高端，对服务半径区域内的商业环境要求较高。

苏果便利店多在道路密度和人口密度较高的区域形成聚集区，道路密度的增大会促使其向郊区离散分布。在中高租金区域门店密集程度较高，但与苏宁小店相比，苏果便利店受租金影响并不太明显。

罗森便利店多在租金高的区域密集分布，品牌效应大。人口、道路等因素对罗森便利店的分布影响均不显著。这主要是因为罗森在南京市的分布主要集中在如新街口中央商场等商业繁华地带，或者多在如地铁站等交通格网单元密度高、客流量大的区域，依靠强大的品牌效应吸引消费者。

便利蜂便利店主要在租金较低但人口密度大的城市郊区向心分布，并有在聚集效应影响下向城市中心聚集的趋势。这与该品牌便利店进入南京市场时间不长、正在拓展市场有关。这与前面所分析的，便利蜂在雨花台区软件谷等交通发达但租金相对较低的区域分布密度较高的论证是一致的。

第六节　结论与建议

一、结论

以零售业重要载体的便利店业为研究对象，选取三角一体化示范区的重要节点城市南京市，基于 POI 数据运用数理统计、空间分析与实地调研等研究方法，对南京市品牌便利店的空间分布及区位选择影响因素进行实证分析，得出如下四点结论。

（一）南京市品牌便利店总体空间集聚特征显著，且呈现"一主多副"的不均衡发展形态，集中分布于江南主城区、小范围聚集在江北新主城区、低密度零星分布在副城区，其空间发展方向大致为西北—东南走向。从不同品牌来看，便利蜂的分布扁率最低、方向性弱，分布比较均匀；苏宁小店的分布扁率最高，分散性最强；苏果、罗森的分布介于便利蜂和苏宁小店之间。

（二）南京市品牌便利店沿道路分布特征明显，且随着道路等级的下降，品牌便利店分布数量上升；与地铁站点设置相平行分布的特征突出，但不同站点存在差异。

（三）南京市不同品牌便利店的空间分布特征表现各异，但与其品牌定位、经营战略相吻合，与城市商圈布局相得益彰。

（四）南京市品牌便利店的区位选择受交通、人口、租金等因素影响较大，且不同品牌便利店所受影响程度存在较大差异。苏宁小店受租金影响较显著，苏果受交通、人口因素影响明显，罗森受交通和租金影响较大，便利蜂倾向在人口密度高且租金低的区域分布。

二、城市零售商业空间布局优化建议

根据研究结论，基于南京市品牌便利店的空间分布特征及区位选择差异成因分析，对优化城市便利店的空间布局提出如下五点建议。

（一）政府层面应打造以便利店为依托的 15 分钟便利生活圈。首先政府应鼓励便利店企业抢抓居民消费多元化与品质升级的机遇，将零售消费作为稳经济、促增长的关键依托，引导包括便利店在内的零售业补齐新型消费短板，促进线上线下深度融合发展。其次以金融支持、完善配套公共服务等为抓手鼓励便利店为代表的零售业进行商业模式、营销方式、空间布局等方面的创新探索。再次可从城市规划、品牌企业引进、支持新技术应用等方面引导便利店的发展。店铺选址是零售企业发展的铁律，政府可在城市规划中，如城市商圈规划、地铁站点布局、交通道路等方面，结合城市生活区、商务办公区、商业区等不同区域特点，打造以便利店为依托的 15 分钟便利生活圈。

（二）行业层面应拓展便利店业的近邻型服务优势。深挖便利店业近邻型的特征，为消费者提供步行 5—15 分钟即可到达的距离便利性，提供消费即时性、购物小容量、急需便利性，提供全年无休、16—24 小时营业的时间便利性，协同优化商品和服务，为消费者提供多层次的近邻服务。

（三）市场层面应构建便利店与不同零售业态的错位竞争优势。首先，更新经营理念，树立与线上电商、线下实体超市、百货店等不同零售业态的错位竞争理念；其次，创新商品品类与服务组合，使消费者在消费选择过程中更加倾向于便利店经营商品和服务的"便利化""简单化""快速化"；再次，创新宣传策略，实现销售延伸，通过手机 App、微信推送、短视频广告等渗透，拓展消费者利用便利店的深度和广度。

（四）企业层面应发挥便利店的品牌效应、优化空间布局。市场下沉、消费升级等机遇对便利店的发展提出新要求，树立以消费者为中心的关系型营销理念，加快完善供应链和物流体系，满足居民就近购物的需求。结合自身技术、品牌资源等优势，便利店可优化商品服务、改善购物氛围、提升便

民服务内涵，紧密围绕地铁站点或道路网格单元密集交叉区域开设店铺，为
15 分钟生活圈提供核心支撑。

（五）技术层面应利用新信息技术提升便利店业更为便捷的服务内涵。
便利店业在数字经济等新基建的推进下，应加大在人工智能、5G 技术、物
联网等方面的投入，提升数字技术能力。技术变迁是促进零售业变革的原动
力，便利店业应利用新技术，在自助结算、智能配送、AR/VR 体验等方面
提升消费场景体验，利用大数据分析能力记录并预测消费者的消费行为和
需求，为其提供个性化、定制化的商品服务，全面提升便利店企业的管理
效率。

本章的理论贡献主要表现在：首先考虑区域异质性对便利店业区域空间
分布的影响，以南京市四大品牌便利店进行空间计量测度，为新型消费下的
便利店业优化空间布局提供新的思路；其次是研究对象选取基于新型消费下
快速发展的便利店业，为丰富和完善零售业态理论提供实证支持；再次是揭
示城市便利店空间布局的差异及区位选择机理，为便利店基于交通、人口密
度、租金等优化空间分布提供理论参考。

本章的结论对便利店空间布局及优化有一定的理论参考和实践意义，但
考虑到现实中零售环境的复杂性，研究中尚有影响因素如市场化程度、产业
集聚、运营效率等更多指标未被选取等拓展空间；为使研究在实证中具有更
大程度的普适性，需要选取更多的城市进行纵向和横向对比，这也是未来需
要深入拓展的方向。

第二篇

零售业数字化与创新发展

第五章　实体零售企业经营战略重构的案例研究

第一节　绪论

为了加快零售流通业的发展，1992 年 7 月，国务院做出《关于商业零售领域利用外资问题的批复》，选定包括青岛在内的 11 个城市或地区为首批试点。青岛市积极吸引外资零售企业来推进零售业的改革和发展，因此，本章选取青岛本土零售企业利群集团为研究对象，分析该公司是如何在外资企业的冲击下发展起来的，进而分析中国本土零售企业的经营战略构建与竞争力提升的内在机理。

企业经营战略构建与竞争力的提升，是企业获得成功的关键因素。学者们对中国零售业的研究已经取得了很多重要成果，主要分为以下四类：第一类是关于外资零售企业进军中国市场所带来的影响方面的研究。如曾根康雄（2011）研究对外开放政策下中国零售业全球化的成就与前景[①]，包振山（2016）通过

---

① 曽根康雄. 中国の小売業のグローバル化—対外開放の成果と展望 [J]. 日本大学経済学部経済科学研究所紀要，2011（41）：193-208.

乐购集团的案例，探究外资零售企业在中国市场的退出机制[①]。第二类是关于中国零售业结构变化及发展方面的研究。如谢宪文（2005）对中国加入世界贸易组织（WTO）后流通政策的发展进行探索[②]，杨阳（2015）探究中国零售业的发展变革历程[③]。第三类是关于零售业态和零售企业的国际化的分析研究。如栌山健介（2008）研究了永旺在中国北方的国际化扩张发展路径[④]。第四类是对中国零售业现代化方面的研究。如关根孝（2007）以中国唐山为例，对中国流通市场的现代化进行探索[⑤]。关于中国本土零售企业的研究中，从经营战略这一分析视角出发，提出企业成长及竞争力提升过程的研究如神谷涉[⑥]等只是散片式存在，特别是以反映中国政府"培养具有竞争力的本土零售企业"为分析对象的研究还没出现，这为本研究的开展提供了一定的基础和继续深化研究的新要求。

本章研究对象的利群集团，可以追溯到开业于1930年的德源泰百货店，这是青岛市最早的百货店。20世纪80年代中后期，进行了国有企业向股份有限公司制的转变等经营改革，90年代中期以后，在深耕青岛市场的基础上，开始向周边城市扩张发展，恰巧与外资零售企业进入中国市场的时期相吻合。利群集团在渐进式的市场开放、吸引外资零售企业进入、推进本土零售企业的改革与培育中国零售业的成长发展等政策下，积极向外资零售企业学习，以外资企业为模板，结合自身经营优势而创新发展起来。

利群集团作为青岛最大的本土零售企业，拥有较多选址优良的店铺及忠诚度高的消费群体（消费者对店铺的信赖程度）等优势。与此同时，利群集

---

① 包振山. 中国における外资小売業の撤退に関する一考察—青島市のテスコを例として [J]. Erina Report, 2016（133）：26-33.

② 謝憲文. WTO加盟後の中国流通政策の展開 [C] // 松江宏. 現代中国の流通. 東京：同文館，2005，53-69.

③ 楊陽. 変化する中国の小売業—小売業態の発展プロセス [M]. 東京：専修大学出版局，2015.

④ 櫨山健介. イオン（ジャスコ）の中国北方への進出 [C] // 川邊信雄，櫨山健介. 日系流通企業の中国展開—「世界の市場」への参入戦略（産研シリーズNo 43）. 東京：早稲田大学産業経営研究所，2008：64-85.

⑤ 関根孝. 中国における流通近代化—河北省唐山市のケース [J]. 専修大学商学研究所報，2007，39（3）：1-40.

⑥ 神谷涉. 中国最大手食品小売業『聯華超市』の研究 [J]. 流通情報，2011，43（1）：30-36.

团在与国内外资企业（特别是外资零售企业）的竞争中，也取得了战胜位于世界零售 500 强前 3 位的"乐购"的辉煌业绩。因此，通过对大型本土零售企业利群集团的经营战略重构与竞争力提升的考察分析，可以看到中国本土零售企业的成长过程。

本章以已有的文献研究及 2016 年 3 月进行的实地调研为基础，以利群集团为分析对象，对中国本土零售企业的成长过程及其竞争力进行研究。首先，回顾中国本土零售企业的发展历程。其次，以本土零售企业的代表性企业利群集团为例，在考察该公司经营概况的基础上，分析其发展沿革、经营理念以及经营战略的构建过程。最后，分析利群集团如何应对外资零售企业进入中国市场时所带来的影响与冲击，如何开展多业态、多店铺化的经营发展。

第二节 中国零售企业的发展与特征

一、中国零售企业的发展演变

中国零售企业的发展可以追溯到改革开放初期的 20 世纪 80 年代。在 80 年代前半期，废除了计划经济体制下的商品配给制度，允许设立私营（个体经营）零售企业，导入了国有或集体所有制商业的企业经营责任制。由此，中国零售企业从计划经济体制下由政府主导权的经营管理模式逐步向企业经营自由权转变。除此之外，随着改革开放政策的实施，经济的持续快速增长、生产技术的创新以及居民收入的提高等，使中国出现了从自给自足经济向商品经济、计划经济向市场经济的双重转变。1993 年 12 月，中国颁布了《中华人民共和国公司法》，规定了企业向股份制的经营转变。利群集团作为改革试验的代表性企业，早在《中华人民共和国公司法》颁布之前的 1988 年就转换为股份有限公司。

与此同时，为了促进相对滞后于同时期其他行业的零售业的发展，中国政府提出了零售流通领域的对外开放政策，开始在青岛市等城市实验性地引进外资零售企业。将发达国家业已普及的零售经营技术等引入中国市场，在促进中国企业创新发展的同时，推进零售企业向现代化转变。

由于零售企业所经营的是最贴近居民生活的商品，直接影响到居民的生活消费，因此，中国政府对零售流通领域的对外开放采取了比其他产业更慎重的态度，直至 1992 年才允许外资零售企业的进入。具体来说，为了保护和发展本土零售企业，中国政府从 20 世纪 90 年代初到 2001 年中国加入世界贸易组织，以及到 2004 年底解除对外资零售企业的全部规制，这十几年间对外资零售企业进入中国市场设置了各种限制条件。由此可见，政府通过长期实施有计划且不断深入促进中国零售企业发展的政策，为中国零售企业的发展提供了充分的延缓空间。

二、中国零售企业的发展现状

中国连锁经营协会每年都会发布零售百强的数据报告。以 2022 年的排名为基础，对占据排行榜前 21 位的中外资零售企业的状况进行分析（见表5.1）。

表 5.1　2022 年中国零售连锁百强排行榜 TOP21

排名	企业名称	2022 年销售总额（万元）	2022 年门店数（个）
1	苏宁易购集团股份有限公司	11130000	11419
2	沃尔玛（中国）投资有限公司	10931033	365
3	居然之家新零售集团有限公司	10541828	578
4	永辉超市股份有限公司	9798667	1045
5	康成投资（中国）有限公司	9201248	592
6	物美科技集团有限公司	6991818	1578
7	华润万家（控股）有限公司	6923500	3130

（续表）

排名	企业名称	2022 年销售总额（万元）	2022 年门店数（个）
8	上海盒马网络科技有限公司（盒马鲜生）	6100000	300
9	联华超市股份有限公司	5747902	3352
10	王府井集团股份有限公司	4432100	92
11	宜美佳控股有限公司	3918374	30008
12	中石化易捷销售有限公司	3810000	28606
13	天虹数科商业股份有限公司	3351200	221
14	家家悦控股集团股份有限公司	3312708	1012
15	重庆百货大楼股份有限公司	3254823	291
16	长春欧亚集团股份有限公司	3196503	144
17	银座集团股份有限公司	3189002	375
18	银泰商业（集团）有限公司	3151598	59
19	武商集团股份有限公司	2978370	119
20	江苏华地国际控股集团有限公司	2926688	91
21	利群集团股份有限公司	2866776	528

从企业性质来看，排行榜前 21 位的零售企业中，第 1 位的"苏宁易购"是以家电连锁为经营业务的企业，不论是销售额还是门店数，均超越第 2 位的"沃尔玛（中国）"，外资零售企业仅有排在第 2 位的"沃尔玛（中国）"和第 5 位的"康成投资（中国）"。与外资零售企业相比，中国零售企业占据了绝对的数量优势。

在排行榜前 10 位的零售企业中，除了排在第 10 位的"王府井集团"以外，有 9 家企业在青岛零售市场上竞争发展。作为地方性城市的青岛市场，聚集了如此多的本土零售巨头企业与世界性零售企业，中外资企业间的竞争程度可想而知。

20 世纪 90 年代后半期以后，采取传统经营方式的本土零售企业在政府有计划的对外开放政策下，不但没有在具有强大竞争优势的外资零售企业的冲击下失去市场占有率而溃败，反而是逆境而上，在以外资零售企业为样本的学习中逐渐成长并发展起来。换言之，以外资零售业进入中国市场为契机，在促进中国零售业跳跃性发展的进程中，本土企业逐渐发展成为在连锁百强中占据优势的大型企业。

三、中国零售企业的发展特征

改革开放以后，中国本土零售企业的发展类型大致可分为两种模式。一种是与地方政府及国有企业关系密切，以某一区域为经营市场而发展起来的企业。这种类型的企业一般是深耕一个地区的市场、多业态地展开经营业务，进而向周边地区扩张。作为本章研究对象的利群集团就属于这种类型。该企业在计划经济体制下作为百货商店开展经营活动，20 世纪 90 年代初零售流通领域实行对外开放政策后，通过企业内部的改革、学习、创新等实现公司运营现代化，同时利用本公司的经营优势，以多种经营业态在多个领域开展经营活动。如表 5.1 所示，在中国零售连锁百强排行榜内的联华超市股份有限公司、王府井集团股份有限公司、重庆百货大楼股份有限公司、长春欧亚集团股份有限公司等均属于这一类型的企业。另一种是专门经营某种业态，在一定区域市场或多区域市场上开展经营活动而发展起来的企业。如表 5.1 所示，在中国零售连锁百强排行榜内的苏宁等家电连锁企业，以及华润万家、永辉超市等连锁企业属于这一类型。依靠这种模式发展起来的零售企业多数为民营企业。

选取中国零售业的代表性大型零售企业利群集团为例，分析其在中国相关发展促进政策的作用下是如何发展起来的。为此，首先从其公司概要与经营理念的梳理为切入点进行论述。

第三节　利群集团概况与经营理念

一、利群集团的概况与发展沿革

利群集团的前身可以追溯到 1930 年在青岛旧市区开业的德源泰百货店，是青岛市最早的百货商店。1956 年完成企业所有制改造，成为国有企业，1964 年更名为利群。进入 20 世纪 80 年代，在国有企业的经营改革潮流中，完成了股份有限公司化的发展转变，这也是山东省首家国有商业企业股份有限公司。

利群集团转为股份有限公司后，以零售为核心业务，积极致力于经营模式的现代化。以旗下首家综合超市于 1994 年开业为契机，以连锁经营的方式在多业态的零售领域、批发与物流领域、餐饮酒店业、房地产业等多领域开展业务，逐渐形成了多业态、多样化的经营体系。近年来，在电子交易飞跃发展的背景下，该公司也开始向电子商务领域和金融领域拓展业务（见表 5.2）。

表 5.2　利群集团的发展沿革年表

时期	主要变革
1930 年	利群集团的前身德源泰百货店开业
1956 年	企业所有制的改造，德源泰百货店变更为国有企业
1964 年	公司名称变更为"利群"
1988 年	由国有企业变更为股份有限公司（资本金 120 万元）
1994 年 11 月	首家综合超市的利群商厦（营业面积 3.8 万平方米）开业
1997 年 4 月	首家连锁店利群黄岛店（营业面积 1.32 万平方米）开业
1997 年 5 月	旗下物流公司福兴祥商品配送有限公司开业
1998 年 5 月	利群胶南店（营业面积 1.1 万平方米）开业

（续表）

时期	主要变革
1999 年 4 月	利群超市（营业面积 5000 平方米）、利群即墨店开业
1999 年 10 月	公司名称变更为"利群集团"
2000 年 8 月	利群四方购物中心（营业面积 2 万平方米）、黄岛 2 号店开业
2000 年 12 月	利群胶州店（营业面积 1.2 万平方米）开业
2001 年 2 月	旗下的利群投资有限公司开业（ 2003 年改称利群担保投资有限公司）
2001 年 9 月	利群诸城店开业，走出青岛市场
2001 年 12 月	利群即墨购物中心（营业面积 2.6 万平方米）开业
2002 年 1 月	利群莱州店（营业面积 1.2 万平方米）开业
2002 年 8 月	利群威海店（营业面积 2 万平方米）、利群荣城店（营业面积 2.2 万平方米）以及 17 家便利店开业
2003 年 9 月	旗下的德源泰置业有限公司（商业房地产开发）开业
2004 年 9 月	利群莱州商厦、利群文登店开业
2004 年 10 月	利群日照店（营业面积 4.2 万平方米）开业
2005 年 2 月	旗下的瑞尚贸易有限公司（服装店）开业
2005 年 4 月	利群淄博店、利群乳山店开业
2006 年 1 月	旗下的利群医药品经营有限公司（药妆店）开业
2006 年 4 月	旗下宇恒电器有限公司、海琴购物中心、长江购物中心开业
2007 年	旗下的利群集团医药经营有限公司、前海购物中心、莲池购物中心开业
2008 年	旗下的利群集团青岛电子商务有限公司、瑞丽服饰有限公司开业
2009 年	胶州购物中心、胶南家乐城购物中心、即墨家电店开业
2010 年 9 月	东营瑞泰购物中心（营业面积 6 万平方米）开业
2010 年 10 月	旗下的利群文化投资公司开业
2011 年	利群集团矿泉水厂、青岛瑞通科技有限公司开业
2012 年 5 月	李沧物流中心（占地 7 万平方米）开业（物流中心达 4 处）
2013 年 9 月	以利群即墨购物中心、宜居商业广场、即墨华玲宾馆为首的综合商业区开业
2013 年 12 月	利群莱西商厦开业

（续表）

时期	主要变革
2014 年	平度购物中心（营业面积 6.5 万平方米）、下属恒通快递公司（快递企业）开业
2015 年 6 月	乳山华玺大酒店开业，集团已开业星级酒店达 13 家
2016 年 1 月	山东瑞朗医药股份有限公司在新三板市场挂牌上市
2016 年 4 月	利群网商正式上线运营，网商物流仓库全面投入使用，开创了传统零售企业线上线下全渠道经营新模式
2016 年 8 月	集团成立同辉伟业公司与鼎辉设备公司，企业配套服务能力显著提高
2016 年 9 月	平度华玺大酒店开业，集团已开业星级酒店达 14 家
2016 年 10 月	利群集团位于崂山区海尔路的最新旗舰店——利群金鼎广场正式开业
2017 年 4 月	青岛利群百货集团股份有限公司成功登陆上交所主板市场
2017 年 4 月	位于市北 CBD 商圈的利群宇恒大厦商业项目开业
2017 年 8 月	利群 B2B 采购平台上线发布
2017 年 9 月	利群省外首家大型购物中心连云港利群广场开业
2017 年	主打生鲜产品的利群直营店新业态——利群·福记农场生鲜社区店全面运营
2017 年 12 月	利群城阳城中城超市开业
2018 年 3 月	"青岛利群百货集团股份有限公司"更名为"利群商业集团股份有限公司"
2018 年 4 月	利群集团携手 IBM 与 SAP 公司，共同打造智慧供应链信息管理平台
2018 年 5 月	利群集团正式收购乐天购物（香港）控股有限公司持有 100% 股权的香港法人公司 2 家及华东地区法人公司 10 家，从而实现收购该 12 家公司直接持有或通过其子公司间接持有的 15 处房产和 72 家门店等
2020 年 11 月	总建筑面积约 25 万平方米的利群华东区供应链及现代物流总部项目投入使用
2021 年 11 月	总投资 30 亿元、总建筑面积 30 多万平方米的利群智慧物流与供应链基地项目投入使用
2022 年 10 月	总建筑面积 10 万多平方米的利群集团电子商务智慧物流项目投入使用

利群集团的超市多以"利群超市"，综合超市多以"利群商厦""利群购物广场""利群国际商城"，便利店以"利群便利店"，药妆店以"利群大药店"等品牌开展经营活动。

截至 2024 年底，利群集团以旗下的利群商业集团股份有限公司（零售领域）和福兴祥商品配送有限公司（批发领域）为核心业务，同时又开展了利群投资有限公司（金融业务）、德源泰置业有限公司（商业房地产）、瑞尚贸易发展有限公司（服装业务）、利群药品经营有限公司（药妆店）、宇恒电器有限公司（家电零售）、瑞朗医药股份有限公司（医药品批发）、玺华商业集团有限公司（酒店经营）、利群集团电子商务有限公司（电子商务事业）、瑞丽服饰有限公司（服装厂商）、利群文化投资有限公司（影视传媒）、百福源饮用水有限公司（PB 商品开发）、青岛瑞通高新科技有限公司（软件开发）、恒通快递公司等多领域业务。近年来，该公司以青岛市及下辖县级市为经营据点，以连锁经营的方式向周边城市及山东省内其他地区扩展经营，进而巩固区域市场的占有率。尤其是 2018 年 5 月，收购韩国乐天集团旗下的 12 家公司及 72 家门店，业务范围从山东省拓展到江苏、安徽、浙江和上海，实现了从区域性商业集团到全国性商业集团的跨越。2022 年，利群集团实现营业收入 286.7 亿元，连续多年位列中国民营企业前 500 强、中国连锁百强企业前 30 强。

二、利群集团的经营理念

利群集团在青岛市零售行业中，以百货店、综合超市、便利店、药妆店等多业态的经营占据着压倒性的竞争优势。该公司是青岛市具有代表性的零售企业集团，旗下业务范围横跨直营酒店、批发、物流等，以多元化发展战略为依托，在消费者的日常生活中拥有重要的影响力。

利群集团秉承"利泽群惠"的经营理念，即"让群众受益"，这是"利群"的立业之本，彻底贯彻"实现顾客的满足度与幸福度"以及"企业员工对顾客要真诚、对企业要忠诚"的公司理念。

三、利群集团经营战略重构的内外动因

利群集团从外资零售企业进入中国前的 20 世纪 80 年代开始，通过经营管理改革、国有企业向股份有限公司转变等，深耕青岛市零售市场而逐渐发展起来。但在当时，利群集团仍然是一家采用传统经营模式的零售企业。

20 世纪 90 年代初期，中国提出零售流通领域的对外开放政策，明确了建立市场经济体制的目标，零售业迎来了两次大的发展机遇，拉开了民营企业、个体经营企业快速发展的序幕。在这样的背景下，利群集团开始对企业进行大刀阔斧式的改革。特别是 90 年代后半期开始进入青岛市场的马来西亚系"百盛百货"、日系大型零售企业"永旺"等外资系零售企业，带来了革新性的经营理念、现代化的零售经营技术，这给仍采用传统经营方式的本地零售企业带来了强烈的冲击。利群集团在这种冲击影响下，认识到自己公司竞争力的薄弱，通过学习、效仿外资零售企业的经营模式来推进企业改革。

为了保护和促进中国零售企业的发展，中央政府在零售流通领域推出了加强国有企业改革发展与培养国内有发展潜力企业的相关政策。从 2001 年开始，在中央及地方政府的行政指导下，为了应对外资零售企业进入所带来的冲击，出现了大型零售企业之间收购与合并的浪潮。利群集团在青岛市政府推行的国有企业改革、培养国内流通企业的政策下，积极调整优化经营战略来促进企业自身的发展。具体来说，包括对原来国有企业性质的店铺进行改造，以特许经营的方式扩张发展，通过合并、收购其他零售企业来规模扩张发展等战略。

此外，利群集团在学习、效仿外资零售企业的同时，也尝试对自己公司的经营方式进行调整。在对旧业态的百货商店进行现代化经营方式改造的同时，积极向超市、便利店以及购物中心等多业态发展方向转变。尤其是近年来，在坚持以零售业为经营核心的同时，完善相关配套服务的物流中心，向金融业、房地产开发、软件开发等领域渗透。

2004 年 12 月，中国政府放开了对外资零售企业的相关限制，中国零售业进入了全面开放发展的新时期。伴随着对外资企业规制的取消，欧美系、

日韩系、东南亚系等外资零售企业加速进入中国市场的步伐，或扩大在中国市场的发展规模，引发新一轮对中国市场直接投资的热潮。在此背景下，国内零售流通企业要求撤销对外资零售企业"超国民性待遇"优惠政策的呼声不断提高。因此，在 2007 年 12 月，中国政府不仅全面取消了对外资零售企业的优惠政策，而且为规范商圈的合理规划，对大型店铺的开设制定了相关指导政策。这些政策的变化，标志着中外资零售企业进入了真正的公平竞争阶段。当然，一方面，这种竞争给以利群集团为代表的国内零售企业的发展带来了巨大威胁；另一方面，灵活运用政府政策以及取消对外资零售企业的优惠政策等，也为中国本土企业提供了良好的发展机会。

第四节　利群集团的经营战略重构

利群集团在上述发展背景下，在以外资零售业为样本学习的同时，利用本公司的经营优势，以青岛市及周边地区为经营据点进行扩张发展。对此，下面从经营技术革新战略、多业态的扩张战略、连锁经营的扩张策略、灵活的 M&A 战略、复合型的多元化战略 5 个方面来考察利群集团的经营战略调整与重构，进而在此基础上研究其如何提高竞争力。

一、经营技术革新战略

利群集团由传统经营模式向现代化经营模式的转变成为考验企业发展的重要课题。特别是利群集团作为青岛市具有代表性的国有商业企业，其经营模式的现代化转变显得尤为重要。曾任利群集团总裁的徐恭藻强调，在利群集团由传统经营企业向现代化企业转变中，发挥重大作用的是"企业自身具有的较强学习能力"。

利群集团从国有商业企业改革为股份有限公司后，虽然对企业的经营模式进行了改革，但在改革的初期仍然采用传统零售经营模式。如 1994 年 11

月，在台东商圈开设了一家占地 3.8 万平方米的利群商厦，该店铺是采用传统的一对一、面对面销售方式的旧业态百货商店。1997 年 9 月，紧挨着利群商厦的马来西亚系零售企业百盛百货（台东南山店）开业，这是青岛市首家外资系零售店铺。这家店铺开放式的商品陈列方式、明快的灯光亮度及便于舒适购物的通道设置，极大地方便了消费者购物消费。开业当天，店铺内的商品销售量达到了快被"买空"的程度，这给仍采用传统经营方式的青岛市本地零售企业带来了巨大的冲击。

1998 年 1 月，日系零售企业永旺的青岛市 1 号店开业（又称东部店，是中国首家郊外型购物中心）；1999 年 12 月，法国系零售企业家乐福的青岛市明达店开业。这些外资零售企业，不仅吸引集聚了大量的消费客源，不断刷新销售业绩，而且还凭借其先进的经营理念、企业文化、多样性的娱乐设施、丰富的商品布局和陈列、明快的店铺设计、良好的服务态度、多业态的创新性等，对以利群集团为首的本土零售企业带来了"经营革命"般的冲击。利群集团的经营管理层决定以此为契机，以外资零售企业为样本进行学习。

当时利群集团的连锁经营，只是在形式上统一了店铺的外观设计，实质上仍然是沿袭传统的经营体系，这是在计划经济体制下形成的经营模式，是以卖方为主导的经营手法。当时的销售没有关于如何满足消费者需求、针对消费需求适时营销等概念，虽然采用柜台式的商品陈列方式，但需要通过销售员才能选购到商品，还是传统的面对面销售、结算的传统经营形式。

另外，此时的利群集团只有旧式百货商店这一经营业态，不存在企业文化的构建、管理人才的培养、打折促销等价格策略的制定、针对不同消费需求制定相应经营战略等经营管理意识。在流通技术方面，与外资零售企业的差距非常大，几乎没有任何现代化经营模式中不可或缺的 POS 信息系统、条形码系统、配送技术以及 IT 管理等。例如，1997 年 4 月，利群集团在青岛市西对岸的黄岛区开设了营业面积为 3.8 万平方米的利群长江商厦（黄岛店），但这家店铺仅仅做了店铺的统一外观设计，没有任何经营模式的创新；利群集团虽然拥有自己的物流公司，但只是对商品采购进行统一规格的处理，没有针对商品的多样性进行现代化分类管理。

利群集团为了缩小与外资零售企业的发展差距，安排中层以上的管理人员到外资零售企业店铺去考察学习，进而以外资零售企业为样本进行效仿，根据当地零售市场的需求特点及企业自身的经营优势来调整企业的经营战略，开始向现代化的经营体系转换。

利群集团以永旺、家乐福等外资零售企业为样本对店铺进行改造，首先对黄岛区的长江商厦和1994年开业的利群商厦，以综合超市的经营模式为目标进行了改造。此种经营模式的商品范围包括食品在内有5万余种，商品陈列采用量感陈列和展示陈列相结合的形式，从传统的面对面销售方式改为自助式的开放商品陈列、在收银处进行统一结算。同时，参照外资零售企业的培训教育、培训计划等，致力于培养专门从事零售业的经营管理者，也积极招聘拥有外资零售企业工作经验的人才。特别是为了应对来自外资零售企业的竞争压力，由过去"卖方主导"的经营思想向"买方主导"转变，进而提升服务水平，制定灵活的促销策略。在一边学习效仿外资零售企业的店铺设计、一边对店铺进行改造创设舒适购物空间的利群集团，旗下的店铺不仅仅提供购物的场所，还提高了对顾客的服务水平。例如，为了增强顾客黏性，店铺内设置了美食广场、服务柜台、免费停车场、儿童游乐场、储物柜及洗手间等附属设施。

利群集团从学习外资零售企业的店铺设计、商品陈列开始，进而逐步导入信息管理系统，积极导入POS系统、商品库存管理系统等，培养计算机管理方面的人才。在零售领域进行的这些革新改造，推广应用到旗下的物流等领域，在此基础上逐渐形成了完善的运营管理系统，可以使库存管理和商品分类标准化，店铺运营简化，出货、进货时间缩短等。经过信息化改造后的利群集团，实现了企业经营管理的效率化。

利群集团不断加大改革步伐，开始向自有商品领域渗透。为了扩大企业利润，利群集团学习外资零售企业，开发能够低价销售并能确保利润的PB商品（自主品牌，分销商商标），为此，于2009年8月成立了专注食品开发的瑞祥通商贸有限公司。该公司积极开展PB商品的开发，扩充PB商品的种类使其丰富化，来达到满足不同消费群体对多样性商品需求的目标。

二、多业态的扩张战略

利群集团在吸收外资零售企业先进经营技术的同时，充分利用自身的经营优势，积极探索经营业态的多元化（见表 5.3）。

表 5.3　利群集团主要业务的开展状况

业务分类	大型综合超市（HM）	综合超市（SUC）	超市（SM）	便利店（CVS）
店铺名称	利群商厦	利群购物广场	利群超市	利群便利
开设时间	1994 年	2000 年	1999 年	2002 年
选址特征	市中心大商圈	市中心大商圈	以市中心住宅小区为目标的小商圈	以市中心住宅小区为目标的小商圈
消费群体	家庭等一般消费者	家庭等一般消费者	住宅小区的居民	以周边的居民为主
卖场面积	11000 ～ 22000 平方米	2000 ～ 6500 平方米	4000 ～ 5000 平方米	60 ～ 100 平方米
商品类别	各类食品与非食品以及 PB 商品	各类食品与非食品以及 PB 商品	以生鲜食品为主	食品及日用品等
商品种类	5 万种左右	4 万～ 10 万种	2000 ～ 3000 种	2500 种左右
价格区间	低价位	低价位	中高价格带	价格稍高
市场定位	主力业务	主力业务	中高等食品超市	便利商店
经营状况	经营状况良好	经营状况良好	继续扩展业务	扩张停滞
其他	拥有一定规模的停车场	拥有大规模的停车场		

利群集团以对利群商厦和利群长江商厦（黄岛店）的改造为契机，向大型综合超市的经营业态渗透。这两个店铺在早期学习外资零售企业的基础上，从店铺改造到经营管理改革都进行了初步尝试。

1999 年 4 月，旗下首家超市以"利群超市"的店铺名开业。这种经营业态是在学习外资零售企业的基础上，以住宅区的小商圈为发展目标，以周边的居民为顾客群体而开设。店铺的营业面积多为 5000 平方米左右，是由 2000～3000 种生鲜食品为经营范围的超市。利群超市采用自选的销售方式，在收银台统一批量结算，以为顾客提供最大化的服务为经营方针，还根据不同时间段、节假日等，采取各种各样的促销活动。

2000 年 8 月，利群四方店开业，标志着利群集团成功拓展综合超市这一经营业态。该店铺以外资零售店铺为样本进行设计，是能够发挥企业经营优势的代表性店铺。地上 4 层是综合超市，地下 1 层是生鲜超市和饮食店等，其中地上 1 层是经营化妆品、装饰品、眼镜等的专卖店卖场，2 层是妇幼服装卖场，3 层是男士及体育服装卖场，4 层是家电及体育用品卖场。营业面积 2 万平方米，陈列着 5 万余种商品；设有可停 400 个车位的大型停车场，附近有 14 条公交车路线。为提高消费者的消费黏性，该店铺经常调整卖场的设置，以提供便民、利民的购物环境。

在利群四方店开业 10 年后的 2010 年，世界零售企业巨头乐购抢滩青岛市场，在该店铺的一路之隔开设了乐购人民路店。两家店铺为争夺客户，展开了激烈竞争。如在生鲜食材这些具有就近采购特点的商品方面，利群集团充分利用当地最大的本土零售企业的优势，与乐购展开了"价格战"，在价格设定方面占据着极大的主动权，甚至出现过低于采购价的残酷现象。如此激烈的竞争，当然不只是两家店铺之间的竞争，更是两家企业在青岛零售市场的竞争。最终乐购在短短 3 年半的时间里就败下阵来。世界零售巨头的乐购在与利群的竞争中，不仅没有构建出自身特色的经营优势，而且败给了土生土长的当地零售企业，这在当时的青岛零售市场产生了巨大影响。

利群四方店和乐购人民路店的价格竞争战，是以利群集团和乐购在当地商品采购方面有巨大差距为背景而发生的。利群集团是以青岛市为经营据点成长起来的本土零售企业，在外资零售企业进入青岛市场前已经成立了商品采购及物流公司，在外资零售企业进入后，更是积极学习商品采购的信息系统技术、培养计算机技术和经营管理人才，逐步实现了库存管理系统的优化，提高了企业的商品采购能力。与外资零售企业相比，利群集团拥有当地商品的采购优势，再加上包括 4 个物流中心在内的完善的物流体系，其商品采购能力（特别是本地商品的采购能力）的优势尤为突出。

　　对利群集团来说，四方店与乐购人民路店间的价格竞争战并不是首次出现。2003 年，全球最大的零售企业沃尔玛（台东店）曾与利群商厦（位于台东商业区的店铺）展开过激烈竞争。利群集团将这一经验有效地运用在利群四方店和乐购人民路店的价格竞争战中，使得利群四方店在这场竞争中击溃了对手。从这场竞争来看，以利群集团为首的本土零售企业，在商品采购、经营战略调整等方面已经有了长足的发展，基本达到了与外资零售企业抗衡的水平。

　　随着中国零售环境的发展变化，特别是沿海城市居民生活方式向简便化转变，尤其是年轻消费群体消费理念、生活方式等的变化，对零售业态的变革提出了新要求。利群集团敏锐地捕捉到这些市场信息，积极向便利店领域拓展。旗下的便利店以食品和日用品为中心，经营 2500 余种商品，店铺面积多为 60 ～ 100 平方米。

　　近年来，随着电子信息技术的快速发展，利群集团也积极顺应社会经济发展的形式，向电子商务领域和大型购物中心等经营领域扩张发展。如表 5.3 所示，利群集团积极开展多种经营业态，以大型综合超市和综合超市为主营业务，以超市和便利店等作为辅助业务来实施多业态的经营战略。从现阶段来看，这种业态多元化的经营战略是利群集团得以不断扩张发展的关键因素之一。

三、连锁经营的扩张战略

　　关于连锁经营的优点，日本学者久保村隆祐（2009）指出，"由中央总部统一采购商品，通过各个销售据点分散到各地，在此过程中实行统一的营销管理。各店铺享有各种规模经济的优势，而且通过连锁经营的方式，也能提高中小零售企业的竞争力"[1]。换言之，通过连锁经营的方式，不仅可以提高企业的经营效率，而且还可以通过 PB 商品的开发等，在与上游的批发或

---

[1]　久保村隆祐. 商学通論（七訂版）[M]. 東京：同文館, 2009.

生产厂商的采购中获得规模经济的优势。连锁经营的扩张策略，是为了提高企业的规模经济，达到企业快速扩张的发展目标。

利群集团在开拓多种经营业态共同发展的基础上，以连锁经营的方式致力于多店铺化的扩张发展。以 2001 年 9 月利群诸城商厦的开业为开端，利群集团开始向青岛周边城市扩张发展。2002 年 1 月，营业面积为 1.2 万平方米的利群莱州购物广场开业；2004 年 8 月，营业面积为 2 万平方米的威海购物广场、营业面积为 2.2 万平方米的利群荣城购物广场相继开门纳客；同年 10 月，营业面积为 4.2 万平方米的利群日照购物广场开张。随着经营经验的积累和企业发展的需要，开始向山东省的内陆地区渗透。2005 年 4 月，营业面积为 5.8 万平方米的利群淄博购物广场；2007 年 12 月，营业面积为 2.3 万平方米的利群淄博莲池购物广场；2010 年 9 月，营业面积为 6 万平方米的东营瑞泰购物广场相继开业。连锁店铺的营业面积从 5000 平方米扩张到 6 万平方米，开启了店铺经营的大型化模式，与此相应的商品经营范围和种类也得以升级调整。

2018 年 5 月，利群集团正式收购韩资零售巨头企业乐天旗下的 2 家乐天购物（香港）控股有限公司及华东地区法人公司 10 家，将这 12 家公司所属的 15 处房产和 72 家门店纳入利群集团的发展版图。通过这次收购，利群集团的门店数量实现了翻倍增长，经营范围从山东省一举迈向了全国，在山东、江苏、安徽、浙江、上海五省市进行扩张发展，极大地提升了企业的社会影响力，实现了从区域性商业集团到全国性商业集团的跨越。

为了支持企业的经营扩张战略，利群集团在以连锁经营的方式进行多店铺扩张的同时，也不断强化与之相配套的物流中心的升级。2012 年 5 月，占地面积达 7 万平方米的李沧物流中心建成并投入使用，至此，利群集团旗下拥有的物流中心达到了 4 个，可以对利群集团旗下从大型综合超市到便利店的所有店铺提供配套物流服务。物流中心率先引进商品自动分类装置、物流条形码、无纸订货方式以及分类交货等先进物流技术，使利群集团在零售领域拥有领先于其他零售企业的经营能力。

综上所述，利群集团通过扩大市场份额、提高销售业绩、加强 PB 商品的研发、多种经营业态店铺间的相互合作以及强化物流中心的建设等，逐步提高了企业整体的竞争优势。正是因为构筑起了企业的综合经营优势，利群集团才能在与乐购人民路店的竞争中立于不败之地。

以利群集团为首的本土零售企业，通过十多年来的以外资零售企业为样本的学习、效仿，结合企业自身经营优势创新发展，逐步提升了竞争力。在与外资零售企业的竞争中，通过充分发挥自身的经营优势，实施灵活的经营战略和企业规模优势而逐步发展成长起来，达到能够与外资零售企业相比肩的水平。

四、灵活的 M&A 战略

1990 年中后期，为了应对外资零售企业的冲击，在政府政策的指导下，利群集团通过对本土零售企业的收购、合并等形式来扩张发展，进而达到企业的规模化经营。利群集团从国有企业转型为股份有限公司后，在调整企业组织管理的同时，制定了稳健的经营发展战略，以青岛市场为经营据点，逐步以 M&A 等形式收购青岛市下辖的 5 个县级市的商业设施。如在 1998 年 5 月，利群集团兼并了原属于胶南市（2017 年合并为黄岛区）的商业大厦，装修改造后以利群胶南商厦的名称重新开业。该店铺的营业面积为 1.1 万平方米，是当时胶南市最大的零售业设施。通过积极推行 M&A 战略等，利群集团的总销售额在 2000 年达到 10 亿元，位居全国商业企业销售排行榜的第 30 位。

2001 年 12 月，以中国加入世界贸易组织（WTO）为契机，外资零售企业纷纷加速在中国市场的开店步伐。为了应对来势汹汹的外资零售企业，利群集团通过加速实施 M&A 战略，来进一步扩大企业的发展规模。如在 2002 年 11 月，收购了位于台东商业区开业仅 4 年的三百惠商厦，导入利群集团的经营模式，在充分调查店铺周边的市场需求后，对该店铺进行了大刀阔斧的改造。改造后的店铺，将地下 1 层和地上 1 层设为综合超市，2 层为鞋子等卖场，3 层为男士服装卖场，4 层为女士服装卖场，5 层为中老年服装卖场，

6 层为运动用品等卖场，7 层为婴幼儿服装、鞋子、玩具等卖场。在满足店铺周边市场消费需求的基础上，利群集团三百惠商厦的经营状况得到了极大改善。

为了进驻青岛市四大商圈之一的李村商圈，利群集团筹划以 M&A 形式收购该商圈的商业设施。李村商圈原本有北方国贸 2 家店铺，该企业截至 2011 年的总资产为 6.4 亿元，销售额为 3.4 亿元，利润为 321 万元，在这一商圈占有较高的市场占有率。利群集团为进入这一商圈，利用集团的规模经济优势，制定了灵活的 M&A 战略，向北方国贸展开了收购攻略，并于 2012 年完成收购，实现了进入李村商圈的扩张发展。

利群集团在扩张发展中，虽然采用了积极的 M&A 战略作为基础，但并不仅仅局限于此，还通过直营、特许经营等连锁经营方式，不断推进店铺网的扩大，进而实现店铺多样化的发展目标。

五、复合型的多元化战略

利群集团以批发、零售为企业核心业务的同时，积极发展物流配送及大型购物中心等多种业务，促进企业在多领域的协同中创新发展。

利群便利连锁发展有限公司 2002 年成立，截至 2014 年底，旗下的店铺达到了 800 家，分为连锁店和特许连锁店两种运营方式，采取"统一采购，统一配送，统一店铺形象，统一管理"的经营方针。2010 年，随着外资便利店的进入以及本土企业便利店的开业，便利店这种经营业态的竞争也变得日益激烈，利群集团便利店的经营方式也开始向现代化转变，如采用 24 小时经营的营业方式、量感陈列的商品陈列方式、更加丰富的商品种类等。

在物流配送方面，利群集团在青岛市设立了大规模的胶州物流配送中心，在邻近的烟台市、威海市、日照市、潍坊市以及淄博市也设置了营业网点，在山东半岛大规模地进行食品、饮料、酒类、日用品、服装、化妆品以及家用电器等的物流配送。与沃尔玛、麦德龙、家乐福、永旺、百盛、大润发、维客等 30 家中外资零售企业有着持续的合作关系。

利群集团旗下福兴祥商品配送有限公司的经营战略，是采用商品自动化、立体式的仓储管理以及能实现进出货自动化控制的信息管理系统，发展第三方物流（3PL）的集中配送功能，进而提升服务水平。2002 年开设的胶州物流中心，总占地面积 15 万平方米，仓库内分为立体式的高收纳区和自动分类系统区，可以进行商品的进出货自动化及分类管理。该物流中心的运输范围覆盖山东半岛，是当时山东省内配送能力最强大的物流中心。

2013 年 9 月开业的利群集团即墨商业广场，是向外资零售企业学习并结合企业自身经营优势而建立的购物中心，是利群集团进入开设并运营大型购物中心新阶段的象征。该商业设施是一个既包括购物中心、商业广场，又拥有酒店等餐饮住宿设施的大型商业综合项目，是企业进行多业态化发展的新举措。换言之，这家店铺是在学习了永旺（东部店、黄岛店）购物中心的经营模式之后，结合企业自身多元化的经营优势，开设的大型综合性购物中心。

日本永旺购物中心的特点是利用专业的开发商以及专门的市场调查与策划，实施各种吸引顾客的营销方式，通过在这种复合型的大型商业设施中设置品牌专柜、美食街等，将购物中心打造成为具有商业集聚地效果的购物、休闲地。利群集团的购物中心在学习借鉴永旺购物中心的基础上，不仅导入了超市、美食街、品牌专卖店等商业服务设施，还扩充了酒店、电影院等娱乐休闲设施，从而形成了拥有 26 万平方米营业面积的超大商业集聚地。

利群集团在受到外资零售企业进入青岛市场所带来的冲击后，以其为师，学习吸取先进的零售经营技术，开发多业态的零售模式，充分利用零售连锁店的优势，通过 M&A 战略迅速将企业推向规模化、多业态、多元化的发展阶段，在不断提升企业竞争力的同时，积极构筑富有利群集团经营特色的竞争优势，建立了同外资零售企业一样的现代化零售经营体系，使之成为巨大企业集团。

表 5.4　外资零售企业进驻前后利群集团零售体系的变化

	外资类零售企业进驻前	外资类零售企业进驻后
店铺选址	市中心地区	市中心、市郊区
店铺结构	多层式结构	多层式是主流，一站式购物
商品品种	丰富	备有广泛的食品、非食品商品
商品陈列方式	陈列在柜台上，由销售员出售	创造有魅力的购物空间
促销活动	———	多种多样
服务	———	充实（但服务一般）
销售方式	面对面销售	自助销售方式
结算方式	面对面结算	在收银台批量结算
人才管理	传统国有企业管理制度	人才培养，人才招揽
职员培训		投入、强化
市场战略	同一个地区渐进地开店	扩大到全国五大省市
开店方式	形式上的连锁商店	连锁商店经营方式
开展业务	以百货商店为中心	多业态、多元化
商品采购系统	一家供货商	四家供货商
管理结构	统一管理	按部门管理
PB 商品	———	投入多样化生产模式
价格战略	定价销售	EDLP（每日优惠）价格战略

第五节　结论

　　本章聚焦快速发展的中国零售企业，选取中国零售业先导性试验城市青岛市的大型零售企业利群集团为研究对象，分析了外资零售企业进入中国市场后，利群集团从被动冲击到学习模仿，再结合自身经营优势创新发展，进而成为可以与外资企业相抗衡的企业的发展全过程。

　　众所周知，政府政策会对企业的经营发展带来一定影响，零售企业的发展也不例外。青岛市是国内最早吸引外资零售企业进入的城市之一，在吸引外资零售企业进入的同时，制定并实施了各种促进本土零售企业发展的政策改革，力图为本土零售业的发展提供良好环境。

　　通过本章的实证分析，利群集团在受到欧美系、日韩系及东南亚系零售企业的冲击影响下，以其为师学习先进的零售经营技术、服务理念和经营管理等，结合自身优势创新发展，以多业态、多店铺的连锁经营方式实现了规模扩张和竞争力提升。通过对利群集团发展过程的考察分析，可以得知，国家政策促进与企业自身经营战略的调整优化，是中国零售企业竞争力得以提升的两个重要因素。

　　本章仅以青岛市的利群集团为分析对象进行了研究，为了进一步提高研究有效性，有必要将其他城市具有代表性的本土零售企业作为分析对象进行验证。另外，本章还提及了在青岛零售业市场上，发展起来的本土零售企业在与外资零售企业竞争中，打败外资零售企业使其撤退的事例，可以预想随着中国本土零售企业竞争力的不断提升，此类事例会越来越多，这将成为今后的研究课题。

第六章　网络零售满意度提升与
网络直播优化路径

第一节　绪论

随着互联网信息技术的发展，人们的消费方式也发生着变化，网络购物越来越受消费者的青睐。根据中国互联网络信息中心（CNNIC）发布的第 53 次《中国互联网络发展状况统计报告》，截至 2023 年 12 月，中国互联网普及率达 77.5 %，网民规模达 10.92 亿，较 2022 年 12 月新增网民 2480 万人。2023 年全国网上零售额达 15.4 万亿元，连续 11 年稳居全球第一；网络购物用户规模达 9.15 亿人，较 2022 年 12 月增长 6967 万人，占网民整体的83.8%。

网络购物市场的蓬勃发展推动了其模式创新，网络直播销售应运而生，成为网络消费增长的新亮点。截至 2023 年 12 月，中国网络视频用户规模达10.67 亿人，占网民整体的 97.7%。新入网的 2480 万网民中，37.8% 的人第一次上网时使用的是网络视频应用，较排名第二的即时通信（16.1%）高出21.7 个百分点。

为顾客创造感知价值成为企业吸引消费者并获得竞争优势的源泉，产品或服务所提供的价值应包括功能价值、情感价值和社会价值等[1]。网络平台泛社交化正在为线上购物提供更多的选择，也促成了更多消费行为的发生[2]。随着互联网的发展，一些社交软件得到了广泛使用，人们通过社交软件随时随地可分享购物体验、心得，消费习惯也随之发生变化，购买前，人们倾向于寻找所购买物品的点评信息，再决定是否购买。满意的购物体验会使消费者自发地在各社交平台上向他人"种草"，通过分享推荐某一商品的优秀品质等，激发消费者购买欲望[3]。而网络直播销售具有实时性，消费者通过直播互动了解他人的购物体验，这在很大程度上会影响其购买行为。越来越多的消费者正从传统电商消费转移到直播电商消费，在 5G 移动通信、大数据分析等新一代信息技术的加持下，在线购物受到消费者的青睐，购物中的差异化供需匹配难度在不断降低，释放了产品或服务的差异化、个性化所蕴含的价值[4]，促进了在线购物的现象级快速发展。

本章从顾客满意度的角度出发，以淘宝直播为研究对象，对网络直播购物的影响因素进行分析。淘宝直播依靠中国最大的电商平台淘宝，其直播营销手段日趋成熟，因此以淘宝直播为例来探究网络直播购物的影响因素有一定代表性。通过对淘宝直播的实证研究，并对研究结果进行分析，以期为直播平台及商家的正确决策提供合理依据。

---

[1] Kim H, Chan H, Gupta S.Value-based Adoption of Mobile Internet: An Empirical Investigation[J]. Decision Support Systems, 2007, 43（1）: 111-126.

[2] 蒋建国，陈小雨.网络"种草"：社交营销、消费诱导与审美疲劳 [J]. 学习与实践，2019（12）: 125-131.

[3] 徐同谦，王志轩.种草类短视频对消费者购买意愿的影响机制 [J]. 中南民族大学学报（人文社会科学版），2023，43（08）: 151-158, 187.

[4] 常耀中.电商直播带货治理模式的结构、成效与转变——交易费用理论视角 [J]. 经济与管理，2024，38（02）: 49-57.

第二节　文献综述

一、顾客满意度研究

（一）顾客满意度概念的研究

顾客满意度的概念由卡多佐（Cardozo，1965）将其引入营销领域，并引发了学者们对顾客满意度的研究，不同学者对顾客满意度的概念有着不同理解[①]。如奥利弗（Oliver，1981）认为顾客满意度是消费者根据其以往购物感受所形成的消费预期，与真实的消费经历是否趋同的一种情感状态[②]。真实的消费经历与其消费预期越趋同，消费满意度就会越高，反之就会越低。威尔顿（Wilton，1988）将顾客满意度定义为客户对所购产品或服务的预期与其实际质量之间的差异。也就是说，如果所购买的产品和服务的实际质量超出了先前的期望，消费者就会感到满意，并且超出的程度越大，顾客的满意度就会越高[③]。

关于顾客满意度的测度研究，科特勒（Kotler，1997）运用顾客让渡价值（CDV）理论来测量顾客满意度，认为顾客让渡价值的高低决定了顾客满意度的高低，即顾客让渡价值＝顾客总价值－顾客成本，顾客总价值包括、服务价值、人员价值、产品价值等，顾客成本包括精力成本、体力成本、时间成本、货币成本等[④]。从这一定义可以看出，企业为顾客所提供的

① Cardozo R N. An Experimental Study of Consumer Effort，Expectation and Satisfaction[J]. Journal of Marketing Research，1965，2（8）：244-249.

② Oliver R L. Measurement and Evaluation of Satisfaction Process in Retail Settings[J]. Journal of Retailing，1981，57（3）：25-48.

③ Wilton T. Models of Consumer Satisfaction：An Extension[J]. Journal of Marketing Research，1988，25（2）：204-212.

④ Kotler P. Marketing Management：Analysis，Planning，Implementation & Control[J]. The Prentice-Hall Series in Marketing，1997，67（11）：297-320.

让渡价值越高，顾客的满意度也就越高。近年来通过评论文本进行主题建模成为探究顾客满意度和需求偏好的主要方法[1]。如易卜拉欣等（Ibrahim et al.，2019）用 LDA 模型和网络分析对推特数据进行分析，为电商平台改进服务提供支持[2]。

中国学者李玉萍、胡培（2015）把顾客满意度定义为消费者对购买服务或产品的可感知效果，与消费者的期望值比较之后所形成的失望或愉悦的感觉状态[3]。这种观点表明，产品、服务越符合顾客的期望，顾客满意度就会越高，反之则会越低。林伟振等（2023）以健康检测穿戴产品为例，识别顾客对健康穿戴产品的关注维度及其对满意度的影响[4]。

从上述文献可以看出，顾客满意度是顾客对产品和服务的实际感知与其期望值之间相比较的结果。如果顾客的实际感知高于期望值就会产生满意感，如果实际感知低于期望值则会产生不满意感。

（二）顾客满意度影响因素的研究

关于传统零售方式中顾客满意度影响因素的研究已积累了丰硕的成果，如布兰德斯福德等（Brandsford et al.，1972）认为公司形象通常代表着公司的综合表现以及在顾客心中的印象，并影响着顾客的购买决策[5]。安德里森（Andreassen，1998）进行了顾客满意度指数的测评研究，发现顾客满意度与公司形象之间存在正向关系[6]。卡斯尔和埃克洛夫（Cassel & Eklof，2001）的

---

① Blei D M，Ng A Y，Jordan M I. Latent Dirichlet Allocation[J]. Journal of Machine Learning Research，2003（3）：993–1022.

② Ibrahim N F，Wang Xiaojun. A Text Analytics Approach for Online Retailing Service Improvement：Evidence from Twitter[J]. Decision Support Systems，2019，121（C）：37–50.

③ 李玉萍，胡培. 顾客网络购物满意度影响因素研究 [J]. 商业研究，2015（1）：161–165.

④ 林伟振，刘洪伟，陈燕君，等. 基于在线评论的顾客满意度研究——以健康监测穿戴产品为例[J]. 数据分析与知识发现，2023，7（05）：145–154.

⑤ Bransford J D，Johnson M K. Contextual Prerequisites for Understanding：Some Investigations of Comprehension and Recall[J]. Journal of Verbal Learning and Verbal Behavior，1972（11）：717–726.

⑥ Andreassen T W. The Effect of Corporate Image in the Formation of Customer Loyalty[J]. Journal of Service Research，1998，1（1）：82–92.

研究表明，企业形象与顾客满意度有着非常紧密的联系，企业形象能明显增加顾客满意度[①]。此外，卡诺（Kano，1984）提出产品和服务的质量与顾客满意度密切相关，并将产品与服务的质量分为期望质量、惊喜质量、当然质量三个等级[②]。可见，在传统零售方式顾客满意度的研究上，形象、产品、服务等已成为重要的评价指标。

在线下零售顾客满意度影响因素研究日趋丰富的同时，国内外学者也加大了对线上零售顾客满意度影响因素的研究。希曼斯基和海斯（Szymanski & Hise，2000）的研究发现，便利性、网站设计和财务安全性与网络购物顾客满意度显著相关[③]。侯君溥和吴文雄（1999）运用案例分析方法研究发现，与网络购物顾客满意度有关的因素主要有后勤支持、技术特征、主页展示、信息特征、产品特征等，其中最主要的影响因素是主页展示[④]。李和林（Lee & Lam，2001）提出四因素模型即顾客服务、商品服务、网站服务以及后勤支持来分析顾客满意度影响因素[⑤]。王海萍（2008）构建了网络顾客满意度指数模型，认为便利性、吸引力、在线质量、交付和购后服务是影响网络顾客满意的主要因素[⑥]。包金龙等（2014）通过问卷调研方法对平台式网络零售顾客满意影响因素进行了实证分析，结果表明，对于平台式网络零售来说，商品质量、价格优势对顾客满意度具有显著的正向影响[⑦]。仲伟仁等（2014）运用美国顾客满意度指数模型（ACSI）展开研究，认为顾客网络购物期望、网络购物感知质量、网络购物满意度、网络顾客忠诚度之间存在显著正相关关

① Cassel C，Eklof J A. Modelling Customer Satisfaction and Loyalty on Aggregate Levels：Experience from the ECSI Pilot Study[J]. Total Quality Management，2001，12（7–8）：834–841.

② Kano. Attractive Quality and Must-be Quality[J]. Journal of the Japanese Society for Quality Control，1984，14（2）：39–48.

③ Szymanski D M，Hise R T. E-satisfaction：An Initial Examination[J]. Journal of Retailing，2000，76（3）：309–322.

④ Ho Chinfu，Wu Wen-hsiung. Antecedents of Customer Satisfaction on the Internet：An Empirical Study of Online Shopping[C]//Hawaii International Conference on Systems Sciences. IEEE，1999.

⑤ Lee M K O，Lam J C Y. A Model of Internet Consumer Satisfaction：Focusing on Web-site Design[D]. HongKong：City University of Hong Kong，2001.

⑥ 王海萍. 网络顾客满意度指数模型构建 [J]. 山东社会科学，2008（04）：101–103.

⑦ 包金龙，侯治平，袁勤俭. 平台式网络零售顾客满意影响因素研究 [J]. 现代情报，2014，34（07）：32–35，39.

系①。尤天慧等（2023）基于在线评论对顾客满意度进行评估，并分析顾客满意度与评估属性的动态关系②。

二、直播购物研究

伴随数字经济的兴起与发展，网络直播购物作为数字化商业的重要实践场景，引起各界的广泛关注③。直播购物是指主播通过网络平台和移动应用以视频的方式向观众实时展示介绍产品等方式，引起受众者购买欲望④。肖国圣和陈珊珊（2021）采用问卷调查的方法对直播过程中消费者购买影响因素进行实证分析，包括感知有用性、直播互动性、娱乐性、直播促销价、意见领袖等，结果显示信任和娱乐性对消费者购买意愿的影响最大⑤。林炜珈等（2017）以沈阳市大学生为调查对象，发现影响大学生观看直播购买的影响因素有商品种类、网购金额、直播时间等⑥。张宝生等（2021）采用了S-O-R模型，论证了直播的可视性、互动性、真实性、娱乐性不仅会对消费者的购买意愿产生推动作用，还会对消费者感知产生正向影响，消费者感知在网络直播特征与消费者购买意愿之间起到部分中介作用⑦。刘洋等（2020）将网络直播购物特征分为互动性、真实性、娱乐性和可视性，并对这些特征对消费

① 仲伟仁，席菱聆，武瑞娟.基于ACSI模型的网络购物满意度影响因素实证研究 [J]. 软科学，2014，28（02）：100-105.
② 尤天慧，陶玲玲，袁媛.基于在线评论的顾客满意度评估方法 [J]. 运筹与管理，2023，32（12）：144-150.
③ 朱逸，朱瑞庭.嵌入数字化商业的多维性关联探究——基于网络直播购物的诠释 [J]. 经济与管理，2022，36（01）：19-25.
④ 谢莹，李纯青，高鹏，等.直播营销中社会临场感对线上从众消费的影响及作用机理研究——行为与神经生理视角 [J]. 心理科学进展，2019，27（06）：990-1004.
⑤ 肖国圣，陈珊珊.网络直播营销对服装消费者购买意愿影响的实证研究——基于结构方程模型 [J]. 当代经济，2021（06）：108-113.
⑥ 林炜珈，李思齐，关亲，耿黎.沈阳市大学生"直播+电商"购买消费行为调查分析 [J]. 黑龙江教育（理论与实践），2017（10）：78-80.
⑦ 张宝生，张庆普，赵辰光.电商直播模式下网络直播特征对消费者购买意愿的影响——消费者感知的中介作用 [J]. 中国流通经济，2021，35（06）：52-61.

者冲动性购买和目的性购买行为的影响机理进行了实证分析①。

　　通过以上文献的整理，可以看出国内外对于顾客满意度的研究成果较多，关注网络购物顾客满意度的文献也越来越多，但是关于近年来快速发展的直播购物顾客满意度的文献并不多。目前国内学者对于电商直播的研究，主要将其视为一种营销手段，研究方向集中在直播营销的现状及其应用上。本章在借鉴前人研究的基础上，以国内典型直播平台淘宝直播为例，运用问卷调查、因子分析、信度分析、回归分析等方法，基于消费者角度探究影响直播购物顾客满意度的因素。

第三节　研究设计

一、满意度指标体系设计

　　本章的测量指标主要采用如下三种方式：一是整理文献，二是收集直播互动中常见问题，三是收集直播商品评价。通过这三种方式，将直播购物顾客满意度影响因素划分为产品属性、广告宣传、直播专业性、直播便利性、物流服务、售后服务、满意度等7大类，构建直播购物顾客满意度指标体系。将这7个维度作为一级指标，选择18个二级指标，这些二级指标即问卷中的题项。

---

① 刘洋，李琪，殷猛.网络直播购物特征对消费者购买行为影响研究 [J]. 软科学，2020，34（06）：108-114.

表 6.1　直播购物顾客满意度测试的指标体系表

一级指标		二级指标	
		数量	内容
顾客满意度	产品属性	4	商品的质量、价格、赠品、种类
	广告宣传	2	可信度、是否增加了购买意愿
	直播专业性	1	主播的专业性
	直播便利性	3	商品清单的提供、购买的便利、开播提示
	物流服务	3	发货时间、运输时间、配送时间
	售后服务	4	商品的一致性、退换货服务、客服解决问题的能力、客服的态度
	满意度	1	总体满意度

二、问卷设计

问卷一共包括三个部分：第一部分，问卷的指导语，包括问卷的研究目的、保密承诺等；第二部分，用于收集被试者的基本信息，包括性别、年龄、学历、收入以及淘宝直播的使用状况，将变量定义为 Q1—Q6；第三部分，用于反映直播购物顾客满意度的 18 个测量指标，变量定义为 Q7—Q24，见表 6.2。

表 6.2　直播购物顾客满意度测试的变量定义表

序号	二级指标（量表中的问题）	定义变量名
1	我认为淘宝直播商品的质量很好	Q7
2	我认为淘宝直播商品的价格很优惠	Q8
3	在淘宝直播中购买的商品会附赠许多赠品	Q9
4	淘宝直播商品种类繁多，我能挑选到合适的商品	Q10
5	我认为淘宝直播中商品的广告宣传可信度很高	Q11
6	经过广告宣传，我购买了原本没有打算购买的商品	Q12
7	在观看淘宝直播时，主播对商品的介绍增加了我对商品的了解	Q13

（续表）

序号	二级指标（量表中的问题）	定义变量名
8	直播前，主播会提供此次直播促销的商品清单	Q14
9	我能够提前订阅直播，在开播前收到提示信息	Q15
10	在淘宝直播中购买商品十分方便，没有复杂的操作步骤	Q16
11	商品下单后，商家能够很快发货	Q17
12	商品能够在商家保证的时间内到达	Q18
13	我能够自主选择配送时间	Q19
14	我收到的商品与直播中展示的商品一致	Q20
15	收到商品不满意时，客服能很好地解决我的问题	Q21
16	当我需要退换货时，商家能够承担我的运费	Q22
17	我认为客服的态度很好	Q23
18	您对淘宝直播是满意的	Q24

三、数据收集

问卷采用李克特五级量表对淘宝直播购物的满意度进行量化处理，包括完全不同意（1）、不同意（2）、一般（3）、同意（4）、完全同意（5）5个等级。问卷选择在问卷星网站上发布，至回收截止日期2020年3月29日，问卷共回收300份。为了确保数据的质量，将问卷中的无效问卷剔除。剔除的方式有以下几种：（1）问卷设置的逻辑题中没有关注过直播购物的调查者；（2）问卷中注意力检测填写错误的调查者；（3）填写问卷不足80秒的调查者；（4）测量题项中全部选择同一个题项的调查者。将前后答案矛盾、所有问题选择同一种答案、没有使用过淘宝直播的无效问卷剔除，最终获得有效问卷258份。

第四节　实证分析

本章的数据分析采用 IBM SPSS Statistics 23.0 统计软件，包括样本的描述性统计分析、因子分析、信度检验、回归分析，分析结果如下。

一、描述性统计分析

单击"分析→描述统计→频率"，选择变量 Q1—Q6，对所选样本描述性统计结果如表 6.3 所示。第一，从性别层面来看，填写此次问卷的所有样本中，女性占比 70.2%，男性占比 29.8%，男性样本少于女性样本。第二，从年龄层面来看，18—25 岁占比 47.3%，26—30 岁占比 25.6%，31—40 岁占比 18.6%，40 岁以上占比 8.5%。其中 18—25 岁的年轻人占比最多，可见直播购物在年轻人中较为流行。第三，从教育层面来看，高中/中专及以下学历占比 11.2%，大专学历占比 19.4%，本科学历占比 65.1%，硕士及以上学历占比 4.3%。该比例显示，受教育程度越高，选择直播购物的可能性越大，这可能与顾客的认知能力有关。第四，从收入层面来看，1000 元及以下占比 9.3%，1001—2000 元占比 27.1%，2001—3000 元占 20.5%，3000 元以上占比 43%。数据表明，随着月可支配收入的提高，直播购物逐渐成为购物的重要选择。第五，从购物平台层面来看，经常在淘宝直播中购物的人数较少，仅占 24%，76% 的人偶尔在淘宝直播中购物。第六，从商品种类层面来看，美妆、护肤品类，食品类，服装类比较受顾客欢迎，分别占比 64.7%、67.1%、69.8%，这可能与女性被试者占多数有关。

表 6.3　调查问卷的样本描述性统计表

指标	分类	百分比（%）
性别	男	29.8
	女	70.2
年龄	18—25 岁	47.3
	26—30 岁	25.6
	31—40 岁	18.6
	40 岁以上	8.5
学历	高中 / 中专及以下	11.2
	大专	19.4
	本科	65.1
	硕士及以上	4.3
每月可支配收入	1000 元及以下	9.3
	1001—2000 元	27.1
	2001—3000 元	20.5
	3000 元以上	43
是否在淘宝直播中购买商品	购买过但次数少	76
	常常在直播中购买商品	24
购买商品种类	美妆、护肤品类	64.7
	数码产品类	40.3
	食品类	67.1
	服装类	69.8
	其他	6.6

二、因子分析

KMO 测度和巴特利特球形检验能够判断数据是否适合做因子分析。KMO 的取值若在 0—1 之间，并且 KMO 值越接近 1，表示变量之间的相关性越强，越适合做因子分析。根据 Kasier 给出的测量标准，KMO 值大于 0.7 就是可以接受的，适合做因子分析。如表 6.4 所示，KMO 值为 0.912，大于 0.7，说明数据十分适合做因子分析。巴特利特球形检验近似卡方值为 1450.612，自由度为 136，显著性小于 0.1，通过了水平为 1% 的显著性检验。由此可知，量表数据非常适合进行因子分析。

表 6.4　调查问卷的 KMO 和巴特利特球形检验结果

KMO 取样适切性量数		0.912
巴特利特球形检验	近似卡方	1450.612
	自由度	136
	显著性	0.000

表 6.5 是采用主成分提取法提取的公因子方差表。除变量 Q16（在淘宝直播中购买商品十分方便，没有复杂的操作步骤）提取度为 47.3%，保留信息较少之外，其余变量的提取度都在 50% 以上，可见丢失信息较少，共同度较高，提取因子对原始变量的解释效果较好。

表 6.5　调查问卷的公因子方差表

变量	初始	提取
Q7	1	0.632
Q8	1	0.624
Q9	1	0.576
Q10	1	0.626
Q11	1	0.685
Q12	1	0.595
Q13	1	0.668
Q14	1	0.635
Q15	1	0.716
Q16	1	0.473
Q17	1	0.76

（续表）

变量	初始	提取
Q18	1	0.623
Q19	1	0.568
Q20	1	0.505
Q21	1	0.652
Q22	1	0.502
Q23	1	0.656

表 6.6 是指定提取 5 个因子的总方差解释表。提取的 5 个因子累计方差解释比为 61.746%，大于 60%[①]，因此是可靠的。

表 6.6　调查问卷的总方差解释表

成分	初始特征值			提取载荷平方和			旋转载荷平方和		
	总计	方差（%）	累积（%）	总计	方差（%）	累积（%）	总计	方差（%）	累积（%）
1	6.322	37.19	37.19	6.322	37.19	37.19	2.206	12.975	12.975
2	1.248	7.339	44.529	1.248	7.339	44.529	2.205	12.973	25.948
3	1.115	6.56	51.089	1.115	6.56	51.089	2.205	12.972	38.92
4	0.924	5.438	56.527	0.924	5.438	56.527	2.128	12.516	51.436
5	0.887	5.219	61.746	0.887	5.219	61.746	1.753	10.311	61.746
6	0.808	4.755	66.501						
7	0.757	4.456	70.957						
8	0.667	3.922	74.879						
9	0.621	3.654	78.533						
10	0.574	3.376	81.909						
11	0.54	3.178	85.087						

① 吴明隆.问卷统计分析实务 [M].重庆：重庆大学出版社，2010.

（续表）

成分	初始特征值			提取载荷平方和			旋转载荷平方和		
	总计	方差（%）	累积（%）	总计	方差（%）	累积（%）	总计	方差（%）	累积（%）
12	0.506	2.975	88.062						
13	0.487	2.867	90.929						
14	0.432	2.541	93.47						
15	0.383	2.256	95.726						
16	0.373	2.196	97.922						
17	0.353	2.078	100						

表6.7是旋转后的成分矩阵。由表6.7可知，成分1包括变量Q7、Q8、Q19、Q20、Q22；成分2包括变量Q10、Q11、Q12；成分3包括变量Q21、Q23；成分4包括变量Q9、Q13、Q14、Q15；成分5包括变量Q16、Q17、Q18。

表 6.7 调查问卷旋转后的成分矩阵 [a]

变量	成分				
	1	2	3	4	5
Q19	0.662				
Q22	0.644				
Q8	0.569	0.317		0.39	
Q7	0.504	0.46	0.391		
Q20	0.452		0.355		0.309
Q10		0.695			
Q12		0.658		0.326	
Q11	0.414	0.648			
Q23			0.742		
Q21	0.319		0.706		

（续表）

变量	成分				
	1	2	3	4	5
Q13		0.458	0.464	0.371	
Q15				0.746	
Q9				0.626	
Q14			0.502	0.604	
Q17					0.783
Q18				0.353	0.617
Q16				0.379	0.435

注：提取方法：主成分分析法。旋转方法：凯撒正态化最大方差法，a旋转在9次迭代后已收敛。

　　根据因子分析的结果，分别对各个因子进行命名。因子1为购物保障性因子（SP），包括商品质量保障、商品价格保障、商品配送时间保障、商品退换货保障、商品一致性保障5个变量。因子2为商品信息因子（PI），包括可供顾客选择商品的种类、商品广告宣传的可信度以及广告宣传的效果3个变量。因子3为客服质量因子（SQ），包括客服解决问题的能力、客服的态度2个变量。因子4为直播质量因子（LQ），包括在直播中购买的商品是否附赠赠品、主播的专业能力、提前提供直播商品清单、具有开播提示4个变量。因子5为购物便捷性因子（SC），包括简便的操作步骤、能快速发货、快速到货3个变量。

三、信度检验

　　信度分析又称可靠性检验，用于检验问卷收集到的数据结果是否一致，本章采用的检测方法是克隆巴赫 α（Cronbach's Alpha）系数。通常情况下Cronbach's Alpha 系数达到 0.6 以上，表示该问卷的数据结果有较好的一致性。根据因子分析的结果，对 5 个因子进行了信度分析（见表 6.8）。由表 6.8 可知，各个因子的信度 α 值均大于 0.6，均符合进一步研究的标准，即说明各个因子的数据可靠性良好。

表 6.8　直播购物满意度影响因子的 Cronbach's Alpha 系数

影响因子	项数	Cronbach's Alpha 系数值
购物保障性	5	0.726
商品信息	3	0.674
客服质量	2	0.643
直播质量	4	0.704
购物便捷性	3	0.682

四、回归分析

运用回归分析探究上述 5 个因子与直播购物顾客满意度之间的关系，并建立回归模型。将购物保障性（SP）、商品信息（PI）、客服质量（SQ）、直播质量（LQ）、购物便捷性（SC）5 个因子作为自变量，因变量为 Q24（您对淘宝直播是满意的）即总体满意度（CS），建立回归模型如下：

$$CS = \alpha_0 + \alpha_1 SP + \alpha_2 PI + \alpha_3 SQ + \alpha_4 LQ + \alpha_5 SC + \theta \tag{1}$$

由表 6.9 可知，模型的拟合优度 $R^2 = 0.37$，调节后的 $R^2 = 0.358$，说明模型对原始数据的解释性较好。根据表 6.10，模型的 F = 29.627，且其显著性为 0.000 明显小于 0.05，这说明该线性模型整体显著。在表 6.11 中，由变量回归系数显著性 t 检验的结果可知，购物保障性的 p 值为 0，小于 0.05，因此该回归系数是显著的，同理，客服质量、购物便捷性的 p 值为 0，直播的 p 值为 0.024，都是显著的。而商品信息的 p 值为 0.513，大于 0.05，是不显著的，表明商品信息对于直播购物顾客满意度的影响是不显著的。因此，可以建立回归方程：直播购物满意度 = 0.417 × 购物保障性 + 0.033 × 商品信息 + 0.374 × 客服质量 + 0.114 × 直播质量 + 0.206 × 购物便捷性。

表 6.9　直播购物满意度与 5 个影响因子的模型参数表

模型摘要 [a]					
模型	R	R^2	调整后 R^2	标准估算的误差	德宾 – 沃森
1	0.608[b]	0.37	0.358	0.5	1.904

注：a 因变量：24、您对淘宝直播是满意的。b 预测变量：（常量），购物便捷性，直播质量，客服质量，商品信息，购物保障性。

表 6.10　直播购物满意度与 5 个影响因子的方差分析表

ANOVA[a]					
模型	平方和	自由度	均方	F	显著性
1　回归	37.05	5	7.41	29.627	0.000[b]
残差	63.028	252	0.25		
总计	100.078	257			

注：a 因变量：24、您对淘宝直播是满意的。b 预测变量：（常量），购物便捷性，直播质量，客服质量，商品信息，购物保障性。

表 6.11　直播购物满意度与 5 个影响因子的回归系数表

系数 [a]							
模型	未标准化系数		标准化系数	t	显著性	共线性统计	
	B	标准误差	Beta			容忍度	VIF
1　（常量）	3.264	0.031		104.818	0		
购物保障性	0.26	0.031	0.417	8.339	0	1	1
商品信息	0.02	0.031	0.033	0.656	0.513	1	1
客服质量	0.234	0.031	0.374	7.487	0	1	1
直播质量	0.071	0.031	0.114	2.27	0.024	1	1
购物便捷性	0.128	0.031	0.206	4.117	0	1	1

注：a 因变量：24、您对淘宝直播是满意的。

根据上述分析结果，可以看出各变量的重要性依次为购物保障性、客服质量、购物便捷性、直播质量、商品信息。（1）购物保障性成为影响直播购物顾客满意度最重要的因素。购物有保障是吸引顾客、留住顾客的首要前提，以此为前提顾客就会感受到购物的安全感，满意度也会提高。（2）客服质量是第二重要因素。顾客在购物前中后难免会有疑问，向客服咨询时若能得到满意的答复，无疑会心情愉悦。这一发现说明消费者在购物过程中的情感体验越来越重要。（3）购物便捷性是第三重要的因素。这主要是因为，随着新一代信息技术的发展，人们越来越追求购物的方便快捷，希望减少时间成本。直播购物应抓住这一趋势，在保质保量的基础上为顾客提供更加方便快捷的服务。（4）直播质量是第四重要因素。人们选择在直播中购物，直播的质量影响着消费体验。与此直接相关的便是主播的能力，好的主播解说有力，具有人格魅力，容易让顾客记住，有利于形成一批忠实顾客。（5）商品信息的偏回归系数是不显著的，在5个影响因素中排最后。本章中的商品信息主要是商品的广告宣传，其结果不显著可能是因为消费者对广告的厌倦等，造成了消费者的麻木心理，因此，广告的真实度和质感显得十分重要。

第五节　结论及启示

一、结论

本章以淘宝直播为例，探讨顾客在直播中进行购物时影响其满意度的因素，并得出以下结论：

（1）通过因子分析提取出影响直播购物满意度的5个因子，分别为购物保障性、商品信息、客服质量、直播质量、购物便捷性。结果显示这五大因素是影响消费者直播购物的重要因素，且各个因素产生的影响存在异质性。

（2）通过多元线性回归分析确定5个因子的重要性程度，从高到低依次为购物保障性、客服质量、购物便捷性、直播质量、商品信息。其中购物保障性包括商品质量保障、商品价格保障等，验证了狩野纪昭（1984）提出的产品和服务的质量与顾客满意度密切相关的观点。

（3）顾客对购物保障性、客服质量、购物便捷性、直播质量4个因子的满意度较高，尤其是购物保障性因子中的商品价格因素、客服质量因子中的客服态度因素、购物便捷性因子中的操作简便因素和直播质量因子中的主播专业度因素，整体比较满意。对于商品信息因子中的广告真实性因素整体满意度较低。

（4）购物保障性是影响直播购物顾客满意度最重要的因素，商品的实用性价值是消费者关注的重点；其次，客服质量对于直播购物有重要影响，提高客服的服务素质非常必要；再次，购物便捷性、直播质量、商品信息真实性是影响直播购物的重要选择依据，不可忽视。

二、启示建议

（一）完善从购前到购后的购物保障机制是提升直播购物满意度的基础

首先是产品保障。一般消费者看到产品或者听到对产品的描述才会产生购物的欲望，因此产品的价格、质量、种类、库存等都应该得到保障。直播购物虽然能清楚看到产品的外形，但是商家应该尽量避免直播中的商品与顾客收到的商品差距过大，保障其一致性。其次是安全保障。消费者在购买商品时填写的收货信息以及支付密码，涉及个人信息安全以及财产安全，商家有责任确保这些信息不泄露。最后是物流保障，商品发货不及时、未在规定时间内送达、配送时间过长等势必会影响顾客的满意度。为此，需要商家与物流公司共同努力：商家要做到将当天的订单尽量全部发出；物流公司加快运输以及货物周转效率，对快递员加强培训确保其在配送时态度良好。

（二）客服人员的专业化水平是提升直播购物满意度的关键

在网上购物，客服相当于实体店中的售货员，是直面顾客的营销者。因此，客服应不断地提高专业知识能力，熟知经销商品的有关信息并且保持热情的态度。直播购物的商品评价中，顾客给差评的原因多与客服缺乏专业性有关，无法为顾客提供专业的解答与应对。因此，直播平台的商家应该加强对客服人员的培训及考核，不断提高客服人员的专业涵养，提升客服服务的质量，从而提高顾客的信任度和忠诚度。

（三）优化购物便捷性是提升直播购物满意度的保障

直播电商需要不断优化购物全流程服务，让消费者能够更加方便快捷地进行购物。提供多种支付方式、优化购物页面设计、提高页面加载速度等，这些优化措施可以让消费者在购物过程中更加顺畅，提高购物的满意度和忠诚度。同时要优化直播购物中的售前、售中和售后一体化服务，提升消费者购物的消费体验感，促进直播带货更好地发挥刺激消费的载体职能。

（四）签约人气主播提高平台竞争力是提升直播购物满意度的支撑

随着市场的不断发展，直播平台的数量日益增长并各具特色，提高平台的竞争力就显得尤为重要。国内现有的人气主播，如拥有千万粉丝的"口红一哥"李佳琦直播 4 小时商品成交量数十万单、非典型主播董宇辉"与辉同行"直播首秀一夜吸金 1.5 亿元，优秀的主播拥有丰富的直播经验，专业能力过硬，懂得如何吸引顾客。人气主播拥有强大的粉丝基础，一旦签约将会带来大量新用户，为平台赢得声誉，平台原有用户也会成为主播的新粉丝，因此，好平台＋好主播是一个双赢的选择。

附录

淘宝直播购物的顾客满意度影响因素的调查问卷

尊敬的女士 / 先生：

您好！我是来自《中国零售业数字化创新与转型研究》课题组，本次问卷的目的是调查直播购物顾客满意度的影响因素。所选答案没有对错之分，请根据您的实际情况进行填写。本次调查是以匿名的形式进行，问卷结果仅供研究使用，并将严格地对您提供的任何信息，予以保密。最后，非常感谢您的参与！

第一部分　个人基本信息

1. 您的性别 *

　　A. 男　　　　B. 女

2. 您的年龄 *

　　A. 18–25 岁　　　　B. 26–30 岁　　　C. 31–40 岁　　　　D. 41 岁以上

3. 您的学历 *

　　A. 高中 / 中专及以下　　　　B. 大专

　　C. 本科　　　　　　　　　　D. 硕士及以上

4. 您每月可支配的收入 *

　　A. 1000 元及以下　　　　B. 1001—2000 元

　　C. 2001—3000 元　　　　D. 3000 元以上

第二部分　直播购物顾客满意度的影响因素调查

5. 你是否会在淘宝直播中购买商品 *

　　A. 从来没有购买过　　B. 购买过但次数少　　C. 常常在直播中购买商品

6. 您比较喜欢什么类型的购物直播 *[多选题]

　　A. 美妆、护肤品类　　B. 数码产品类　　　　C. 食品类

　　D. 服装类　　　　　　E. 其他

7. 我认为淘宝直播商品的质量很好 *

　　A. 完全不同意　　B. 不同意　　C. 一般　　D. 同意　　E. 完全同意

8. 我认为淘宝直播商品的价格很优惠 *

　　A. 完全不同意　　B. 不同意　　C. 一般　　D. 同意　　E. 完全同意

9. 在淘宝直播中购买的商品会附赠许多赠品 *

　　A. 完全不同意　　B. 不同意　　C. 一般　　D. 同意　　E. 完全同意

10. 淘宝直播商品种类繁多，我能挑选到合适的商品 *

　　A. 完全不同意　　B. 不同意　　C. 一般　　D. 同意　　E. 完全同意

11. 我认为淘宝直播中商品的广告宣传可信度很高 *

　　A. 完全不同意　　B. 不同意　　C. 一般　　D. 同意　　E. 完全同意

12. 经过广告宣传，我购买了原本没有打算购买的商品 *

　　A. 完全不同意　　B. 不同意　　C. 一般　　D. 同意　　E. 完全同意

13. 在观看淘宝直播时，主播对商品的介绍增加了我对商品的了解 *

　　A. 完全不同意　　B. 不同意　　C. 一般　　D. 同意　　E. 完全同意

14. 直播前，主播会提供此次直播促销的商品清单 *

　　A. 完全不同意　　B. 不同意　　C. 一般　　D. 同意　　E. 完全同意

15. 我能够提前订阅直播，在开播前收到提示信息 *

　　A. 完全不同意　　B. 不同意　　C. 一般　　D. 同意　　E. 完全同意

16. 在淘宝直播中购买商品十分方便，没有复杂的操作步骤 *

　　A. 完全不同意　　B. 不同意　　C. 一般　　D. 同意　　E. 完全同意

17. 商品下单后，商家能够很快发货 *

　　A. 完全不同意　　　B. 不同意　　　C. 一般　　　D. 同意　　　E. 完全同意

18. 商品能够在商家保证的时间内到达 *

　　A. 完全不同意　　　B. 不同意　　　C. 一般　　　D. 同意　　　E. 完全同意

19. 我能够自主选择配送时间 *

　　A. 完全不同意　　　B. 不同意　　　C. 一般　　　D. 同意　　　E. 完全同意

20. 我收到的商品与直播中展示的商品一致 *

　　A. 完全不同意　　　B. 不同意　　　C. 一般　　　D. 同意　　　E. 完全同意

21. 收到商品不满意时，客服能很好地解决我的问题 *

　　A. 完全不同意　　　B. 不同意　　　C. 一般　　　D. 同意　　　E. 完全同意

22. 当我需要退换货时，商家能够承担我的运费 *

　　A. 完全不同意　　　B. 不同意　　　C. 一般　　　D. 同意　　　E. 完全同意

23. 我认为客服的态度很好 *

　　A. 完全不同意　　　B. 不同意　　　C. 一般　　　D. 同意　　　E. 完全同意

24. 您对淘宝直播是满意的 *

　　A. 完全不同意　　　B. 不同意　　　C. 一般　　　D. 同意　　　E. 完全同意

第七章　数字经济下零售企业数字化创新与转型的多案例研究

第一节　绪论

推动企业创新是实现经济高质量发展的重要抓手，大数据、人工智能、云计算等新一代数字技术正在重塑企业组织管理，加速企业运营模式的变革发展，成为企业获取竞争力优势的重要手段。促进数字技术与实体经济深度融合，充分发挥数据要素乘数效应，提升企业创新能力，正是数字强国战略中数字驱动创新的重要目标[①]。《"十四五"数字经济发展规划》中提出，要加快企业数字化转型升级，引导企业强化数字化思维，全面系统推动企业研发设计、生产加工、经营管理、销售服务等业务数字化转型，这为企业数字化发展和创新带来了新的发展契机。

企业数字化创新的关键是增强数字技术创新能力，推进数字技术创新突破工程，通过数字化转型战略赋能企业升级，实现数字化创新以增强企业的竞争力，使得数字企业发挥引领以及赋能其他产业的作用，有助于发展数字

---

① 叶举，艾玮炜.市场竞争中的企业数字变革：赋能创新的影响研究 [J]. 当代经济科学，2024，46（03）：80-94.

经济，加快数字中国建设[①]。企业是产业转型升级的主体，企业数字化转型也是数字经济发展的微观基础[②]。数字经济时代跨界融合成为新的发展趋势，零售企业的数字化转型升级，通过零售"场"内外紧密联结，形成多维稳定的消费者数据源，并支撑零售企业与消费者价值共创[③]。

为应现在经营环境的高度不确定性和复杂性，在经济恢复的要求以及宏观政策的驱动下，零售企业数字化转型加速成为企业生存和发展的必然选择。零售业是商贸流通业"提质增效"转型升级的关键行业，零售业传统粗放式增长模式已不适应新发展格局的要求，虽然疫情会给消费市场带来冲击，但潜在的消费需求将为零售业的发展提供支撑，且零售业自身具备增长潜力和转型空间。因此零售企业应尽快实行全渠道数字化融合的零售新模式，促进门店业务场景升级，推广"无接触式"销售，实现配送到家业务升级，利用互联网、云计算、大数据等技术优势完成零售业的数字化转型。数字经济时代背景下，零售企业应当如何实现数字化创新与转型、应该如何提升经营服务等，成为零售企业转型发展中亟须解决的重要问题。

第二节　文献综述

一、数字化转型研究

随着互联网的快速发展，网络零售逐渐成为人们生活中进行消费的主要途径，许多零售企业不断寻求转型之路。国内学者对于零售在特殊环境下

① 余江，白宇彤，孟庆时，等.数字化转型战略对企业数字创新绩效影响研究 [J].科研管理，2024，45（04）：1–11.

② 姚小涛，亓晖，刘琳琳，等.企业数字化转型：再认识与再出发 [J].西安交通大学学报（社会科学版），2022，42（03）：1–9.

③ 梁威，王建.数字经济赋能零售企业国际化：机制、制约与对策 [J].国际贸易，2024（01）：40–49.

的数字化转型讨论较少，大多为定性分析。杨坚争等（2018）结合商业模式组成要素从5方面提出中国零售企业未来转型的路径选择，得出转型后的新零售模式要以消费者为核心，实现各主体间互利共赢的结论[①]。崔明和马童（2019）论证了消费者需求的变化和消费者行为的转变是影响实体书店转型的两大关键因素，由此把握转型方向，提出科学转型策略[②]。安彬等（2019）认为产品战略的转型是推动零售银行创新与升级的关键所在[③]。刘向东和汤培青（2018）基于零售商数字化转型之路的不同阶段分析，提出要学习领先企业的方法和经验，找到适合自身发展的转型路径[④]。焦志伦和刘秉镰（2019）经过建立基于消费者渠道行为的 Logit 离散选择模型，探讨了不同种类零售领域实现转型升级的路径[⑤]。

　　通过梳理上述文献可知，现有研究可以提供理论层面的参考价值，但仍存在如下两点不足。一是在一些特殊时期，零售业如何继续存活并发展成为重要的现实问题，既有研究大多从宏观层面阐述怎样进行数字化转型升级，亟须从微观企业层面进行深入探讨；二是缺少典型案例分析，特殊时期既带来危机，也孕育发展的新机，倒逼企业为了生存发展进行经营战略、服务模式等重构变革。因此，本章将运用描述性案例和多案例分析方法对零售企业进行对比研究。

二、配送到家的研究

　　"懒人经济""生活快节奏"改变着人们的生活方式，促进了即时配送物

---

① 杨坚争，齐鹏程，王婷婷."新零售"背景下我国传统零售企业转型升级研究 [J]. 当代经济管理，2018，40（09）：24-31.

② 崔明，马童. 文化社交——新零售背景下实体书店转型之路 [J]. 编辑之友，2019（03）：28-33.

③ 安彬，张曦如，安博. 基于"以客户为中心"的零售银行产品战略转型研究 [J]. 新金融，2019（01）：43-46.

④ 刘向东，汤培青. 实体零售商数字化转型过程的实践与经验——基于天虹股份的案例分析 [J]. 北京工商大学学报（社会科学版），2018，33（04）：12-21.

⑤ 焦志伦，刘秉镰. 品类差异下的消费者购物价值与零售业转型升级路径——兼议"新零售"的实践形式 [J]. 商业经济与管理，2019（07）：5-17.

流市场的发展，更多的人可以享受平台提供的便捷到家服务。即时零售是数字经济下联动电商平台和实体零售提升配送效率的新型零售业态①。新冠疫情让"无接触配送"家喻户晓，中国经济高质量发展要求也使城市末端配送模式转型升级迫在眉睫②。配送到家模式是指商家在半径3千米的商圈内提供的2小时内高频商品配送和上门服务，商品品类主要是生鲜和超市用品。盒马鲜生就是生鲜企业的发展典范，它正在不断形成规模化的盈利门店，覆盖新的到家用户，建立顾客的在线链接，激活用户。国内学者对于配送到家的文献涵盖较少。刘向东和张舒（2019）提出，在到家模式中，零售商提供基于定位的快速配送到家服务，搞定了消费的最后一公里难题，进一步降低客户到店购物的各种成本③。谢平和徐迪（2023）基于疫情环境下双渠道零售商门店配送策略进行分析，提出受疫情催化，"线上购买、门店发货"的门店配送模式成为零售业数字化转型的关键策略④。李佳（2019）认为智慧物流可以很好地和新零售相融合，新零售也可以为智慧物流提供用户消费数据，实现线上线下一体化⑤。赵树梅等（2019）认为当今倡导的新物流并不完全指新零售模式下的物流，它应当是物流全情景、全要素、全流程的重塑，是对传统物流的整体升级的理念⑥。

许多零售企业积极发展线上业务，配送模式呈现智慧物流形式，其中典型的就是配送到家模式。从现有文献看，既有研究可为本章提供理论上的借鉴，但是对于配送到家的具体呈现形式和发展路径，本章将进行具体研究。

---

① 李宗活，李善良，陈祥锋，等.考虑消费者时间价值的平台供应链即时零售引入策略［J/OL］.中国管理科学，1-25［2024-06-08］.https://doi.org/10.16381/j.cnki.issn1003-207x.2023.1533.

② 赵敏，夏同水.后疫情时代城市末端配送转型升级动力机制研究［J］.经济问题，2023（04）：113-121.

③ 刘向东，张舒.网络销售到家模式与实体零售：挤出或溢出？［J］.消费经济，2019，35（05）：43-52.

④ 谢平，徐迪.疫情环境下双渠道零售商门店配送策略的采取决策［J/OL］.中国管理科学：1-16［2024-06-08］.https://doi.org/10.16381/j.cnki.issn1003-207x.2022.1854.

⑤ 李佳.基于大数据云计算的智慧物流模式重构［J］.中国流通经济，2019，33（02）：20-29.

⑥ 赵树梅，门瑞雪."新零售"背景下的"新物流"［J］.中国流通经济，2019，33（03）：40-49.

第三节　零售企业数字化创新转型的动力机制

一、特殊环境的倒逼机制

数字经济时代，人们可以足不出户就能完成很多事情，如居家办公、网上学习、手机下单送货上门等"无接触式"服务。新冠疫情深刻影响着居民的生活方式、工作方式以及社会治理等，政府部门呼吁市民减少外出购物等消费活动，大力支持"无接触"服务，这意味着零售业应具备危中有机、稳中求进的观念。受疫情影响，零售企业经营业绩直线下滑、现金流紧张，倒逼企业业务在线化。数字信息技术助推零售企业提升数字化和智能化水平，向"无接触"服务转型升级，促进"非接触型经济"的崛起，从而实现配送到家业务的升级。

二、信息技术变革发展的助推

数字经济时代，顾客信息呈现井喷式增长状态，对零售业带来了很大影响。大数据技术能够使零售业在商铺、消费者、产品、出售等方面兼具敏锐的决断力：大数据可收集到线下客户的活动轨迹，企业可根据数据分析预测客户的需求及变化，并推广相应的经营战略；大数据可以多维分析人群画像，企业可了解客户各方面的喜好，按照客户的偏好生产相应产品。

区块链技术由早期的货币加密支付，拓展应用到物流链管理、食品安全、客户数据管理等模块，其核心理念是采用区块链技术来提升产品的可追踪性，最终目的是提升客户和企业的信任度。用区块链技术实现零售商之间数据信息共享，可打破零售行业原有的利益割据局面，促进零售业与上下游产业进行跨界融合发展。

三、消费者行为的新变化

随着信息技术的发展，消费者的消费行为出现了到店消费、居家消费和拼团消费三种类型。到店消费群体以中老年人为主，该类人群的主要需求是门店体验和品质保证。居家消费群体主要是年轻一代和宝妈团体，该类人群的主要需求是省时便利和产品创新，企业可以通过品牌联名推出新产品。拼团消费群体涵盖范围较广，该类人群的主要需求是价格和品质，以线上服务为主，消费者提前预付款项，由平台统一采购配送，企业以较低价格吸引消费者。

四、竞争策略的数字化调整

对应零售不同发展阶段的角色定位，其核心价值也在发生变化。新零售阶段将消费者作为根本出发点，以大数据为驱动核心，将不同类型的消费者吸引到不同类型的消费平台上，创造新的独立于零售和商品本身的价值。在此背景下，消费方式的变化创造出新的内容，如个性化推送、线下门店体验、移动支付、配送到家等成为不同零售企业培育竞争力的主要抓手，也是新零售吸引客户的核心价值来源。以拓展用户需求的自营优选模式为例，实体企业、新兴服务行业、网络信息、产业资本、创业投资等因素可以重组为一种新资本来构造供应渠道，在了解家庭消费特性基础上，提供全品种、高频次的快速消费品、生活用品和生鲜三品的应时供给。而这样的消费模式正是数字经济时代下的零售区别于其他零售模式的核心竞争力[1]。

五、运营模式的数字化探索

数字经济时代下，零售企业所能运用的经营手段，正在从传统零售阶段

---

[1]　李然，王荣.实体商业创新转型下的"新零售"运营模式深度研究[J].管理现代化，2020，40（01）：93-96，120.

的线下单渠道形式到电子商务阶段较弱的线上线下相结合的多渠道形式，再到新零售阶段较强的线上线下深度融合的全渠道形式转变，形式更加丰富完备。实体零售是传统零售业最主要的载体，多表现为现时消费，适用于各个年龄阶段的消费者。数字经济时代的到来，大数据、云计算、人工智能等新一代信息技术，助推了线上零售的诞生及快速发展，零售企业依靠数字技术优势、资本优势、流量优势，依托电商平台扩大竞争优势，由此线下线上的界限被打破。如何运用大数据的优势进行智能决策，最终实现可视化并满足客户体验感，成为零售业运营模式新的探索。线上线下一体化已成为零售运营模式的新发展趋势[①]。

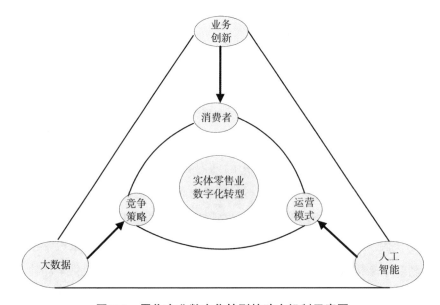

图 7.1　零售企业数字化转型的动力机制示意图

---

① Grewal D，Roggeveen A L，Nordfält J. The Future of Retailing[J]. Journal of Retailing，2017，93（1）：1–6.

第四节 零售企业数字化创新转型的案例分析

一、研究方法

在大数据给零售业带来新挑战与新机遇的情况下，通过企业案例研究，能更为直接地透析零售业的创新转型。通过采用描述性案例分析和多案例分析①的研究方法，可以确保探究结果的稳定性、实效性、严谨性。按照案例研究的步骤，选择具有代表性的三大零售企业，对零售企业数字化创新转型进行分析。

二、案例选择

研究焦点是分析零售企业的创新转型，选择案例时基于以下原则：一是兼顾零售企业的代表性。主要围绕能够供给人们日常生活的企业进行分析，因为有些企业的主营业务范围太宽泛，不能更好地为分析零售业如何实现数字化转型提供普适性的参照。因此，选取的案例都是深受消费者喜爱的代表性企业，都具有良好的市场基础和品牌效应。二是业绩表现突出的企业。永辉超市、步步高、红蜻蜓这三大企业在供货能力、配送服务、社群营销方面的探索，成为当时零售行业的标杆。三是隶属于不同主营业务领域的企业。永辉超市主打生鲜农副产品，步步高主营百货日用品，红蜻蜓主营鞋和服装。选取的企业主营业务产品都是和消费者日常生活息息相关的，这样可以让研究结果更具有实用性。被选的零售企业都表现亮眼，为其他零售企业树

---

① Goh S，Elliott C，Richards G. Performance Management in Canadian Public Organizations：Findings of a Multi-case Study[J]. International Journal of Productivity and Performance Management，2015，64（2）：157–174.

立了典范,可提供数字化转型的经验。基于此,本章确定了永辉超市、步步高、红蜻蜓为典型案例进行分析。

三、数据收集

本章数据收集过程遵循"三角验证"原则,主要包括现场观察与消费体验、文献资料和外部公开资料等。课题组先后于 2019 年 9 月、2020 年 1 月分别在江苏、四川对三大企业进行走访考察。调研结果初步了解到,永辉超市与第四范式宣布战略合作,力图打造"科技永辉",实现智慧零售;步步高打造了 O2O 实体店和云猴全球购线上线下融合发展,彰显数据驱动下零售谋求转型的强烈愿望;红蜻蜓和阿里云展开深度战略合作,力求全面推动整体数字化转型。

为确保案例分析的信效度,选择用以下方法采集数据:一是通过永辉超市、步步高、红蜻蜓公司的官方网站,搜集包括企业发展历程、企业文化、企业业务以及数字化转型方面的文本资料;二是通过中国知网、中国商网、联商网等途径搜集案例零售企业的相关期刊,对已公开发表的文献资料进行系统分析;三是在百度、微信公众号和新闻媒体上搜集案例零售企业年度报告、新闻报道、网络评论等信息;四是以顾客身份在案例零售企业已有的线下门店或线上平台进行多次购物,实地考察案例零售企业实体店铺、线上平台以及物流配送各个环节,从中获取相关资料。

四、案例分析

(一)创新数字化转型战略

1. 全渠道数字化融合

永辉超市、步步高、红蜻蜓作为实体零售企业,在全渠道的营销战略实施进程中,能否及时获取信息成为重要的考量因素。永辉超市 2015 年入驻京东到家,在此之前以永辉微店作为自建渠道途径,形成入驻、自建两手抓的模式。2019 年，永辉超市和腾讯智慧零售共同探索新的销售业态，线上以永辉生活·到家和永辉生活 + 小程序为平台，线下设立辅助仓库，实现货品的配送到家。随着线上线下融合发展步伐的加快，永辉超市不断提高科技创新能力，加强数字化转型，打造"手机里的永辉"。

步步高于 2017 年底将旗下电商平台云猴全球购关停，并开始探索向全渠道数字化融合的方向发展。2020 年初，步步高与京东超市达成了发展全渠道战略合作的共识，京东超市助力步步高实现数字化转型，带动全渠道销售，由此"小步优鲜"应运而生，将线下流量引至线上，提升了服务效率，保证了生鲜食品的供应量。从步步高网上商城、云猴全球购，到 Better 购，再到现在的小步优鲜，步步高经过 7 年的数字化转型探索，成功开启了全渠道数字化模式。

2019 年，红蜻蜓尝试用数字化改造企业的商业模式，并成功与阿里云达成合作，引入阿里云数据，实现企业智能驱动的数据资源化。红蜻蜓通过淘宝大学和阿里云共同组织线上培训、直播等方式，强化对一线员工的培训，旨在提升服务效率、贯彻以消费者需求为中心的营销理念，极大提升了红蜻蜓的线上数字化营销能力。

根据永辉超市、步步高、红蜻蜓的全渠道战略规划，可以描述出全渠道模式是在畅通的信息机制和大数据时代背景下，以消费者需求为中心，为消费者提供需要的产品和服务，打造线上线下交叉融合的发展模式（如表 7.1）。

表 7.1　永辉超市、步步高、红蜻蜓的全渠道数字化交叉融合情况表

		永辉超市	步步高	红蜻蜓
全渠道数字化融合	信息融合	永辉生活小程序、永辉生活到家公众号与永辉腾讯智慧零售的渠道间数据不共享	步步高钱包、扫码购、步步高 Better 购小程序、针对生鲜农产品的小步优鲜小程序数据不共享	红蜻蜓会员，红蜻蜓官网、天猫旗舰店等各渠道信息交叉共享
	服务融合	永辉超市各网络购物退换货相应网络退回，实体店购物退换货实体店退回	步步高各网络购物退换货相应网络退回，实体店购物退换货实体店退回	红蜻蜓各网络购物退换货相应网络退回，实体店购物退换货实体店退回

（续表）

		永辉超市	步步高	红蜻蜓
全渠道数字化融合	渠道融合	单条线上渠道与实体店打通形成闭环，各线上渠道间不融合，且存在渠道冲突和渠道间稀释效应	单条线上渠道与实体店打通形成闭环，各线上渠道间不融合，且存在渠道冲突和渠道间稀释效应	部分线上渠道与实体店打通形成闭环，各线上渠道间不融合，且存在渠道冲突和渠道间稀释效应

2.供应链采购体系

虽然商超业是受疫情影响最小的行业，但其带来的连锁反应，如因交通管制而使商品的供应链受到极大影响，进而对商超业也产生了较大影响。面对消费者"全面线上抢菜"的局面，永辉超市启动紧急预案，依靠强大的产业链提供蔬菜等调配，第一时间满足市场供应，其完整的供应链体系发挥了强大的竞争优势。

从步步高公开披露的 2019 年度业绩报表可以看出，企业营业收入总额近 200 亿元，同比增长幅度超过去年；净利润额近 2 亿元，同比增长幅度超近两年，同比增速达创造了历史新高。这份业绩报表是步步高推进数字化转型和稳定供应链发展的结果，这为疫情暴发时步步高启动紧急预案提供了良好的基础。步步高围绕客户需求提升供应链效率，其后台呈现的是云通物流 24 小时不停歇运转，在此后的 48 小时内，依托新上线的小步到家线上服务，满足消费者对日常用品的购物需求。步步高由于早早致力于供应链和数字化不断升级，才能一直保持较好的发展态势。

不同于商超业态的市场需求量，"中国真皮鞋王"红蜻蜓在 2020 年的消费者需求量大幅度下滑，传统的线下销售瞬间进入冰冻期，全国 4000 家门店全都被迫停业。企业创新突破，推行线上销售，搭建线上商城，仅仅一天时间，这场"蜻蜓大作战"便卓有成效，全员线上服务营销的方式带来了日销百万的业绩。本就具备的强大本土化供应链采购能力，为红蜻蜓线上拓展以及其后的线上线下融合发展打下了良好的基础。

3.离店社群营销

数字经济时代，社群营销逐渐引起企业的重视。社群营销是指依托几个特定平台召集有共同购物倾向的消费者并形成特定群体，最终利用情感维系和对话交流完成用户价值的新型营销模式[①]。本章所分析的三大案例企业都是基于消费者的需求来进行内容输出，构建了线上线下一体化的发展格局，加强用户的品牌忠诚度，促进粉丝裂变[②]。基于现在微信的社交属性，可以通过建立微信群的方式，从企业订阅号、官网找到目标客户，通过了解目标客户的需求点，提高商品和社群价值体系的契合度。但这样的社群营销下的客户关系较为松散，所以需要运营中制定提高客户黏性的经营策略，如清晰角色定位是微信群群主，能为粉丝带去有用价值信息、和群友进行互动、提供线下体验服务等。三大案例企业均有稳定的消费群体，推出离店社群营销可聚集各个地区的经销商群体，继而在本地建立专属社群，充分利用经销商资源，进行线上社群营销。

三大案例企业中表现较为突出的是红蜻蜓，线下门店的关闭倒逼红蜻蜓导购推出离店社群营销，从 2020 年的 2 月 8 日起，红蜻蜓线下导购开始在全国组建 200 人以上的社群，到月底社群数增至 600 个，再加上企业精细化的社群运营，增加了用户黏性。另外，企业也积极进行线上宣传推广，如在 3 月 8 日妇女节，企业创始人发起线上公益直播，向潜在社群传播了中国璀璨的鞋履文化，宣布企业每卖出一双皮鞋将同步赠送给战疫医护人员一双，这不仅极大地促进了企业的营销，而且加强了消费者对企业品牌文化的认可。

基于社群营销的零售企业，构建了如图 7.2 所示的交易控制系统。具体来讲，该交易控制系统由关注、交流、交易和分享四个模块组成。借助特定平台的网络口碑，消费者关注企业商品，实现企业和消费者的信息互通；消费者和运营商通过持续交流达成价值观层面上的一致，从而吸引消费者做出购买决定；通过安全方便的线上支付完成交易；交易完成后，双方在网络社交平台交流购物体验，企业依据客户的反馈改善商品质量并提升服务水平，

---

① 郅宏宇. 新零售背景下社群营销的发展模式及创新路径 [J]. 商业经济研究，2022（12）：81-83.

② 万晓娣. 场景化：智媒时代手游营销模式的新图景——以腾讯《天天酷跑》社群营销为例 [J]. 出版广角，2019（17）：62-64.

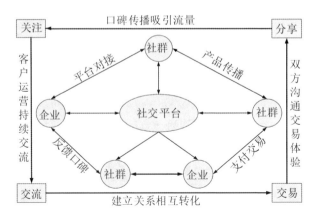

图 7.2　基于社群营销的零售企业交易控制系统示意图

客户的意见可作为产品开发和售后服务的重要参考因素；优质产品质量和高效客户服务在社交圈内形成口碑，继续吸引新的消费者参与进来。

（二）零售企业配送到家升级的探索

1.零售企业配送到家流程

随着技术的发展，普通民众可以宅在家里不出门，通过线上购买必需品。在综合考量市场容量、消费者需求、购物能力、交通等因素后，零售企业的配送到家业务被提上了日程。这种配送到家流程如图 7.3 所示，可以描述为客户在线向零售企业的线上平台（中心仓）下单，系统确认订单，通知离客户最近的前置仓备货，前置仓备货后可以根据已划定好的核心配送区域选择自营物流或第三方物流配送到家。在重点配送范围内，可以通过自营配送到家模式搞定"最后一公里"的配送问题，最大化满足客户的紧急需求，增加顾客黏性；在核心配送区域之外，则是借助第三方物流企业进行配送，这种方式成本较低，但需要调动足够的人力资源。配送员接单后在线下网点取货，和客户通过即时通信协商商品放置的指定位置，送达后通过电话等通信渠道通知客户提取商品。各大平台推出的"无接触配送"，从以往配送员把产品亲自交给消费者，到如今考虑消费者、配送员的安全和方便，零售企业对配送到家服务进行了升级探索。

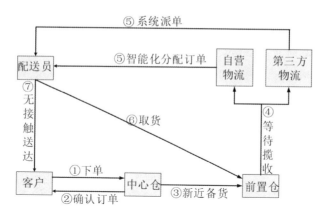

图 7.3　零售企业配送到家流程图

配送到家流程需要注意的是：

（1）门店支点，店仓一体化

零售企业各门店激发前置仓的作用，通过门店搭建 1 小时以内的配送到家服务圈，客户购买商品生成订单后线下店铺直接提货，物流效率实现大幅提升。不论是永辉超市、步步高还是红蜻蜓，其线下门店都设有专门的配送区，负责整个交易中的仓储和配送环节。选择购买日常商品的客户可以在线下门店享受购物体验，选择购买其他类型商品的消费者可以参与企业发起的微信群互动和直播卖货活动，与导购人员进行线上沟通交流。这样的模式可以充分利用人力和场地资源，大大提高配送到家流程的效率。

（2）互联网大数据的技术支持

区别于传统的线下门店，大数据下的零售企业选品可以参考历史销售数据，根据特定区域消费人群的消费特点，描绘出该区域消费者的消费画像，进行智能化订货库存分配。零售企业可以开发出与大数据适配的系统，可以对订单、分批、商品进行合理匹配，优化最佳配送路线，提高配送效率。线上平台也可以开发能模拟消费者收货地址的配送路线，进行订单排序的模块，实现智能化分单，降低配送成本。

2. 配送到家运作模式

配送到家模式主要有平台型到家、前置仓到家、到店＋到家、社区拼团等形式，平台型到家模式和前置仓到家模式是本章要重点分析的（如表7.2所示）。平台型到家是零售商家与第三方平台合作的，是大多数零售业在起步阶段选用的模式。初期企业现金流不足，企业文化不成熟，尚未形成良好的品牌效应，所以多借助第三方平台，如多与美团、饿了么、蜂鸟、闪送等知名度较高的物流企业合作，进行企业产品的推介和销售。前置仓到家是零售企业自建的配送到家业务模式。随着第三方平台费率的上涨，零售商家开始考虑自身利润率和经营压力问题，同时第三方平台的桥梁作用正在慢慢转变，开始瓜分商家的流量，如果消费者继续在第三方平台进行下单，对商家的服务和品牌印象就会日渐淡化，所以商家要做的就是创新配送到家运作模式，不要过于依赖第三方平台。

表 7.2　平台型到家模式与前置仓到家模式的对比

	平台型到家	前置仓到家
模式简介	线上平台与实体企业合营，共同提供到家业务	在线下网点构建具备仓配一体服务的门店
布局城市	一二线城市	一二线城市
配送区域	3 千米以内	3 千米以内
配送时长	2 小时以内	1 小时以内
优势	距离客户较近，即时性较强	距离客户较近，产品损耗小
劣势	无法确保产品质量	成本较高，投入大
代表企业	美团、饿了么	永辉超市 APP、小步优鲜

3. 发展路径分析

近年来传统的第三方物流已难以满足电商平台快速发展的需要，平台利用自身资源构建的自建物流体系就此应运而生，其更优质的物流服务体系全方位地提升了消费者体验。这意味着零售企业配送到家模式日益成熟，特别是前置仓到家模式，其配送效率和产品质量都受到了消费者和商家的肯定[①]，但仍存在技术投入不足、现金流短缺、人力物力资源缺乏等问题。针对这些

---

① 赵旭，汪永，胡斌. 电商平台自建物流与第三方物流企业间的协同配送机制研究 [J]. 系统工程，2019，37（02）：81-90.

问题，在微观上，自建配送到家业务的商家要从技术、资金、人员调配等方面进行完善；在宏观上，企业应加强行业监管，提升自身竞争力。

（三）案例发现

基于上述对零售企业的数字化创新转型分析，根据永辉超市、步步高、红蜻蜓三大企业采取的应对措施可以看出，在转型过程中企业对外部环境压力的感知和信息变革的助推，是企业进行数字化创新转型的外在动力；对消费需求的变化及对社交软件运用等，是企业进行数字化创新转型的内在动力（如图 7.4 所示）。具体来说，新零售、国家政策和顾客购物需求变化等环境压力，以及大数据技术变革等，共同形成了企业完成数字化转型的外在动力；三大案例企业清楚认识到自身发展存在的局限，以及对微信、淘宝和抖音三大社交软件的运用能力，共同形成了企业进行数字化转型的内在动力。外在动力和内在动力共同构成了零售企业进行数字化转型的动力。

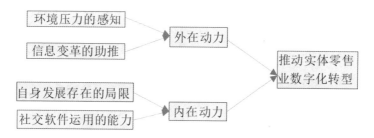

图 7.4　零售企业数字化创新转型的动力机制示意图

第五节　结论与讨论

基于永辉超市、步步高、红蜻蜓三大代表性零售企业的数字化转型的全新发展，本章分析了企业在面对销售额下降和经营成本上升等现实因素时如何保持自身竞争优势，得出以下结论：一是面对信息变革技术发展和特殊环境的倒逼机制，企业应当提高整合各类资源的能力，在了解消费者行为模式的基础上，创新企业运营机制，使新兴技术得以在业务流程中高效运用；二是面对内部日新月异的数字技术迭代升级，企业需要调动更多的人力资源学会运用再造能力，在熟悉流程的基础上进行创造能力的培养，从而能让数字化转型这个理念得以贯彻执行；三是面对资源整合、技术更新、供应链升级的不断更迭，企业需要对员工进行高效管理和激励，并保持对新知识、新技能、新理念的学习。

中国零售企业的数字化创新转型，离不开配送服务的高效运转，在企业转战全渠道模式后，配送到家业务发展更加迅速，但目前关于配送到家升级的研究尚不多，本章虽对配送到家的流程、运作模式等进行了分析，但仍存在如下可进一步拓展研究的问题：一是如何将数字化创新转型成果运用于订单分配环节上？二是零售企业如何运用大数据技术优化配送模式，提升配送效率？三是零售企业在大规模转攻线上平台而线下网点缺失的情况下，怎样提高配送到家的效率？四是如何创新与市场需求更契合的配送到家运作模式？

第八章　人口老龄化对日本零售业创新的影响及对中国的镜鉴

第一节　绪论

　　人口老龄化对经济增长具有显著的负向影响[1]，劳动人口的减少会造成居民收入不平等现象[2]，阻碍产业结构的优化升级[3]，限制服务业内部结构的转型升级[4]。人口老龄化虽然能推动老年消费市场的扩大，但对养老产业的发展带来极大考验[5]。如何应对人口老龄化所带来的问题，满足老龄化社会需求，尤其是满足日益扩大的老年人日常消费需求，成为迫切需要解决的影响新时代社会经济发展的重大基础性问题。

---

① 范洪敏，穆怀中.人口老龄化会阻碍中等收入阶段跨越吗？[J].人口研究，2018，42（01）：31-43.
② 孙晔，吕康银.人口老龄化对收入不平等的影响——基于多区域动态 CGE 模型的研究[J].辽宁大学学报（哲学社会科学版），2019，47（02）：92-105.
③ 马子红，胡洪斌，郑丽楠.人口老龄化与产业结构升级——基于 2002—2015 年省级面板数据的分析[J].广西社会科学，2017（10）：120-125.
④ 吴飞飞，唐保庆.人口老龄化对中国服务业发展的影响研究[J].中国人口科学，2018（02）：103-115，128.
⑤ 逯进，刘璐，郭志仪.中国人口老龄化对产业结构的影响机制——基于协同效应和中介效应的实证分析[J].中国人口科学，2018（03）：15-25，126.

　　较早出现人口老龄化的日本，在 20 世纪 90 年代就开始关注这一问题。日本国土交通省将在 500 米范围内因现实条件制约而无法正常购物的老年人群称为"购物难民"①，这一群体的规模随人口老龄化的加剧而日益扩大，进而上升为日本政府关注的重大问题。为此，日本政府一方面从促进老年人再就业、提升老年人收入着手；另一方面从缓和老年人购物难问题着手，在交通、移动销售车销售等方面采取资助政策。

　　从中国人口结构的变化趋势来看，老龄化程度日益加剧。截至 2023 年底，中国 60 周岁及以上人口达 2.9 亿，占人口总数的 21.1%；其中 65 周岁以上人口达 2.1 亿，占人口总数的 15.4%②。按照世界卫生组织的标准，中国已经进入中度老龄化社会。随着中度老龄化社会的到来，如何满足日益扩大的老年人消费需求将成为中国零售业转型升级的重要考验。因此，本章试图通过梳理日本应对"购物难民"问题的解决机制，总结其经验做法，进而对中国服务业尤其是零售业的升级转型提出建议。

　　与以往研究相比，本章的贡献主要体现在两方面。第一，基于人口老龄化的社会背景，从零售业创新发展的视角，将日益扩大的老年人购物难问题作为分析对象，深入分析日本"购物难民"问题的产生及影响，进而构建"政府—企业—非营利性组织"三方协同的解决机制模型。第二，本章选择既往研究中尚未关注的老年人购物难问题为分析对象，在此基础上，分析老年人购物难问题产生的社会经济影响，借鉴日本的应对策略，以期对中国零售业的转型发展提出建议。

第二节　文献综述

　　老年群体的购物难问题最早出现在 20 世纪后半叶的英国，主要是指那

---

① アーサー・D・リトル・ジャパン. 買物弱者・フードデザート問題等の現状及び今後の対策のあり方に関する調査報告書 [R]. 2015.
② 民政部，全国老龄办. 2023 年度国家老龄事业发展公报 [R]. 2024.

些"不能轻易获得健康、新鲜的食物，特别是那些贫穷并且活动能力有限"[①]的人群。在美国，以非裔美国人为中心的贫穷地区，"食品沙漠"问题也很严重[②]。同期，日本也出现了老年民众无法有效获取食材的现象。"那些想在直径 500 米范围内的商店购物，但由于现实条件制约而无法完成的老年人群体"被称为"购物难民"[③]。由此可见，日本"购物难民"问题与西方"食品沙漠"是有区别的，日本"购物难民"问题不是单纯地由贫困问题引发的，主要在于生鲜食物原材料供给体制的崩溃和日益加剧的老龄化所造成的（见表 8.1）。因此有学者认为，不应该把日本的"购物难民"问题看作是社会问题来研究，而应该将其作为经济问题或者企业经营问题[④]。

表 8.1　发达国家"食品沙漠"（"购物难民"）问题对比

	发生原因	主要人群	发生区域
日本	大规模店铺的郊外化而造成的城市中心街人口过少以及人口快速老龄化	交通不便的老年人	地方都市、大都市、大都市郊外、农村和山区
英国	大型店铺郊外化、治安问题带来的开店限制、收入差距问题、人种差别、对营养知识的忽视等	低学历人群、无业人群、单身妈妈、老年人、低收入者等	城市
美国		低收入阶层和非裔美国人等	

资料来源：依据《购物难民、食品荒漠问题的现状及对策调查报告书》（2015）资料制成。

1990 年以来，国外学者先后从社会学、地理学、营养学等不同学科角度对老年群体的购物问题进行了研究。如购物频率、社区食物资源的使用、运

① Furey S. An Investigation into the Availability and Economic Accessibility of Food Items in Rural and Urban Areas of Northern Ireland[J]. International Journal of Consumer Studies，2002，26（4）：313-321.

② James D. Factors Influencing Food Choices，Dietary Intake，and Nutrition-Related Attitudes among African Americans：Application of a Culturally Sensitive Model[J]. Ethnicity & Health，2004，9（4）：349-367.

③ 赤坂嘉宣，加藤司.「買物弱者」対策と事業採算性 [J]. 経営研究，2013，63（3）：19-38。

④ 森 隆行. 日本における買い物難民問題とサプライチェーン [J]. 流通科学大学論集，2013，26（1）：103-116。

输方式和购物距离是确定居住在社区中的不同居民消费类型的关键因素①。许多食品零售商分散到城镇边缘和城镇外，导致一些老年人难以进入食品商店购物②。通过对商店选择食品的可用性和成本的调查③，及对不同零售业态的比较分析，发现在农村环境中，提供更健康、更便宜的食品选择的商店数量被提供不健康食品、供应更少的便利店所超过，农村购物难问题远大于城市④。交通便利程度是决定人们在哪里购买食物的重要因素⑤。购物难问题的受害对象群体的营养饮食与正常消费者相比更少，健康状况也更差⑥。基于地理学理论对老年消费者的购物问题进行分析，指出到食材店购物不是单纯的空间性活动，还需要考虑克服移动距离及社区功能等方面的限制⑦。从建筑学对大都市的老年群体进行调查，指出居住地内的台阶和陡坡等环境的整备、宅送服务等是解决方法之一⑧。然而购物难问题的后果是众所周知的，但却未能引起人们的关注和重视。

"购物难民"问题在中国还未引起学术界、产业界及政府的足够关注，

① Ma X, Sharpe P A, Bell B A, et al. Food Acquisition and Shopping Patterns among Residents of Low-Income and Low-Access Communities in South Carolina [J]. Journal of the Academy of Nutrition and Dietetics, 2018, 118（10）: 1844–1854.

② Wilson L C, Alexander A, Lumbers M. Food Access and Dietary Variety among Older People [J]. International Journal of Retail & Distribution Management, 2004, 32（2）: 109–122.

③ Barnes T L, Bell B A, Freedman D A, et al. Do People Really Know What Food Retailers Exist in Their Neighborhood？Examining GIS-based and Perceived Presence of Retail Food Outlets in an Eight-county Region of South Carolina[J]. Spatial and Spatio-temporal Epidemiology, 2015（13）: 31–40.

④ Liese A D, Weis K E, Pluto D, et al. Food Store Types, Availability, and Cost of Foods in a Rural Environment [J]. Journal of the American Dietetic Association, 2007, 107（11）: 1916–1923.

⑤ Oexle N, Barnes T L, Blake C E, et al. Neighborhood Fast Food Availability and Fast Food Consumption [J]. Appetite, 2015（92）: 227–232.

⑥ Ma X, Liese A D, Hibbert J, et al. The Association between Food Security and Store-Specific and Overall Food Shopping Behaviors [J]. Journal of the Academy of Nutrition and Dietetics, 2017, 117（12）: 1931–1940.

⑦ 岩間信之. 改訂新版フードデザート問題　無縁社会が生む「食の砂漠」[M]. 東京: 農林統計協会, 2013.

⑧ 古賀繭子, 定行まり子, 佐々波秀彦, 小川信子, 松本暢子. 食生活からみた高齢者の居住特性について: 都営戸山ハイツにおける住環境及び生活支援の整備に関する研究 [J]. 学術講演梗概集, 2001: 293–294.

其相关论述多散见于一些学者以单个城市为样本对老年人购物问题的研究中。如以行为地理学基于人类日常活动的研究范式，采用问卷调查和访谈，对城市老年人进行调查，总结出区域城市老年人购物行为的空间特征[①]；从地理学的角度选取上海市区的老年人作为研究对象，综合运用问卷及访谈法、观察及行为地图法，调查老年人的超市购物行为习惯及超市环境对老年人购物行为的影响[②]；等等。

现有文献对深入认识和把握老年群体购物问题具有理论参考意义，也对本章提供了有益的借鉴。但梳理文献不难发现，现有研究的侧重点放在贫困居民对健康食品的获取和老年人消费行为上，其中关于日本"购物难民"问题的研究，主要探讨了老年人消费群体在日常购物方面存在的困难和原因，以及如何解决"购物难民"问题。中国学者对这一问题的研究处于起步状态，仅限于在部分城市和地区开展了关于老年人购物问题的研究，缺乏系统性、综合性的研究，这与中国日益严重的老龄化社会所引发的各种问题是不相匹配的。

第三节　日本"购物难民"的产生及对零售业的影响

一、"购物难民"产生

日本的"购物难民"出现在 2000 年前后，主要由于零售企业间的竞争激化使得商业设施大型化，而私家车的普及助推了商业设施向郊区转移，导致城市中心的商业街出现空洞化，"近邻型"的商业设施逐年减少，从而导

① 王益澄，马仁锋，孙东波，等.宁波城市老年人的购物行为及其空间特征[J].经济地理，2015，35（03）：120-126.
② 袁姝，董华，刘胧.老年人超市购物行为研究及设计启示[J].工业工程与管理，2014，19（06）：138-143.

致日常购物消费的"远距离化"，这对行动不便、无车或不便于开车的老年人的购物消费带来了极大困难。

日本"购物难民"的表面原因是老龄化的急剧恶化。但不同区域"购物难民"的发生机制是不同的，如大都市主要是"近邻型"商店街的衰退和公共服务的改变所引发的，地方都市和农村主要是商业设施逐年减少以及交通不便所引起的。深层次引发"购物难民"问题的原因是日本的经济政策，尤其是零售领域《大店法》等法律的实施，使得商业设施大型化、郊区化，致使行动不便的老年群体的日常购物出现困难。

二、 "购物难民"的产生及对零售业的影响

零售业是与地域紧密相联的产业，以消费者为对象进行商品营销，需要应对消费市场的小规模性、分散性、多元性的消费特征①，尤其是老年消费市场特征更加复杂。以下将其影响分为大都市、新开发都市、地方都市和农村四个维度分别进行探讨。

（一）大都市"购物难民"的产生及对零售业的影响

大都市"购物难民"主要由以下四方面因素引发，即社区作用弱化、人口减少、地价高涨和商圈分离。

第一，社区作用弱化。当今日本社会，社区内居民的沟通交流日益减少，加之人口老龄化问题的深化，使得社区内不同年龄层之间交流困难，从而导致社区内沟通交流减少等问题更加严重。这一问题所带来的直接影响是老年群体获得购物信息的渠道不断减少，从而影响他们的日常购物。第二，人口减少使得居民区周边的生活用品店陆续倒闭，进而导致"近邻型"食杂店的减少。这对本来就购物不便的老年群体来说，无疑是加重了其购物的负担。第三，地价上涨不仅增加了开设和运营店铺的成本，而且部分成本将转

---

① 岩永忠康. 流通国際化研究の現段階 [M]. 東京：同友館，2009：1-25。

嫁到消费者身上，从而增加了供给（店铺）和需求（顾客）两方面的负担，造成商业设施营业面积的缩减乃至关闭。第四，由于区域型商圈整体性分布失衡、市区内商业街衰退、大型商业设施郊区化等现象加剧，使得消费者不得不远距离购物，从而增加了购物者的负担，其结果是商圈缩小，进一步加剧了市区中心商店街的衰退。

大都市人口减少的同时，其老龄化率日益上升，"团块世代"（专指1947—1949年婴儿集中出生的一代人）趋向老龄化，从而使"购物难民"人群不断扩大，因此可以预想今后大都市的"购物难民"问题将会进一步恶化。

（二）新开发都市"购物难民"的产生及对零售业的影响

新开发都市"购物难民"问题主要由以下两方面因素引发，一是新开发都市人口的快速老龄化，二是"团地"问题的突出。

在日本经济高速增长期，大都市的郊区化形成了一批新开发都市，如埼玉、千叶、神奈川等。在这些新开发都市，1950—1960年，一批年轻夫妇入住由政府或公司建设的集中住宅，该集中居住区称为"团地"。当年居住在这些"团地"里的人现在已经退休且年事已高，远距离移动变得困难，同时周边店铺因经营后继无人等原因而衰退或关闭，从而导致"团地"内的老年人购买日常食材非常不便。

"团地"问题的影响主要体现在以下四个方面：一是社区内居民沟通交流减少，这是由于聚集居住的人们退休后失去了共同的企业或组织依靠，缺乏交流的共同语言；二是"团地"住宅多建在陡坡等位置，对刚入住的年轻人来说影响不大，但到了退休年龄后就影响到他们的出行活动；三是"团地"内及周边的食材店等相继关闭，严重影响着老年人的日常购物；四是以私家车普及为前提的商业设施大型化、郊区化发展，对不便开车的老年人来说，其日常购物变得更加困难。

日本人口老龄化不断加剧的背景下，新开发都市尤其是"团地"人口的老龄化问题将继续深化，因此可以预想这些人群的购物难问题将会愈发严峻。

（三）地方都市"购物难民"的产生及对零售业的影响

在地方都市，以私家车快速普及为背景的商业设施大型化、郊区化愈演愈烈，与此相对应的是市区中心商业街进一步衰退，因开车、乘坐公共交通工具不便等原因而无法远距离购物的老年群体，被迫成为"购物难民"。地方都市商业布局两极化加剧了"购物难民"问题的严峻性。虽然日本政府修订后的"社区营造三法"（《大店选址法》《市区商业街活性化法》《改正都市计划法》）旨在限制商业设施向郊外转移，但短期内仍无法改变市区居民区商业空心化的现状。

据日本总务省行政评价局的数据分析预测，地方都市与大都市、新开发都市相比，人口老龄化的速度将会更快，预计到 2035 年，将会成为老龄化率最高的区域，可以预想今后该区域的"购物难民"问题将会非常严峻。

（四）农村"购物难民"的产生及对零售业的影响

在农村和山区，人口的分散化和老龄化导致消费需求减少、市场规模萎缩、商店经营后继人手不足等问题，从而使得当地的零售商店相继关闭。其背后的原因，主要与公共交通利用者减少、市町村合并和自治体财政紧缩导致现有的服务合并或废除、商圈不断缩小、现有服务不可再利用、单身家庭增加和低收入化导致远距离移动变得困难、可以购物的店铺逐年减少或不存在等有关。这些区域的人口老龄化已经达到了 50%，并且年轻人群越来越多地涌向城市，更加剧了该区域人口老龄化的速度，因此不难想象今后这些区域的商业设施会继续减少，购物难问题也会更加突出。

由以上分析可知，日本"购物难民"问题从表面看是由于人口老龄化的急剧发展所导致的，且不同区域"购物难民"问题的发生机制有所不同。但从深层次来看，引发"购物难民"问题的原因在于日本的经济政策，尤其是零售领域《大店法》等法律的实施，使得商业设施向大型化、郊区化转变[①]，社区周边的食杂店等零售网点相继倒闭，从而形成市区商业的空心化与商业

---

① 包振山，朱永浩. 日本流通政策的演变及对我国的启示 [J]. 中国流通经济，2019, 33（02）：38-48.

实施大型化、郊外化的鲜明对照现象，在此背景下，行动不便的老年群体的日常购物变得越发困难（见图 8.1）。

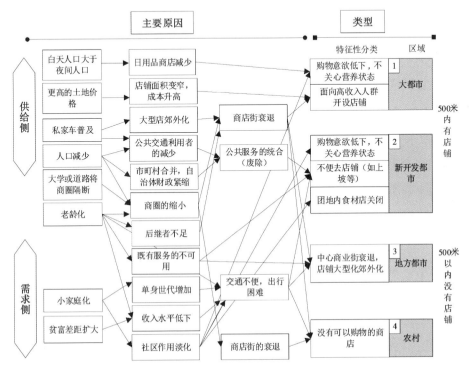

图 8.1 日本"购物难民"发生机制及区域分布图

资料来源：依据《购物难民、食品荒漠问题的现状及对策调查报告书》（2015）资料制成。

第四节 破解"购物难民"问题：三方协同机制模型的构建

"购物难民"问题已成为影响日本社会经济发展的重大问题，引起政府及各界的广泛关注。为了解决这一问题，政府在宏观层面从供需两端着手引导，非营利性组织（non-profit organization，以下略称 NPO）在中观层面为政府与零售企业服务，零售企业在微观层面调整经营战略，应对老年消费需求。

一、政府积极应对

（一）内阁府

日本内阁府地方创生推进事务局为了推进地方城市经济的发展，依据 2014 年（平成 26 年）日本第 136 号法律，在内阁府设置"城镇、人口、就业创生本部"，制定推进地方经济发展的政策。其中与应对"购物难民"问题有关的主要包括以下两个方面：一是为提升城市中心街区的发展活力，制定促进城市发展的基本政策，确保老年人能就近购买到日常生活用品；二是通过创设综合特别区域制度等，从"地方创生"的视角，实施缓解"购物难民"问题的政策，如地方创生推进交付金补助项目、促进村镇活性化项目等，对缓和购物难问题进行相关的资金资助。

（二）总务省

总务省主要从三个方面来应对"购物难民"问题：一是在宏观上推进有关区域振兴的规划及立案；二是从区域振兴及人口分散对策的视角出发，实施缓解"购物难民"问题的政策；三是活用区域信息通信技术（Information Communications Technology，简称 ICT），利用技术辅助解决"购物难民"问题。具体举措是通过进行地方交付税、强化补助及区域振兴等有关的调查研究，加大区域合作支援队建设等人力资源开发力度，协同相关部门共同支援地方公共团体，合作应对"购物难民"问题。

（三）农林水产省

农林水产省主要从三个方面来应对"购物难民"问题：一是注重食品产业的企业培育；二是从食品流通的视角出发，利用主管农畜产品的职能优势，优化农畜产品的生产、流通及消费等环节的协作；三是加大对农村、山区和渔村的扶持力度，制定与区域振兴有关的综合性政策，一方面进行食材源头的调查研究，另一方面实施与有机农业等相关的各种补助项目，资助地方公共团体积极参与解决"购物难民"问题。

（四）经济产业省

经济产业省主要从产业组织的改善、区域商业的振兴、物资流通的效率化及合理化、市区商业街活性化等四个方面着手，对实施"购物难民"对策的项目进行资助。

与此同时，经济产业省下属的中小企业厅以扶持中小企业发展为目标，从中小企业的培育及发展、经营业绩的改善与提升、新项目的创设与合作三个方面，资助为解决"购物难民"问题而努力的中小企业。具体做法是发布《购物难民支援手册》，由国家和地方公共团体等对"购物难民"补助项目进行汇总管理，资助地方公共团体及中小企业等有关"购物难民"的项目。

（五）国土交通省

国土交通省从国土规划、物资流通及确保区域公共交通的视角出发，通过六个方面，即推进关于国土利用、开发及保护的基础性、综合性策划和立案实施，社会资本的整合，区域性交通规划及区域内交通路线的优化，物资流通的效率化、顺畅化和合理化，物流运输项目的发展、改善及调整，区域的振兴，来推动有关"购物难民"对策项目的实施。

基于以上对日本政府各部门解决"购物难民"问题的政策及做法的分析可知，日本政府解决"购物难民"问题的经验主要有如下三点。

一是政府高度重视，各部门科学谋划，积极调动社会各方力量共同参与。各个部门的措施不仅仅局限于政府部门，还对企业的参与给予政策引导与资金扶持，鼓励社会资本参与，调动社会团体的联通服务积极性，形成从政府到社会的协作应对机制。

二是日本政府各省厅的不同部门基于管理职能，分别制定并实施部门管辖的政策。如国土交通省的从商圈规划到交通路线优化和老年人乘车补助，农林水产省对食材的生产、流通和消费各环节的管辖及优化，内阁府的地方经济发展支援政策，总务省的统筹规划政策，经济产业省的经济支援等。

三是聚焦"购物难民"问题，多部门协同合作，多措并举。各部门的政策中，既有对老年人乘坐公共交通工具的补助、对企业的资金资助，又有交通路线优化、商业布局规划、商圈优化、市中心商业街振兴等措施，更有从根本上提升老年人收入、促进区域经济发展的政策，各方政策紧密围绕老年人的购物难问题而展开。

图 8.2　日本政府缓解"购物难民"问题的补助项目图

资料来源：依据日本总务省行政评价局（2017）信息制成。

二、企业积极参与

"购物难民"问题既是重要的社会问题，又是影响经济发展尤其是零售业发展的经济问题。如何应对不断增加的老年消费群体的购物需求，成为零售企业经营发展的重要课题，对企业经营战略的调整带来了新的挑战和发展机遇。为此，日本各大零售企业在政府的引导下，立足新的市场需求，重视老年人消费市场，围绕老年人消费特征调整企业的经营活动。如日本零售巨头企业 7–11（7–Eleven）针对老年人市场开展了"Seven Anshin（送货服务）"，利用移动销售车辆到老年人聚集区，尤其是到"团块世代"居住的团地，设立定期移动营业厅。这种移动营业厅的经营理念，与政府缓和"购物难民"问题的设想是一致的，为其他零售企业树立了良好的示范标杆。不断扩大的老年消费市场，促使零售企业在调整经营战略、提升企业经营效益的同时，也能承担相应的社会责任，与政府协同应对"购物难民"问题。

德岛丸移动超市株式会社（简称德岛丸公司）是日本应对"购物难民"问题中出现的最具代表性的零售企业。该公司成立于 2012 年 1 月 11 日，总部位于日本德岛县，基于老年人购物难问题，以小卡车的形式载送商品销售，从生鲜蔬菜、水果、肉类，到熟食、零食、面包等，有 400 余种、1200 余类。小卡车是指定的款式，驾驶席面积不大，车上自带冷柜，避免食物变质。截至 2020 年 6 月，德岛丸公司的营业小卡车已经达到了 556 辆，每辆车日均销售额达 10 万日元。

德岛丸公司的出现，首先是基于不断扩大的老年人消费需求。公司诞生地德岛县是日本人口老龄化比较严重的县区，创始人住友达也创建该公司的缘由是自己的切身需求，即其母亲年岁已高，居住社区附近的零售商店相继关闭，致使母亲日常购物非常不便。截至 2020 年 6 月，该公司与 130 家超市合作，在日本 44 个都道府县展开经营，被老年人亲切地称为"比儿子还重要"的"车轮上的零售店"。

其次，德岛丸公司采用灵活的经营模式。公司采用三方合作的经营模式：一方面，公司以合作契约的形式与超市合作，寻找商品货源，与超市协同经营，直接从超市进货，当日卖不完的生鲜货物再送回超市；另一方面，公司提供车辆和经营指导，吸引低成本创业者加盟，通过规模效应来谋求盈利空间。

德岛丸公司的移动营业车以一周两次的频率，到老年人聚居的社区开展经营活动，营业车的司机兼店长，实际上多是加盟者，同时兼任采购和销售。德岛丸公司的加盟门槛不高，购买指定营业用卡车及加盟费约需 330 万日元（大约 20 万元人民币），低加盟费是公司得以快速扩张的重要原因之一。

再次，德岛丸公司基于"购物难民"需求制定经营战略。德岛丸公司营业流程紧密围绕老年人需求，早上7点半到超市进行商品选配，10点前出发前往营业地点，营业时间是10点到下午5点，沿既定路线拜访老顾客，开发新客户。下午5点营业结束后返回超市，将未售生鲜商品放回超市冷库保存，常温商品则继续留在营业卡车中。最后对车辆进行清扫，并完成营业额的清算。在此过程中，一边开展销售活动，一边收集顾客需求意见，并在下一次拜访时提供解决方案。

德岛丸移动超市的商品种类与便利店、超市相比较少，但能满足居民基本的日常生活购物，这对行动不便的老年群体来说无疑是一种较好的购物方式。移动营业车在开展经营活动的同时，也起到了照顾老人的作用。每辆营业车在固定范围销售，不仅要熟知销售对象的消费习惯，而且要了解顾客的健康状况和业余爱好等，如果在固定拜访时无人回应或者出现异常现象，他们会第一时间联系当地的政府机构。因此，销售的商品一般会比超市贵10日元，其中5日元分配给进货超市，5日元作为加盟者的收益（见图8.3）。

由德岛丸公司的案例可知，随着老年消费群体的扩大，日本零售企业首先需要把握并分析这一庞大且不断增长的消费市场，以老年消费群体为经营对象；其次，基于老年消费市场的特征，结合企业的经营资源与优势进行经营方式的创新；再次，企业应调整既有的经营战略，制定与老年人购物特点相适应的经营战略；最后，企业的经营战略要与政府应对"购物难民"问题的理念相一致，进而在此基础上形成与区域协作的经营模式，肩负一定的社会责任（见图8.4）。日本零售企业经营方式的调整，不仅是配送体制的构建，更是构建面向老年消费者的商品开发、销售、配送的全渠道，是解决"购物难民"问题的主力军。

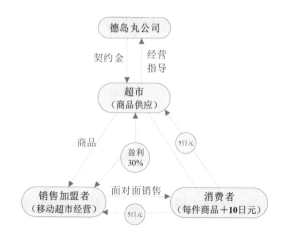

图 8.3　德岛丸公司经营模式示意图

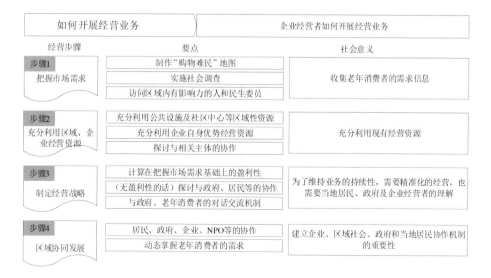

图 8.4　企业经营战略调整流程图

资料来源：依据《购物难民、食品荒漠问题的现状及对策调查报告书》（2015）制成。

三、NPO 协同应对

为应对"购物难民"问题，日本从政府到企业都在积极行动。除此之外，一些 NPO 也基于各自职能开展相应的活动，弥补因企业经营范围有限和行政管理约束而形成的"真空地带"。NPO 不仅协助政府在行政管理上缓解"购物难民"问题，而且帮助企业解决痛点问题（如食品的配送问题等），提高商品运输和配送效率，及时把新鲜健康的食物送到老年消费者手中。

日本农业协同组合联合会（简称农协）是 NPO 的典型代表，该联合会面向老年消费者进行食材的配送，在全国范围内进行"JA 食材宅急送"业务。日本生活协同组合联合会（简称生协）积极联合各种企业开展"晚餐配送"服务。NPO 的配送服务与已有的配送服务有四点区别：一是实行会员制，二是定期持续的运营，三是套餐每天更新，四是有专门的营养师，注重营养均衡。可见，不管是日本农协还是生协，均利用其在日本全国范围内的庞大组织体系，发挥会员机制作用，为满足老年消费者的食材配送需求发挥了重要作用。

与此同时，一些 NPO 也在积极利用各种网络平台，提供面向老年人的网上超市、购物巴士运营信息等。如通过优化民间业务活动来自发组织或调配车辆，面向老年消费者提供免费接送服务；积极利用食品供应商准备的购物大巴，并向老年消费者进行宣传，鼓励他们利用这些交通工具。

四、政府—企业—NPO 的三方协同机制模型构建

解决老年消费群体的购物难问题，首先是政府层面进行宏观的把控和干预。日本政府基于市场经济原理，根据市场诉求来制定相关政策。一方面，政府制定缓解老年人购物难的法律和政策，整合社会各方资源提高老年人收入，实施老年人再就业政策，确保 60—70 周岁有劳动能力的老人得到雇用；在城市商圈分布上，对涉及"购物难民"问题的企业和组织给予补贴，振兴市中心商业街，鼓励在居民区开设小型零售店铺。另一方面，政府利用信息收集、组织协调和政府公信等优势，向企业提供资金资助、政策扶持等支持，向老年消费者提供购物交通补贴、移动营业车销售资助等。

其次是零售企业结合自身经营状况，基于市场诉求开发新的经营业态，

调整企业经营战略和经营模式。零售企业通过对"购物难民"市场需求信息的把握，结合自身经营发展状况，积极开发新经营业态，比如送货上门、巡回移动销售车、网上购物等。德岛丸公司的"定期巡回，随时服务"业务，与社区管理部门相配合，共同推进了区域内老年人生活照料、日常购物等问题的缓解。零售企业致力于探索老年消费者的需求，开发和完善与之相对应的商品和服务，这种以需求为导向、以服务为基础、以多项指标开发为原则、把客户需求和企业发展结合起来的多元化经营方式，在为改善"购物难民"问题作出社会贡献的同时，也提升了企业的经营效益。

最后是 NPO 作为政府的辅助性机构，为企业提供相应的援助。NPO 无偿提供交通工具，为企业提供货物运输，同时还为"购物难民"提供协助信息，努力承担社会责任。这一系列行之有效的努力，大大缓解了老年消费者购物、生活不便等问题。

通过以上分析可以发现，日本在解决"购物难民"问题上，已经形成了包括企业、NPO 和政府在内的全社会共同参与的多样化组织形式。三方协同的机制模型如图 8.5 所示。即从个人到组织、从社区到商业区、从单个城市到整个社会，已经形成了一个为不同层次老年人提供不同服务的协同合作系统。虽然三者之间的界限比较清晰，但"购物难民"问题的解决，需要三方共同协作发挥作用才能达到最大效果，真正使解决方案有意义。

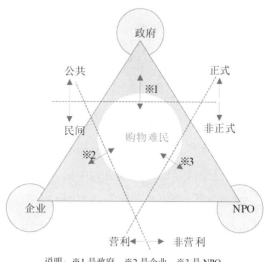

说明：※1 是政府，※2 是企业，※3 是 NPO。

图 8.5　政府—企业—NPO 三方协同机制模型图

第五节　对中国的镜鉴

中国已经进入老龄化社会，且这一问题在不断加剧。虽然外卖、网上购物等的快速发展能在一定程度上缓解老年人购物问题，但消费市场本来就具有复杂多样性、多元性：基于市场细分理论，规模庞大的老年人中不会使用智能手机等移动设备者比例较高；基于生活节奏的加快，老年人与儿女分开居住甚至异地居住比例也在攀升；基于养老观念的变化，老年人对儿女依赖性降低的比例也在持续增长。因此，老年人的生活照料、日常购物等方面依然存在较大问题。借鉴日本在解决老年人购物难问题的做法，可以为老龄化问题日益严峻的中国提供如下四点启示。

（一）认识到中国人口老龄化的严峻性，预测并重视"购物难民"问题的到来

中国已经进入人口老龄化社会，预计到 2050 年前后，中国老年人口数将达到峰值 4.87 亿，占人口总数的 34.9%[①]。由此可见，中国人口老龄化的状况不容乐观，将从老龄化社会走向老龄社会、超老龄社会。与日本相比，中国的老龄化有很大不同：中国养老问题的时代迫切性不单是由人口年龄结构不均衡、老年人口基数庞大造成的，更是由现行社会经济背景下养老体系尚未准备充分决定的，简言之，中国人口老龄化程度超前于经济的现代化，即"未富先老"，老年福利政策缺乏强有力的经济支持。同时，中国的老龄化问题也与日本存在许多相同之处，比如老年人口发展速度快、老龄化人口区域分布不均等。因此，应全面调查中国人口老龄化的现状，正视这一问题的严峻性，借鉴日本缓解老龄化问题的相关做法及经验，以便尽早出台相关的法律政策来应对。

---

① 新华社. 到 2050 年老年人将占我国总人口约三分之一 [N]. http://www.gov.cn/xinwen/2018-07/19/content_5307839.htm，2018-07-19。

（二）开发老年消费市场，完善商业布局

较日本，中国对老龄化问题的重视程度相对不足，与之相关联的以老年消费群体为经营对象的商品开发和服务也不完善。借鉴日本经验，中国要完善商业社区的建设，完善针对老年人的商业设施，例如增加专门为老年人服务的商店、为老年人提供送货上门服务等。在政府层面，引导企业关注日益增多的老年人群体，推动企业针对该群体开发适应其消费需求的商品、服务；在城市或区域商业网点规划上科学谋划，完善商业布局。在企业层面，针对老年人消费市场，在遵守市场机制的基础上，积极顺应产业链由生产主导型模式向需求主导型模式转换①的时代变化，调整经营策略，关注老年人消费需求，承担相应的社会责任。

（三）零售企业构建适应市场需求的经营战略，创新经营业态

参考日本针对"购物难民"的"政府—企业—NPO"三方协同的应对机制，中国零售企业也应借鉴日本企业的成功经验，以市场为导向，把握并分析不断扩大的老年消费市场的特征，充分考虑老年消费者体力下降、行动不便等因素，将店铺多选址在人口稠密的社区，同时提供商品配送、送货上门等服务，调整企业的经营战略，创新以移动营业为代表的多样化经营方式。同时，"购物难民"是一个社会问题，中国零售企业也应承担相应的社会责任，结合企业的经营资源，制定为"购物难民"服务的经营战略，针对老年消费特征，开展小店铺经营、强化配送服务等新经营业态，使企业既能扩大经营效益也能兼顾社会责任。

（四）构建市场主导、政府引导、企业为主力军的"购物难民"对策体系

人口老龄化正在成为影响新时代中国社会经济新发展格局的重大基础性问题。严峻的老龄化形势，使养老问题不仅关系到全面小康目标的实现，同

---

① 司增绰，周坤，王世进. 中国批发和零售业在产业链上位置的动态变迁 [J]. 北京工商大学学报（社会科学版），2020，35（03）：49-58，98.

时也关系到"健康中国"战略的实施，因此需要得到足够的重视、有效的解决。首先，应该高度重视老龄化及其引发的社会经济问题，制定出台与国情相适应的法律政策。其次，要尊重市场经济的发展现状，逐步完善顶层设计，构建多元主体共治体系和年龄友好的社会人文大环境，加快完善相关法律体系的建设。当然，其前提是为市场经济服务，充分调动企业参与的积极性，使企业根据市场需求来调整经营战略，在实现盈利的同时承担起一定的社会责任，进而构建起具有中国特色的，以市场主导、政府引导、企业为主力军的"购物难民"对策体系。

第三篇

零售业数字化与经济循环

第九章 数字金融对居民主观幸福感的
影响研究

第一节 绪论

习近平总书记在多次讲话中强调，必须以满足人民日益增长的美好生活需要为出发点和落脚点，把发展成果不断转化为生活品质，不断增强人民群众的获得感、幸福感、安全感。随着中国经济的快速发展，在群众基本需求得到满足的新时期，民生福祉逐渐吸引了人们的目光，提高幸福感是人类科技发展与经济增长的终极目标[①]。

2024 年的政府工作报告首次将金融"五篇大文章"纳入其中，指出"要大力发展科技金融、绿色金融、普惠金融、养老金融、数字金融"。在数字金融领域明确要求银行业保险业数字化转型成效明显，数字化经营管理体系基本建成，数字化服务广泛普及，对数字经济发展提供有效助力。《数字金融蓝皮书：中国数字金融创新发展报告（2023）》指出，从技术发展方面看，中国数字金融技术发展已居全球前列，中国数字金融技术研发专利数量高

[①] 金碚.关于"高质量发展"的经济学研究 [J].中国工业经济，2018，361（04）：5-18.

增，居于世界领先地位，中国数字金融底层技术整体呈现精准化、智能化、安全化、规范化的发展特点；从应用方面看，产业数字金融哺育中小微企业茁壮成长，数字人民币支付渗透率攀升。

数字科技极大提高了经济社会资源配置质量，给原有的经济运行模式带来了历史性影响[1]。数字金融是与数字经济时代相匹配的金融模式，经济社会的数字化发展和转型已成为必然趋势，数字经济也已成为经济发展的重要动力。借助互联网技术，数字金融与传统金融形成了鲜明的对比，其中"普惠性"规定了更高的标准，可以更好地满足贫困和弱势群体的金融需求，从而改善这类群体的生活质量[2]。数字金融在提升居民整体收入水平的同时，更能改善收入结构[3]，能有效降低城乡收入差距，但也应克服不同群体在信息资源占有与使用能力的差异扩大形成的"数字鸿沟"，以及由此带来的收入差距扩大[4]。中国将居民安全性、获得感和幸福感作为评判每一个社会共同富裕的最主要标尺，所以进一步提升人民幸福程度已迫在眉睫[5]。

因此，探索数字金融对居民主观幸福感的影响及其作用机制，以及对居民收入这一调节变量的研究，对完成习近平总书记强调的使人民获得感、幸福感、安全感更加充实、更有保障、更可持续这一目标具有较强的现实意义。那么，数字金融能否提升人们的主观幸福感？在数字金融、居民收入与主观幸福感中，又会有什么样的影响机制？

---

① Oztemel E，Gursev S. Literature Review of Industry 4.0 and Related Technologies[J]. Journal of Intelligent Manufacturing，2020，31（01）：127–182.

② 韩雷，李舜.数字金融、主观幸福感与居民消费——基于 CGSS2015 的实证分析 [J]. 浙江工商大学学报，2022（03）：94–108.

③ 李杏，高登云，尹敬东.数字金融是否改善了居民收入结构？——基于"长尾"理论的视角 [J]. 江苏社会科学，2022（06）：118–127，243.

④ 尹志超，王天娇，栗传政.数字鸿沟对中国家庭收入差距的影响 [J]. 国际金融研究，2024（02）：16–26.

⑤ 罗必良，洪炜杰，耿鹏鹏，郑沃林.赋权、强能、包容：在相对贫困治理中增进农民幸福感 [J]. 管理世界，2021，37（10）：166–181，240，244.

第二节 文献综述

一、数字金融的经济效应研究

20 世纪 80 年代，约翰·里德首次提出"银行业务都是由位元和字节组成的"，这标志着数字金融服务的开端。数字金融的本质是金融，内在动力是提升金融功能，外在条件是数字技术进步，网络经济理论是最直接的理论来源[①]。数字金融服务的独特之处表现在普惠、便利、高效等多个方面，它获取用户的过程更多地依赖大数据技术，而且由于成本低，使它的竞争力大大增强。自 2012 年起，中国数字金融迅速发展，根据北京大学数字金融研究中心编制的中国普惠金融指数[②]可以看出，2012—2022 年十年间，中国数字金融平均指数由 40 增至 341.22，呈现翻倍增长趋势，已构建起数字化、智能化、平民化的普惠金融良好生态体系。

近年来，学术界对数字金融的经济效应研究，主要集中在货币流动性约束、经济包容性增长、相对贫困和共同富裕等方面。数字支付、网络信贷的出现，不仅极大地提升了个体消费和投资的便捷性，也有助于缓解家庭的流动性约束，从而改善家庭部门的人力资本投资，促进代际教育流动，最终有效地推动了代际收入的流动[③]。胡淑兰等（2023）认为数字普惠金融对包容性增长有着显著的积极影响，可以有效促进中国的收入分配和机遇公平[④]。蒲甘

---

① 王定祥，胡小英.数字金融研究进展：源起、影响、挑战与展望 [J].西南大学学报（社会科学版），2023，49（01）：101–110.

② 郭峰，王靖一，王芳，等.测度中国数字普惠金融发展：指数编制与空间特征 [J].经济学（季刊），2020，19（04）：1401–1418.

③ 周广肃，丁相元.数字金融、流动性约束与共同富裕——基于代际流动视角 [J].数量经济技术经济研究，2023，40（04）：160–179.

④ 胡淑兰，王耀宗，吕勇斌，等.数字普惠金融能促进包容性增长吗？[J].统计与信息论坛，2023，38（02）：47–60.

霖（2021）认为数字金融可深化"双循环"经济发展路径，加快培育高质量发展的新增长形势[1]。郝云平和张兵（2023）认为数字金融发展可以通过缓解信息不对称、促进创新创业提升共同富裕水平，还可通过积累物质资本，提升人力资本，改善社会资本和积蓄家庭财富推进共同富裕的实现[2]。罗煜和曾恋云（2021）研究发现以数字支付为代表的数字金融服务在中国快速发展，为提高金融体系的包容性带来实质性变化，人们的数字能力和金融能力正处在深度交融的过程中，可以降低相对贫困的发生概率[3]。

随着科技的进步，数字金融的研究还集中于满足居民的消费需求[4]、促进就业[5]、激励人们的创业活力[6]、在家庭收入和金融资产持有方面具有促进消费和优化家庭资产配置等积极效应[7]方面。如关龙等（2022）的研究表明，数字金融有助于提高创新和创业的能力，增加大学生就业机会[8]；谷明亮等（2023）认为数字金融可以推动地区创业[9]；贺建风等（2023）认为数字金融可以显著促进居民总消费，促进消费结构优化升级[10]；李杏等（2022）认为数字金融在提升居民整体收入水平的同时，更能改善收入结构[11]。

---

[1] 蒲甘霖.数字金融助力"双循环"经济发展的驱动路径[J].新疆社会科学，2021，234（05）：46-55，162-163.

[2] 郝云平，张兵.数字金融发展的共同富裕效应研究——基于281个地级市的经验证据[J].经济问题探索，2023，488（03）：41-55.

[3] 罗煜，曾恋云.数字金融能力与相对贫困[J].经济理论与经济管理，2021，41（12）：11-29.

[4] 徐振宇，徐超，陈昱州.空间外溢视域下数字金融影响城镇居民消费的机制[J].南京审计大学学报，2022，19（05）：71-80.

[5] 李晓林，万诗婕.数字金融对劳动力的就业结构效应：理论与检验[J].经济与管理评论，2022，38（04）：113-123.

[6] 田鸽，黄海，张勋.数字金融与创业高质量发展：来自中国的证据[J].金融研究，2023（03）：74-92.

[7] Lin H，Zhang Z J. The Impacts of Digital Finance Development on Household Income，Consumption，and Financial Asset Holding：An Extreme Value Analysis of China's Microdata[J/OL]. Pers Ubiquit Comput（2022）. https://doi.org/10.1007/s00779-022-01667-z.

[8] 关龙.数字金融对大学生就业的影响[J].黑龙江科学，2022，13（16）：139-141.

[9] 谷明亮.数字金融发展对地区创业的影响研究[J].商业经济，2023，559（03）：179-180.

[10] 贺建风，吴慧.数字金融、数字鸿沟与居民消费[J].山西财经大学学报，2023，45（03）：43-55.

[11] 李杏，高登云，尹敬东.数字金融是否改善了居民收入结构？——基于"长尾"理论的视角[J].江苏社会科学，2022，325（06）：118-127，243.

二、数字金融与主观幸福感研究

主观幸福感的研究开始于 20 世纪 50 年代，欧美学者早期主要在心理学、社会学等学科对其开展研究。1974 年，伊斯特林（Easterlin）将其引用到经济学领域，产生了幸福经济学的研究[1]。提升居民幸福感，一直以来都是中国社会发展的不懈追求[2]。然而有研究显示，21 世纪以来虽然中国国力不断增强，经济快速发展，但居民幸福指数却远没有得到等比提升[3]。联合国发布的《2024 全球幸福指数报告》显示，中国在所有受访国家和地区中排在第 60 名，与 2023 年相比上升了 4 名，但居民幸福排名依然并不高。卡尔森等（Carlsson et al.，2023）研究发现伴随人们生活方式的改变，久坐少动、体力活动减少、不良饮食习惯等日益普遍，各类慢性病多发，居民普遍面临寿命增长但质量不高、幸福感不强的窘境[4]。刘军强等（2012）基于 CGSS 数据的追踪研究发现，随着通货膨胀、收入差距等社会问题的加剧，中国城乡居民主观幸福感呈现差距扩大的趋势[5]。

早期研究多认为人口统计变量、经济收入和生活状况等是影响幸福感的主要因素[6]。近年来学者多从微观层面分析收入对居民幸福感的影响，如刘仁刚和龚耀先（2000）认为个性是影响居民主观幸福程度的最主要原因之一，

---

[1] Easterlin R A. Does Esonomic Growth Improve the Human Lof？ Some Empirical Evidence[C]// David P A，Reder M W. Nations and Households in Economics. New York：Academic Press，1974：89-125.

[2] 何启志，李家山，周利 . 福利还是压力：家庭负债如何影响居民幸福感——来自中国家庭微观数据的证据 [J]. 山西财经大学学报，2022，44（09）：18-30.

[3] Easterlin R A，Sawangfa O. Happiness and Economic Growth：Does the Cross Section Predict Time Trends？Evidence From Developing Countries[M]. Oxford：Oxford University Press，2010：166-216.

[4] Carlsson A C，Wändell P E，Gigante B，et al. Seven Modifiable Lifestyle Factors Predict Reduced Risk for Ischemic Cardiovascular Disease and All-cause Mortality Regardless of Body Mass Index：A Cohor Study[J]. International Journal of Cardiology，2013，168（02）：946-952.

[5] 刘军强，熊谋林，苏阳 . 经济增长时期的国民幸福感——基于 CGSS 数据的追踪研究 [J]. 中国社会科学，2012（12）：82-102，207-208.

[6] 肖忠意，赵鹏，周雅玲 . 主观幸福感与农户家庭金融资产选择的实证研究 [J]. 中央财经大学学报，2018（02）：38-52.

不同个性维度对幸福感有不同方面的影响，多种因素通过个性影响幸福感[①]。池丽萍和辛自强（2002）强调影响幸福感的认知成分与情感成分的社会心理因素是不同的，生活满意度作为认知成分受年龄、收入、人际支持和亲密度的影响，而正向情感、快乐感等情感成分受人际支持、支持利用度、亲密度和适应性影响[②]。从晓（2022）通对生命意义与主观幸福感的元分析指出，生活满意度与积极情绪显著正相关，与消极情绪显著负相关[③]。其他研究成果分析了健康状况、家庭财富状况、父母关系、婚姻亲密度、亲子教育、社交能力等各种因素对人们幸福指数的作用机制。

在数字经济时代，数字金融加速演变，重塑着经济社会发展态势与格局，探讨数字金融与主观幸福感的关系，进一步提升居民幸福感已成为当下中国社会发展中的重要议题之一。通过对数字金融的深入研究，可以使人们更好地理解它的经济效益。然而，受限于研究角度，目前鲜有学者关注数字金融如何影响居民的主观幸福感。通过已有研究可知数字金融能够增加居民收入，而居民收入又对主观幸福感产生影响，故本章利用调节效应模型，来探讨数字金融、居民收入与主观幸福感三者之间的关系。基于此，利用北京大学数字金融研究中心编制的中国数字普惠金融指数和2020年中国家庭追踪调查（CFPS）数据，试图从微观视角深入分析中国数字金融对居民主观幸福感的影响，从而为中国数据金融服务的发展提供有力的支持。

---

① 刘仁刚，龚耀先.老年人主观幸福感及其影响因素的研究[J].中国临床心理学杂志，2000（02）：73-78.

② 池丽萍，辛自强.幸福感：认知与情感成分的不同影响因素[J].心理发展与教育，2002（02）：27-32.

③ 从晓.社会支持对老年人主观幸福感的影响研究[J].人口与社会，2022，38（06）：32-43.

第三节 理论分析与研究假设

一、数字金融对居民主观幸福感的影响

长期以来，关于主观幸福感的研究一直被视为社会心理学范畴，直到"Easterlin 悖论"的产生才将其引用到经济学的研究范畴。伊斯特林（Easterlin，1974）研究发现，二战后美国人均收入水平提高，但居民幸福感并没有随之提升[1]，由此经济学家开始对幸福感研究产生了浓厚兴趣。而随着数字金融通过互联网技术与金融相结合演化开来，数字金融的使用对居民家庭收入多样性具有促进作用[2]，数字金融有利于增加农民收入，有利于缩小城乡收入差距和缩小农村内部收入差距，进而促进农民农村共同富裕[3]。在数字经济成为全球经济增长主要动力的同时，数字鸿沟成为许多发展中国家提高自身发展水平的一大障碍[4]。网络监管体系尚需完善等因素，致使数字金融机构对客户信息安全保障领域资金投入不够，极易造成数据泄漏和数字欺诈[5]；数字鸿沟对家庭收入存在不利影响，通过数字经济不协调、降低劳动力流动性阻碍家庭收入差距的改善[6]；数字鸿沟扩大可以通过削弱家庭社会网络和抑制家庭创业来加剧家庭消费相对剥夺，对不同类型家庭均具有显著的消费相

---

① Easterlin R A. Does Economic Growth Improve the Human Lot？Some Empirical Evidence[J]. Nations & Households in Economic Growth，1974：89-125.

② 罗荷花，刘慧婷.数字金融使用对居民家庭收入多样性的影响 [J]. 金融与经济，2024（06）：84-94.

③ 黄煌.共同富裕目标下数字金融对农民收入的影响研究 [J]. 调研世界，2024（05）：40-52.

④ 尹志超，王天娇，栗传政.数字鸿沟对中国家庭收入差距的影响[J]. 国际金融研究，2024（02）：16-26.

⑤ 马长山.智慧社会背景下的"第四代人权"及其保障[J]. 中国法学，2019，211（05）：5-24.

⑥ 郭晗，冯星源.多重数字鸿沟与家庭收入差距：理论与经验证据[J]. 经济纵横，2024（02）：79-90.

对剥夺加剧效应 [①]。据此，本研究提出以下假设：

H_1：数字金融发展降低了居民主观幸福感。

二、数字金融影响居民主观幸福感的作用机制分析

以数字金融与主观幸福感之间的关系，以及居民收入与主观幸福感之间的关联为逻辑出发点，有利于深入分析数字金融、居民收入和主观幸福感三者间的逻辑关系。居民收入与主观幸福感间呈现倒"U"型的关系，在某种程度上收入对幸福感有着明显的促进作用，但当居民适应这一趋势后，收入对幸福感的影响程度将逐渐减弱 [②]。数字金融作为一个新型事物，可以较大程度地依靠数据手段爬取信息、收集信息和传输数据，但在其过程中也可能隐含着数据丢失、金融诈骗等危险，从而削弱了居民主观幸福感。然而数字金融又可以通过优化资产配置，消除过度分散风险，摒弃金融服务偏袒富人的弊端，增强个人信贷可得性，来提升居民收入能力。因此，数字金融要提高居民主观幸福感，居民收入具有不可或缺的调节作用。据此，本研究提出以下假设：

H_2：数字金融通过居民收入显著提升主观幸福感。

三、数字金融影响居民主观幸福感的异质性分析

数字金融与经济社会发展水平密切相关，随着经济社会发展水平的提高，数字金融也不断发展。数字金融具有的信息化、数字化技术能够克服传统物理网点对金融活动的限制，为地区间实现金融服务跨区域流动提供支

---

① 王彦芳，王恺涛，陈则霖，等.数字鸿沟对家庭消费相对剥夺的加剧效应研究 [J]. 西部论坛，2023，33（05）：36-51.

② 赵新宇，范欣，姜扬.收入、预期与公众主观幸福感——基于中国问卷调查数据的实证研究 [J].经济学家，2013，177（09）：15-23.

持[1]，但成熟金融区域的驱动饱和不仅不明显，反而会驱使金融资源向欠发达地区渗透，促进欠发达地区完善基础设施建设、缓解创新创业主体的融资约束，促进欠发达地区发挥后发优势，实现居民收入的增速赶超[2]。随着数字金融的普及，它大大降低了欠发达地区的金融服务交易门槛，打破了传统金融的地域限制，为无法获得金融服务的弱势群体提供更加便捷的金融服务，实现快速的交易和处理，大大缩短了金融服务的时间成本，提升了当地居民生活品质，从而提高居民主观幸福感[3]。据此，本研究提出以下假设：

H_3：数字金融对不同地区居民主观幸福感的影响存在明显的异质性。

第四节　研究设计

一、变量选取

（一）被解释变量

居民主观幸福感（happiness）。居民主观幸福感的衡量，来自中国家庭追踪调查（CFPS）中关于主观幸福感的问题："总的来说，您觉得您的生活是否幸福"，选项包括"非常不幸福""比较不幸福""说不上幸福不幸福""比较幸福""非常幸福"，分别赋值 1–10 分，居民的主观幸福感越强得分越高。

（二）核心解释变量

数字金融（df）。数字金融发展程度是通过全国各省级层面的数字普惠金

---

① 方霞，谭龙昕，吴洁. 数字金融空间关联、学习效应与地区收入差距收敛［J/OL］. 系统工程理论与实践，1–22［2024–06–16］. http://kns.cnki.net/kcms/detail/11.2267.N.20240515.1000.009.html.

② 徐章星. 数字普惠金融发展促进了城市创新吗？——基于空间溢出和门槛特征的实证分析 [J]. 南方金融，2021（02）：53–66.

③ 徐光顺，冯林. 数字普惠金融对城乡收入差距影响的再检验——基于农户人力资本投资调节效应的视角 [J]. 农业经济问题，2022（05）：60–82.

融总指数进行衡量。数字普惠金融指数作为一种指标合成指数，在现有资料和金融机构所给出的传统普惠金融指数基础上，按照对互联网金融服务的覆盖广度（breadth）、使用深度（depth）和数字化程度（level）三个维度来构建指数架构。基于数据的即得性原则，使用《北京大学数字普惠金融指数》进行衡量。该指数由北京大学数字金融研究中心和蚂蚁集团联合组建的战略合作项目组编制而成，具有很强的代表性和公信力，在目前的数字金融相关理论研究中得到了广泛应用，而运用该指数评估数字金融也具有相当的科学性与合理性。

（三）调节变量

居民收入（inc）。在传统的理论中，人们通常将主观幸福感与收入水平的提高相对应，并将其相提并论。相关研究认为，收入的增长会自然而然地导致消费水平的提高和物质生活的满足，从而进一步提升效用水平和幸福感知。然而，伴随着社会的发展，越来越多的人意识到，居民的收入越高，主观幸福感并不一定就越高[①]。本章将具体讨论居民收入在数字金融对幸福感指数的影响中的作用机制。其中，居民收入采用各省市城镇居民收入数据进行匹配。

（四）控制变量

通过对既有研究梳理发现，影响居民主观幸福感的因素是多方面的。根据现有文献，受访者个人特征对居民幸福感产生的影响较大，故本章采用较多学者使用的受访者性别（gender）、年龄（age）、受教育水平（edu）、婚姻状况（marry）以及工作状态（job）作为控制变量。其中，受访者性别：男性为1，女性为0；受教育水平：文盲或半文盲为0，托儿所为1，幼儿园或学前班为2，小学为3，初中为4，普高、职高、中专、技校为5，大专为6，大学本科为7，硕士为8，博士为9，没有上过学为10；婚姻状况：未婚为1，

---

① 张体委.收入水平、收入差距与主观幸福感研究——基于六省份CGSS 2017调查数据的分析[J].地域研究与开发，2021，40（03）：31–36.

有配偶为 2，同居为 3，离婚为 4，丧偶为 5；工作状态：失业为 0，在业为 1，退出劳动力市场为 3。

二、模型构建

本章主要采用多元回归模型研究数字金融对居民幸福感的影响。多元回归分析是研究随机变量间相互关联的一个重要统计方式，利用对变量实际观测的数据分析、统计，可以建立一组变量和另一组变量的定量关系即回归方程，经数据试验认为回归效果显著后，即可进行预报和控制。多元线性回归模型基本形式为：

$$y = \beta_0 + \beta_1 x_1 + \cdots + \beta_m x_m + \varepsilon \qquad (1)$$

其中，y 表示随机变量，x_1、x_2、$\cdots$、x_m 为变量，ε 是随机误差服从正态分布，β_0、β_1、$\cdots$、β_m 为回归系数。

为探究数字金融对主观幸福感的影响，构建基准回归模型如下：

$$happiness_i = \beta_0 + \beta_1 df_i + \sum_{i=1}^{n} \beta_i X_i + \varepsilon_i \qquad (2)$$

模型（2）中，$happiness$ 表示 i 受访者的主观幸福感；df_i 表示 i 受访者所在省份的数字金融发展程度，为本章的核心解释变量，用 i 受访者所在省份的数字普惠金融指数衡量；X_i 为受访者个人特征控制变量，选取受访者性别、年龄、受教育水平、工作状态以及婚姻状况这 5 项作为控制变量；ε_i 为模型随机误差项；β_0 为截距项；β_1 为本章的关键回归系数，$\beta_1 = 0$ 表示数字金融对主观幸福感没有影响，$\beta_1 > 0$ 表示数字金融能提高居民主观幸福感，$\beta_1 < 0$ 表示数字金融会降低居民主观幸福感。

三、数据来源及处理

本章的数据来源主要通过以下两种途径获取。一是最主要的社会调查数据，取自中国家庭追踪调查（CFPS）2020 年度的数据，包括了居民主观幸福感、居民个人特征等数据。二是数字金融指标取自《北京大学数字普惠金融指数》，该指数由北京大学数字金融研究中心和蚂蚁集团共同组成的联合项目组负责编制，时间跨度为 2011—2021 年度。基于本章研究的需要，将着重筛选 2020 年各省份的数字普惠金融指标、覆盖广度指标、使用深度指标、数字化程度指标等，再与 CFPS2020 在个人层面的数据分析结果一一对应。为确保分析结果的真实合理，对合并数据进行如下处理：扣除了在问题中的缺失值及控制变量中遗漏了的数据，并剔除了被采访者拒绝回答、不清楚回答的数据。最终得到 2020 年合计 9596 个样本。具体变量的统计描述见表 9.1。

从描述性来看，居民主观幸福感指数的平均值是 7.42，相对满分 10 分居民幸福感是比较高的。数字金融的平均值为 342.06，标准差为 32.94，不同省份之间的差距较大，该序列也是所有变量中波动幅度最大的。

表 9.1　2020 年居民主观幸福感相关变量描述性统计表

变量	平均值	中位数	最大值	最小值	标准差	偏度	峰度
happiness	7.42	8	10	0	1.97	−0.75	3.67
df	342.06	334.8229	431.9276	298.2267	32.94	1.09	3.56
edu	4.86	5	10	0	1.69	0.01	4.50
job	1.24	1	3	0	0.69	1.97	5.61
marry	1.87	2	5	1	0.61	1.42	9.02
breadth	32.85	23.75	98.85	1.96	26.49	0.98	3.01
depth	47.22	44.64	93.52	6.76	23.02	0.29	2.20
level	51.70	57.15	93.42	7.58	19.03	−0.52	2.36

第五节　实证分析

一、基准回归分析

为验证变量间的作用关系，本章选用 Eviews 软件对各个变量进行三次回归分析，首先将单一指标数字金融与主观幸福感指数纳入回归模型，其次探究数字金融对主观幸福感是否存在非线性的影响关系，最后将控制变量纳入回归模型。

表 9.2　数字金融与主观幸福感以及其他控制变量的基准回归结果

变量	被解释变量：happiness		
	（1）	（2）	（3）
df	−0.000572	0.01012	−0.002530
	（−0.00061）	（0.011342）	（0.001594）
df^2		−0.0000149	
		（0.0000157）	
age			−0.003317
			（0.003054）
edu			0.053219[***]
			（0.012198）
gender			−0.063084
			（0.041608）
job			0.020796
			（0.030029）
marry			−0.033353
			（0.036786）
inc			0.0536
			（0.0479）

（续表）

变量	被解释变量：happiness		
	（1）	（2）	（3）
R^2	0.000092	0.000185	0.003350
F	0.88026	0.885736	4.028213

注：***、**、* 分别代表 1%、5%、10% 的显著性水平。以下表同。

　　从回归结果中可看出，数字金融发展对居民主观幸福感呈现的是负向影响，说明数字金融并没有提高居民主观幸福感，初步验证了假设 H_1。从是否存在非线性关系来看，数字金融对主观幸福感的非线性变量并不显著，但对主观幸福感仍呈负向影响。从控制变量上来看，受教育水平、居民收入和工作状态对主观幸福感呈正向影响，年龄、婚姻状况对主观幸福感呈负向影响。可见随着数字金融的发展，它的不同维度也不断影响居民主观幸福感。

　　为了更好地了解这些指标与主观幸福感的关系，本章从数字金融覆盖广度、使用深度、数字化程度三个维度进行分析。各个模型回归结果如表 9.3 所示。第（1）列数字金融覆盖广度的回归模型结果表明，数字金融覆盖广度对居民主观幸福感呈正向影响；第（2）列结果表明数字金融使用深度对居民主观幸福感呈现负向影响，并且该变量在 5% 的显著水平下显著；而第（3）列回归模型结果表明数字化程度对居民主观幸福感有显著的负向影响，并在 1% 的显著性下显著。随着数字金融覆盖广度的逐步提升，越来越多的居民可以从中获益，这给那些因为传统金融机构门槛过高、限制过多等原因而无法获益的居民带来了极大便利，从而提升了居民主观幸福感。

　　另外，在三个回归模型中，年龄对幸福感指数呈负向影响，即年龄越大，居民的幸福感就越低，这可能与生活压力随着年龄的增长而增大，以及年龄的增大对数字金融相关的数字技术使用困难等有直接关联。教育水平指标是受显著影响的居民幸福感指数，并且是正向影响，可见学历越高的人幸福感越高，这是因为学历较高的人工作较优，收入水平也会较好，更可能拥有好的生活条件。性别变量中，性别为男性的幸福感降低。在婚姻中，未婚的幸福感要高。这三个回归模型的 F 检验结果均为显著，因此这三个模型建立具有意义。

表 9.3　数字金融使用广度、深度和数字化程度回归结果

变量	被解释变量：happiness		
	（1）	（2）	（3）
breadth	0.003081		
	（0.001882）		
depth		−0.003736**	
		（0.001460）	
level			−0.005233***
			（0.001312）
age	−0.003273	−0.003302	−0.003716
	（0.003054）	（0.003053）	（0.003054）
edu	0.052476***	0.052689***	0.049946***
	（0.012202）	（0.012196）	（0.012214）
gender	−0.063920	−0.063328	−0.063521
	（0.041609）	（0.041599）	（0.041579）
job	0.017604	0.0181928	0.020593
	（0.030039）	（0.030012）	（0.029998）
marry	−0.034043	−0.033402	−0.035991
	（0.036784）	（0.036777）	（0.036762）
inc	−0.089727*	0.046132	−0.074283***
	（0.047185）	（0.031941）	（0.023642）
R^2	0.003367	0.003769	0.004740
F	4.048140	4.533065	5.706549

二、稳健性检验

为了检验模型估计结果的稳健性，既有研究影响居民幸福指数的因素

时，会通过增加历年的数据或者剔除部分特征数据，再做一次回归模型。因此，本章研究选取了 2020 年的数据，加入 2018 年部分样本再次回归。由于本章重点探究数字金融、居民收入和主观幸福感，因此主要通过回归分析观察这三个变量的结果，结果如表 9.4。

采用扩大样本的稳健性检验方法，加入 2018 年的部分样本数据后回归结果显示，数字金融发展依然对居民主观幸福感呈现负向影响，故假设 H_1 成立。但数字金融覆盖广度依然对居民主观幸福感呈正向影响，数字化程度对幸福感指数有显著的负向影响；有变化的是数字金融使用深度对主观幸福感呈现正向影响，其原因可能是数字金融使用深度在近几年发展迅速逐渐走向饱和，从正向影响转为负向影响。居民收入对幸福感指数的影响在不同模型中有不同结果，且与实证回归结果相符合，揭示了本研究结论的可靠性。

表 9.4　数字金融、居民收入对居民主观幸福感影响的稳健性检验结果

变量	被解释变量：happiness			
	（1）	（2）	（3）	（4）
df	-0.004282^{***} （0.00101）			
breadth		0.000814^{***} （0.000178）		
depth			0.000979^{***} （0.000193）	
level				-0.00066^{***} （0.000143）
inc	0.0000123^{***} （0.0000036）	-0.0000011 （0.0000018）	-0.0000012 （0.0000018）	0.0000011 （0.0000018）
R^2	0.004682	0.004881	0.005221	0.004914
F	8.577522	8.943671	9.569162	9.003263

三、影响机制检验

为进一步研究数字金融对居民主观幸福感的影响机制，对居民收入进行排序和分档位，分成了从低到高的 5 类，构建如下调节效应模型：

$$happiness_i = \beta_1 df_i + \varepsilon_i \tag{3}$$

$$happiness_i = \beta_1 df_i + \beta_2 inc_i 2 + \varepsilon_i \tag{4}$$

$$happiness_i = \beta_1 df_i + \beta_2 inc_i 2 + \beta_3 \cdot df \cdot inc_i 2 + \varepsilon_i \tag{5}$$

其中，inc_i 表示 i 受访者的收入档位，其余变量的定义与前文相同。建立调节效应模型（3），其目的在于不考虑调节变量居民收入的干扰时，考察数字金融与主观幸福感的关系。建立模型（4），主要是在模型（3）的基础上加入调节变量居民收入类别。建立模型（5），是在模型（4）的基础上加入数字金融与调节变量居民收入的交互乘积项。检验结果见表 9.5。

判断是否存在调节效应，一是查看模型（4）到模型（5）时，F 值是否呈现显著性变化；二是查看模型（5）中的交互项是否呈现显著性，若变化呈现显著性，则意味着存在调节效应。由表 9.5 调节效应检验结果显示，基于交互项数字金融 × 居民收入，显著性 p 值小于 0.05，模型（5）的交互项呈现显著，意味着存在调节效应，即居民收入对于数字金融对幸福感指数的影响会产生显著调节效应。如果数字金融与主观幸福感回归系数为负，数字金融 × 居民收入与主观幸福感回归系数也是负，则为正向调节；如果数字金融对主观幸福感回归系数为负，数字金融 × 居民收入对主观幸福感回归系数为正，则是负向调节。由表 9.5 可知，数字金融与主观幸福感回归系数为 –0.001，数字金融 × 居民收入与主观幸福感回归系数为 –0.002，故为正向调节。综上分析可知，数字金融通过居民收入显著提升主观幸福感，故假设 H_2 成立。

表 9.5　数字金融、居民收入对居民主观幸福感影响的调节效应检验结果

变量	被解释变量：happiness		
	（1）	（2）	（3）
df	−0.001	0.004	0.007***
	（0.001）	（0.019）	（0.002）
inc2		−0.001	0.598***
		（0.001）	（0.173）
df·inc2			−0.002***
			（0.001）
F	0.88	0.461	4.299
	P=0.348	P=0.630	P=0.005***

四、异质性分析

为考察数字金融发展程度是否对中国东、中、西部三个地区有不同影响，本章参考国家发改委对中国东、中、西部地区的划分，对三个地区的省、市和自治区分类构建回归模型，得到的结果汇总如表 9.6 所示。

由表 9.6 的回归系数正负号可以看出，数字金融发展降低了中部、东部地区居民幸福感，提高了西部地区居民主观幸福感。其主要原因是对于中部、东部发达地区来说，数字金融发展较快，人们的生活压力增大，居民幸福感普遍降低；而西部地区地理位置相对处于劣势，经济欠发达，数字金融发展空间大，居民的幸福感指数更容易受到数字金融的影响，从而使得居民对数字金融的便捷式服务满意程度更高，继而幸福感提高。

从居民收入指标进行分析，居民收入在东部地区对幸福感呈正向影响，而在西部和中部地区对幸福感呈负向影响。东部地区物价高、生活成本更高，因此收入的增加会使生活更加便利，幸福感提高；而中西部地区生活成本低，更高的收入意味着受访者可能面临更多的工作，幸福感下降，且中西部地区老年人占比较高，这部分人群收入低但幸福感高，对结果产生影响。

综上所述，从不同地区回归模型结果来看，数字金融发展对欠发达地区居民主观幸福感具有促进作用，而居民收入增加对欠发达地区居民主观幸福感具有抑制作用。数字金融对中国东、中、西部三个地区有不同的影响，即具有显著的异质性，故假设 H_3 成立。

表9.6　数字金融对东、中、西部居民主观幸福感影响的异质性检验结果

变量	被解释变量：happiness		
	西部	中部	东部
df	0.003864	−0.002933	−0.01934***
	（0.006205）	（0.003058）	（0.002842）
inc	−0.00000802	−0.00005040***	0.00004760***
	（0.00004310）	（0.00001590）	（0.00000852）
age	−0.003385	−0.006104	−0.003246
	（0.005783）	（0.00565）	（0.004626）
edu	0.057039***	0.008449	0.054637*
	（0.018924）	（0.077516）	（0.020831）
gender	−0.058278	0.00391	−0.105044
	（0.081766）	（0.026328）	（0.060981）
job	0.044696	0.025913	−0.013717
	（0.059806）	（0.051861）	（0.04602）
marry	−0.133964*	−0.155252**	0.073006
	（0.07271）	（0.069554）	（0.053302）
R^2	0.007646	0.010599	0.016511
F	2.637906	3.489594	8.861822

第六节　研究结论与建议

一、研究结论

本章基于数字金融与主观幸福感的理论分析，并选取 2020 年中国家庭追踪调查数据与 2020 年《北京大学数字普惠金融指数》的匹配数据，研究数字金融与主观幸福感之间的影响机制，选择居民收入为调节变量，通过构建调节效应进行实证检验，得出研究结论如下：

第一，数字金融发展总体上降低了居民主观幸福感。其中，数字金融覆盖广度对居民主观幸福感产生了较为显著的正向影响，数字金融数字化程度对居民主观幸福感产生了较为显著的负向影响，而数字金融使用深度随着近几年的发展从正向影响转为负向影响，稳健性分析证明了该结论的可信度，验证了假设 H_1 成立。

第二，居民收入水平可以有效调节数字金融对主观幸福感的影响。基于调节效应模型，交互项数字金融 × 居民收入呈现显著性，数字金融与主观幸福感回归系数为 –0.001，数字金融 × 居民收入与主观幸福感回归系数为 –0.002，故居民收入在数字金融与主观幸福感之间起到了正向调节作用，即数字金融通过居民收入显著提升主观幸福感，验证了假设 H_2 成立。

第三，数字金融对不同地区居民主观幸福感的影响存在明显的异质性。研究结果显示数字金融发展对欠发达地区居民主观幸福感具有促进作用，对发达地区居民主观幸福感具有抑制作用。从居民收入上看，居民收入在东部地区对主观幸福感呈正向影响，而在西部和中部地区对主观幸福感呈负向影响，验证了假设 H_3 成立。

二、政策建议

基于以上研究结论，为促进数字金融的发展以及提高居民主观幸福感，提出如下建议。

第一，应该加强数字金融体系的完善，建立健全基础设施和监管制度，促进数字金融服务的规范化发展。充分发挥数字金融对提高人们幸福感的积极作用，同时也要防止消极影响的产生。应该重视数字金融的安全性，利用数字技术来监督异常金融活动，最大限度地减少金融违法案件的发生。通过拓展数字金融的范围、深入应用和加强数字支撑，不断改善服务质量，让消费者在获得便捷、安全的服务时，享受更加舒适的体验。

第二，千方百计地增加居民收入，强化数字金融对主观幸福感的作用机制。进一步提高基层居民基本医疗保险的工资待遇水平，增加城乡居民福利，全方位完善收入分配制度，缩小城乡居民的收入差距。采取财政补贴、税费减免和科技奖励等举措，降低中小数字金融企业的运营成本，在社会制度和经济管理层面助力民营企业的金融服务技术革新，促使其提供更安全、更便利、更快捷的数字金融服务。通过采取市场竞争和地方政府限价措施，减少居民获得数字金融服务的成本，使全体民众共享由数字金融服务发展所创造的幸福成就，进一步增强居民主观幸福感。

第三，提高中低收入人群所在地区及偏远地区的数字金融服务能力，加强中西部等欠发达地区的新型基础设施建设，利用数字金融服务减少地域差距和贫富差别，促进共同富裕。对欠发达地区，政府部门可利用专项支持基金促进网络与数字服务的广泛应用，增强居民的关联感与主体的话语权。对发达地区，相关企业应该大力推广保险与贷款服务，以便更好地满足个人的融资需求，并降低因为数据技术的风险以及缺乏必要的财政支持而导致的心理压力，从而有效改善人们的生活质量。

第十章 跨境电商与经济内外循环：
日本的实践及镜鉴

第一节 绪论

国内国际双循环新发展格局的构建，是应对世界百年未有之大变局，及中国经济社会发展阶段转换和全面建成社会主义现代化强国新方略等内外两个大变局形势下经济发展战略的又一重大调整。内外联动循环的新发展格局，核心在于利用国内国际两个市场、两种资源，实现要素资源的内向集聚和商品服务的外向整合。近年来，作为互联网技术在国际贸易领域深度应用的跨境电商，已经日渐成为中国外贸新旧动能转换的重要推动力量[1]和外贸增长的"新引擎"。发展跨境电商等贸易新业态，培育和形成国际竞争新优势，是构建中国开放型经济学的核心议题之一[2]。

跨境电商是指分属不同关境的交易主体，通过电子商务平台达成交易、

---

① 裴长洪，刘斌.中国对外贸易的动能转换与国际竞争新优势的形成[J].经济研究，2019，54（05）：4-15.

② 裴长洪，刘斌.中国开放型经济学：构建阐释中国开放成就的经济理论[J].中国社会科学，2020（02）：46-69，205.

进行支付结算，并通过跨境物流送达商品、完成交易的一种国际商业活动①。跨境电商涉及供应采购、物流配送、网络支付及售后服务等环节。与传统贸易相比，跨境电商通过互联网平台能够有效改善信息的不对称，降低交易成本，提升流通效率，其交易具有全球性、无形性、匿名性、多边化、直接化、小批量、高频次、订单周期短而运送周期长、数字化与监管难、地域广而品种杂等特征②。

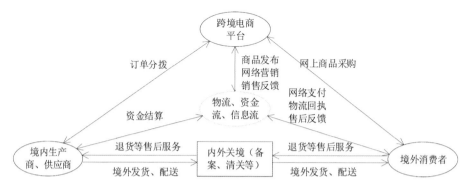

图 10.1 跨境电商流程图

资料来源：何江，钱慧敏 . 我国跨境电子商务发展研究：回顾与展望 [J]. 科技管理研究，2017，37（17）：214。

跨境电商属于新型贸易方式，利用数字信息技术不仅能突破时空限制，而且能满足日趋个性化的消费需求，以独特的优势推动国际贸易形态的转型。《世界海关组织跨境电商标准框架》指出，跨境电商领域正在增长的实体货物贸易形式为全球经济发展创造了巨大的机会，它提供了新的增长动力，催生了新的贸易模式，引领了新的消费趋势③。跨境电商依托互联网、大数据、云计算等数字信息技术，改变了传统的贸易方式，影响着与之配套的全球消费体系、生产体系、支付体系和物流体系的转型与升级，成为推动全

① 钊阳，戴明锋 . 中国跨境电商发展现状与趋势研判 [J]. 国际经济合作，2019（06）：24-33.

② 何江，钱慧敏 . 我国跨境电子商务发展研究：回顾与展望 [J]. 科技管理研究，2017，37（17）：213-220.

③ 马述忠，梁绮慧，张洪胜 . 消费者跨境物流信息偏好及其影响因素研究——基于 1372 家跨境电商企业出口运单数据的统计分析 [J]. 管理世界，2020，36（06）：49-64，244.

球经济增长与经济体系变革的新动力[①]。尤其是在贸易摩擦频频发生的形势下，跨境电商以其不同于传统业态的"小、快、灵"特点，能够有效应对跨境供应链阻碍问题，成为对外贸易新的亮点和增长点[②]。

中国跨境电商从海淘、代购等模式向规模化、企业化发展，越来越多的企业涌入跨境电商市场[③]。近年来随着人民生活水平提高、消费理念升级，对安全、品质、品类多样化及个性化的追求逐年提升，加之出境游人数的增多，尤其是中产阶层群体的崛起，对国外优质商品的需求不断高涨，带动了跨境电商的快速发展。跨境电商对内能满足国内消费者的跨境购物需求，对外有利于国内出口企业匹配海外市场需求，对中国构建国内、国际双循环新发展格局具有重要的动能作用。日本和中国同为跨境电商大国，互为重要跨境贸易对象国家，且日本拥有世界最成熟的电商市场和跨境电商出口市场，在相关领域的话语权制定方面与中国存在竞争[④]。因此，深入探讨日本跨境电商经济"双循环"体系形成的历史逻辑、现实逻辑和理论逻辑，可以为中国跨境电商高质量发展、服务"双循环"新发展格局提供有益参考。

第二节　日本跨境电商服务经济内外循环的历史逻辑

日本跨境电商起源于20世纪末，经历了准备阶段、起始阶段、发展阶段后，进入全面发展阶段，实现了从局限于国内经济发展到对外积极拓展全球市场的发展格局转换，形成了内外循环互动下的对外贸易新增长点。

---

① 鞠雪楠，赵宣凯，孙宝文.跨境电商平台克服了哪些贸易成本？——来自"敦煌网"数据的经验证据 [J].经济研究，2020，55（02）：181-196.
② 马永飞.跨境电商区域发展策略研究——基于省级政府视角 [J].经济问题，2020（11）：103-110.
③ 张夏恒.跨境电商类型与运作模式 [J].中国流通经济，2017，31（01）：76-83.
④ 王爱华，王艳真.中日跨境数字贸易规模测度分析 [J].现代日本经济，2021，40（01）：43-55.

一、经济内循环的准备阶段（1997—1999）

日本跨境电商随着乐天、雅虎（日本）等电商企业的设立运营而发展起来。1997 年，隶属于日本乐天株式会社的乐天公司成立并开始运营；1998 年底进入平台的店铺数达 300 家，电商（B2C）销售额为 645 亿日元；1999 年进入平台的店铺数超过了 1500 家，电商（B2C）销售额为 2480 亿日元，同比 1998 年增长了约 4 倍，成为日本最大、知名度最高、购买率第一的电商代表企业。1999 年是日本移动电商元年，电商企业开始利用网络开展业务，提供服务或流通等信息，越来越多的日本及外资企业进入电商领域，地方中小商店将地域特色商品进行网上销售。

该阶段经营不同商品的电商企业的经营模式受制于网络营销及商品特性，虽然企业网页设计较为简单，尚需在吸引顾客方面强化设计，但与实体店铺的融合发展成为趋势。与此同时，政府层面开始引导电商企业适应消费者主导型经济、电商主导型经济体制，提炼日本型电商发展模式，并不断完善通信基础设施，为其后日本跨境电商的发展做了技术积累、营销模式提炼及发展环境营造等准备。

二、经济外循环的起始阶段（2000—2008）

2000 年亚马逊登陆日本并在第二年开设了跨境电商商城。日本政府为了提升跨境电商交易效率推行电商标准化活动，实行跨境电商价格商谈手段的电子化，完善跨境电商结算方式，提出促进国内企业进行经营改革、强化企业间合作、提升企业国际竞争力及营造安全安心的网络交易环境等政策，先后制定并实施了一系列的法律制度，如 2000 年颁布《IT 基本法》、2001 年实行《电子签名及认证业务相关的法律》及《电子契约法》、2002 年实行《修订特定商交易法》及《特定邮件发送规范法》、2003 年颁布《个人信息保护法》并修订《电商交易准则》、2005 年实行《e 文书法》等。2007 年，日本政府为了促进日本企业发展面向中国等国家的跨境电商，克服境外交易市场、语言及贸易实务等障碍，推出支持中小企业开展 B2B 跨境电商的相关服务。2008 年乐天推出 "tenso.com" 服务，将跨境电商对象从海外日本人扩大到全球消费者，提供包括日语在内的 25 种语言，并在中国台湾等地区开设分公司。

在系列法律政策的作用下，日本电商从国内交易向跨境电商转变，从被动经营向主动发展转变，从垂直统合型发展模式向水平分工型 EDI 转变，从订购平台向合作平台转变。与此同时，日本政府先是与美国进行对比，其后扩大到与欧洲及亚洲的中国、韩国等跨境电商发达国家对比，在与这些国家对比中分析跨境电商发展趋势及自身的全球竞争力，有力地助推了日本跨境电商企业拓展国际市场。

三、经济内外循环的联动发展阶段（2009—2014）

在中国等新兴经济体的快速发展及新一轮科技革命、产业变革等因素影响下，日本大型跨境电商企业以设立独资公司或与当地企业合作等形式开拓国际市场，中小企业利用政府的海外拓展支援服务等开拓海外市场。如 2010 年 1 月，乐天与百度合作设立合资公司，乐天出资 51%，百度出资 49%。随着跨境电商在欧洲市场的发展，日本政府强化对欧洲各国与电商有关的法律制度、消费需求及变化、通信基础设施、电商利用情况、各国关税政策、对日贸易额的变化、结算方式等信息的收集分析，并提出对日本跨境电商企业可能带来的影响及应对指引。

2010 年日本跨境电商市场规模（中日美三国间的跨境电商市场规模，以下类同）为 3789 亿日元；2011 年受东日本大地震及福岛核电站泄露影响，跨境电商市场规模略有下降，为 3551 亿日元；2012 年为 3780 亿日元。2013 年开始，日本跨境电商受网络使用者增加、物流系统的充实、结算方式的多样化、网络购物基础设施的完善及跨境电商机会的增多等利好因素影响，市场规模激增为 17184 亿日元，同比 2012 年增长了 4.55 倍。2014 年为 22573 亿日元，同比 2013 年增长了 31.4%。该阶段的经济内外循环发展中，日本跨境电商逐渐形成了在国内开设电商网站、利用国内电商平台店铺、利用东道国 C2C 电商平台、利用东道国 B2C 电商平台和在东道国开设电商网站等 5 种发展模式。

四、经济内外循环的全面发展阶段（2015—2024）

2015 年日本跨境电商的市场规模为 27664 亿日元，其后保持快速增长的态势。日本经济产业省的数据显示，2020 年中日美三国间的跨境电商市场规模同比 2019 年增长了 13.9%，达到了 63141 亿日元，同比 2015 年增长了 2.3 倍。其中从美国购入 3076 亿日元，从中国购入 340 亿日元。美国跨境电商的市场规模是 17108 亿日元，其中从日本购入 9727 亿日元，从中国购入 7382 亿日元。中国跨境电商的市场规模是 42617 亿日元，其中从日本购入 19499 亿日元，从美国购入 23119 亿日元。可见，日本跨境电商的贸易出口顺差非常显著。

对跨境电商企业来说，符合企业特点的发展模式、与实体店铺相结合的本土化经营模式、明确合作伙伴间的责任范围、契合东道国消费者心理预期的定价策略、适应东道国商品认证制度和法律制度等环境的变化等，显得尤为重要。

日本跨境电商为了更好地服务于经济内外循环，在该阶段进行了如下几方面的探索：一是利用"观光立国"等政策，促进访日游客及回国后再次购买日本商品或服务等，助推日本国内经济的发展；二是以灵活多样的方式支持中小企业开展跨境电商活动，服务经济内外循环；三是跨境电商企业积极利用 AI、5G 等信息技术创新经营模式，利用海外广告宣传等营销策略拓展业务；四是日本政府推出资金结算法等政策法规，提高跨境电商业务的国际结算便利性。

随着跨境电商贸易额的增加、全球消费环境的变化及信息技术的革新等，日本跨境电商模式逐渐演变为如图 10.2，形成了基于第三方平台的传统跨境电商平台模式、自建平台的专业直营模式、海外仓或共享仓的集约化模式等三种发展模式。其中第三方平台的传统跨境电商平台模式细分为利用国内跨境电商平台、利用国外跨境电商平台和一般贸易型跨境电商，自建平台的专业直营模式细分为在日本国内自建跨境电商网站、境外自建跨境电商网站，海外仓或共享仓的集约化模式主要为利用保税区的跨境电商[①]。

1. 国内自建跨境电商网站模式

制造商、零售商在日本国内自建电商网站，将公司业务从只提供日语服务向多语言化转变。物流方式一般是通过国际物流直接配送，也可利用转运配送。其基本流程是：①在国内自建跨境电商网站；②境外消费者通过访问企业的电商网站下单；③电商网站通知境内企业发货；④货物清关出境，通过直送等配送形式将货物送至买方。

2. 利用国内跨境电商平台模式

制造商、零售商在日本国内既有的跨境电商平台上开设店铺，营销对象由国内消费者拓展到国外消费者。物流方式一般是通过国际物流直接配送，也可利用转运配送。其基本流程是：①利用国内既有跨境电商平台开设店铺或供给商品货源；②境外消费者通过访问电商平台下单；③电商平台通知店铺企业发货；④货物清关出境，通过直送等配送形式将货物送至买方。

3. 利用国外跨境电商平台模式

制造商、零售商在国外的跨境电商平台上开设店铺，多采用专门代理公司进行跨境电商业务。物流方式一般是通过国际物流直接配送，也可利用转运配送。其基本流程是：①利用国外跨境电商平台开设店铺；②境外消费者通过访问电商平台下单；③电商平台通知店铺企业发货；④货物清关出境，通过直送等配送形式将货物送至买方。

4. 利用保税区的跨境电商模式

制造商、零售商在国外的跨境电商平台上开设店铺，将商品预先运送到境外国家的保税区仓库，接受订单后直接从保税仓库发货配送。货物从营销对象国家的保税区直接发送，与国际物流发送相比，配送时间大大缩短。该

① 経済産業省商務情報政策局情報経済課. 産業経済研究委託事業報告書（電子商取引に関する市場調査）[R/OL]. 2020，https://www.meti.go.jp/policy/it_policy/statistics/outlook/210730_new_hokokusho.pdf.

模式主要针对中国市场。其基本流程是：①利用国外跨境电商平台开设店铺；②将商品提前运送到境外国家的保税区仓库；③境外消费者通过访问电商平台下单；④电商平台通知店铺企业发货；⑤货物清关出境，从保税区配送至买方。

5. 一般贸易型跨境电商模式

与一般进出口贸易一样，日本国内的出口企业与境外进口企业之间进行贸易手续，利用境外跨境电商平台进行跨境电商贸易。该模式主要使用在B2B领域。其基本流程是：①制造商、零售商将商品批发销售给出口企业；②出口企业利用国外跨境电商平台开设店铺；③将商品预先运送到境外，货物清关出境抵达一般仓库保管；④境外消费者通过访问电商平台下单；⑤电商平台通知店铺企业发货；⑥货物从一般仓库配送至买方。

6. 境外自建跨境电商网站模式

制造商、零售商在境外国家自建电商网站，并将商品在境外国家销售。该运营模式有利于扩大销售。其基本流程是：①在境外国家自建跨境电商网站；②预先将商品运送到境外国家，货物清关出境后抵达一般仓库保管；③境外消费者通过访问企业的电商网站下单；④电商网站通知企业发货；⑤货物从一般仓库配送至买方。

梳理日本跨境电商演进的历程可以发现，跨境电商在经济内外循环发展中具有重要的作用。在跨境电商发展的初级阶段，主要服务于区域经济发展，在政府政策引导下逐渐向进出口贸易转变；随着国内消费市场的饱和及跨境电商技术、模式的成熟，基于与中欧美等国家地区的对比，跨境电商开始将重心转移至进出口贸易；在全面发展阶段，政府多措并举、企业错位经营，开发全球贸易市场资源。可见，形成跨境电商有利于促进经济的内外循环，有利于推动国民经济持续稳定发展。

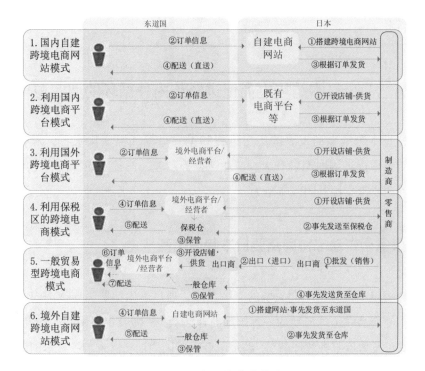

图 10.2 日本跨境电商模式图

资料来源：经济产业省商务情报政策局情报经济课. 产业经济研究委託事業報告書（電子商取引に関する市場調查），2019。

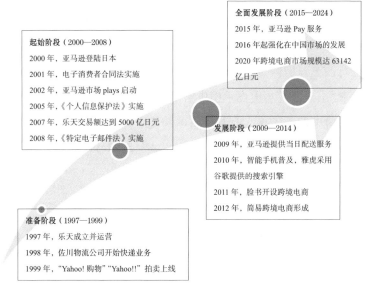

全面发展阶段（2015—2024）
2015 年，亚马逊 Pay 服务
2016 起强化在中国市场的发展
2020 年跨境电商市场规模达 63142 亿日元

起始阶段（2000—2008）
2000 年，亚马逊登陆日本
2001 年，电子消费者合同法实施
2002 年，亚马逊市场 plays 启动
2005 年，《个人信息保护法》实施
2007 年，乐天交易额达到 5000 亿日元
2008 年，《特定电子邮件法》实施

发展阶段（2009—2014）
2009 年，亚马逊提供当日配送服务
2010 年，智能手机普及，雅虎采用谷歌提供的搜索引擎
2011 年，脸书开设跨境电商
2012 年，简易跨境电商形成

准备阶段（1997—1999）
1997 年，乐天成立并运营
1998 年，佐川物流公司开始快递业务
1999 年，"Yahoo! 购物""Yahoo!!" 拍卖上线

图 10.3 日本跨境电商的演进路径

第三节　日本跨境电商促进经济内外循环的现实逻辑

从日本跨境电商发展的历史进程和世界市场环境变化来看，跨境电商不仅能发挥促进国内消费升级、产业转型等动能，而且也能积极利用国际市场、资源要素，提升国际竞争力。

一、供需两端动态协同需要日本跨境电商

跨境电商是分属不同关境的交易主体，通过进出口贸易连接国内、国际市场，使商品在全球流动的一种国际商业活动[①]。涉及供应采购、物流配送、网络支付及售后服务等环节[②]。跨境电商连接国内消费需求端，日本国内消费者对跨境电商认可度日益提升，探寻本国没有的、高品质低价格的商品，推动消费升级，助力国家优化收入分配，疏通生产、分配、流通和消费再生产的良性循环。

从供给侧来看，日本自 20 世纪 70 年代开始通过技术创新、产业转型、优化资源配置等方式，着眼国内外资源和生产供应链体系，围绕提高全要素生产率进行改革，协同金融体系改革、处理僵尸企业等问题，以提高日本全要素生产率[③]，要求跨境电商承担供给侧责任，实现国内国际市场与资源的交叉联动。跨境电商的发展，有利于日本跨境电商企业进一步开拓全球范围的目标消费者，利用数字技术等进行商业模式、跨境物流、国际结算等方面的

① 钊阳，戴明锋 . 中国跨境电商发展现状与趋势研判 [J]. 国际经济合作，2019（06）：24–33.

② 何江，钱慧敏 . 我国跨境电子商务发展研究：回顾与展望 [J]. 科技管理研究，2017，37（17）：213–220.

③ 田正，江飞涛 . 日本产业活性化政策分析——日本结构性改革政策的变化及其对中国的启示 [J]. 经济社会体制比较，2021（03）：170–179.

创新 ①，助推产业结构转型升级。

从需求端来看，通过科技创新提升产业链供应链现代化水平，优化居民收入分配，构建消费提质升级的内需体系需要跨境电商来进口海外商品。同时，随着经济全球化的深入发展及以中国为首的世界消费需求的提升，具有优质品牌效应及竞争力的日本商品，亟须通过跨境电商出口到国际市场。日本与两大跨境电商贸易伙伴国——中国、美国的市场规模，从 2010 年的3789 亿日元增至 2020 年的 63141 亿日元，尤其是自 2013 年进入高速发展阶段。11 年间虽然受东日本大地震、福岛核电站泄露及全球经济不稳定等影响，贸易额依然增长了 16.6 倍之多，年均增长率超过了 29%。从 2020 年中日美三国间跨境电商的市场规模来看，日本向中国及美国的出口额为 29226亿日元，进口额为 3416 亿日元，出口额是进口额的 8.5 倍之多。从三国间贸易流向来看，日本跨境电商对中美两国出口均有较大的贸易顺差，而且贸易顺差规模正以较快的速度逐年扩大。快速发展的日本跨境电商，不仅促进了日本贸易出口，而且为日本企业及国内制造业等相关行业带来巨大的贸易机遇。

二、国内国际两种资源、两个市场的统筹需要日本跨境电商

跨境电商赋能国际外循环，助力"贸易立国"，利用国际市场外向整合全球资源要素，运用国家创新系统推动国内产业结构优化升级，发挥日本制造优势，推动国内消费升级，形成经济内外良性互动循环。制造强国的日本，其商品一直以较高的产品质量、人性化的产品设计闻名全球。早期跨境电商虽受到语言、关税、结算、物流等诸多限制，但依然深受世界各国消费者的青睐。随着数字信息技术的革新及全球经济一体化的加速，日本商品通过跨境电商出口到世界各国。

---

① 経済産業省商務情報政策局情報経済課. 産業経済研究委託事業報告書（電子商取引に関する市場調査）[R/OL]. 2021，https://www.meti.go.jp/policy/it_policy/statistics/outlook/210730_new_hokokusho.pdf.

从日本经济产业省 2021 年的电子商务市场调查报告来看，来自日本优势产业的服装、化妆品等物质性商品最受海外消费者欢迎，零售业和服务业是跨境电商市场增速最快的产业。日本制造成为跨境电商的营销名片，品牌效应带动了相关行业的出口贸易，如日本的服务业在跨境电商发展的影响下，也开始越来越重视发展线上服务业务。日本跨境电商的快速发展，不仅带动了日本出口贸易的发展，而且也促进了国内的食品行业、美容服务业、零售业、旅游业等二三产业的发展。日本式官产学的国家科技创新系统，促进产业结构转型升级，一方面进一步强化日本商品及服务贸易的竞争优势，另一方面又能释放国内消费潜力，促进国内经济要素畅通运行[①]。

三、数字技术促进日本跨境电商发展模式不断创新

日本跨境电商企业积极运用 AI、大数据、云计算等数字技术提升企业经营能力，如利用 AI 技术收集、分析预测消费需求变化，优化商品陈列方式和种类；利用大数据分析制定精准的营销策略，优化结算及商品配送流程，强化商品在库管理、库内作业及配送方式，完善售后服务等。基于各国消费市场的差异性，将企业经营模式优化调整形成了固定的业务流程，即从商品认知、信息收集及比较、访问企业网站或平台、进行价格商谈，到购买及商品评价、退返货处理等。在消费者信赖感的培养、消费需求变化的把握、价格竞争力的强化、广告宣传及促销、物流成本控制及海关检验检疫的应对、客服及退返货处理、法律等规章制度的适应及多种结算方式并行等影响跨境电商发展的问题上，探索日本政府引导、企业调整经营策略等协同解决方案。各大跨境电商平台利用各自的运营模式与商品特性凝练经营特色，在竞争中创新发展。

日本跨境电商发展模式随全球经济发展、信息技术革新、结算方式多元、海关管制调整及物流运输协同发展等内外变化，从早期的在国内开设电

---

① 高琦.日本跨境电子商务发展的特征及借鉴 [J].价格理论与实践，2020（05）：57-60.

商网站、利用国内电商平台开设店铺、利用东道国 C2C 电商平台开设店铺、利用东道国 B2C 电商平台开设店铺和在东道国开设电商网站等 5 种模式，向在国内自建跨境电商网站、利用国内跨境电商平台、利用国外跨境电商平台、境外自建跨境电商网站、一般贸易型和利用保税区型等 6 种模式创新。多样化的跨境电商发展模式，不仅能促进不同类型的日本企业发展进出口贸易，而且能提升跨境电商企业的专业化经营能力，推动跨境电商平台的类型多样化发展，从而为消费者提供多元化的服务选择，带动日本跨境电商的协同性、多样化、多元化创新发展[①]。

四、政府全球视域助推日本跨境电商发展

日本跨境电商从起步发展阶段，政府层面就注重与全球电商发达国家进行对比，如 2005 年开始收集分析美国关于跨境电商的法律制度、消费环境等信息，2008 年开始关注欧洲各国及中国，2009 年利用多种方式鼓励日本企业发展跨境电商，2010 年开始强化对中国市场的跨境电商营销等。在鼓励企业发展跨境电商的同时，日本政府还积极吸引国外跨境电商企业进驻日本市场，如亚马逊 2000 年进入日本市场。在与国外跨境电商企业竞争中积累经验，然后以独资、合资、合作等多种形式向中国及东南亚地区拓展。由此可见，日本跨境电商保持强劲国际竞争力的重要动能，与日本政府的全球化视域发展有直接关联。

日本政府利用跨境电商不同于传统业态的"小、快、灵"特点，借助日本制造的品牌效应、强大的国内工业体系及不断革新的信息技术，不断挖掘不同规模跨境电商企业的发展潜力。引导如亚马逊（日本）、雅虎（日本）、乐天等大型跨境电商企业，通过多元化的产业布局、与东道国企业合作等拓展进出口贸易业务。鼓励中小规模跨境电商企业，结合传统跨境贸易小批量、多批次等特点，利用 AI、5G 等技术创新经营模式，提升线上经营能力

---

① 胡方，高荣瑢.日本跨境电子商务发展的特征、原因及其启示 [J]. 贵州商学院学报，2020，33（01）：48-55.

的同时，拓宽出口范围。此外，政府出台"观光立国"等政策吸引外国游客到日本，利用访日游客在日消费及回国的重复购买拉动跨境电商的发展。日本政府主导的国际结算方式、物流运输等协同化、便利化发展，也为中小型跨境电商企业发展创造了有利条件。日本政府实施灵活的政策支持、引导多元的跨境电商模式、促进协同便利化的商品配送等，为日本各类跨境电商企业提供了错位经营的环境和发展模式参考。

第四节　日本跨境电商助推经济内外循环的发展趋势

日本完成工业化进程后，经济的结构性问题日益突出，国内少子老龄化社会下消费市场不断萎缩，总需求不足，潜在生产率下降，阻碍经济发展[1]。但是，以中国为首的海外消费市场不断扩大。在此背景下，积极发展跨境电商，特别是扩大与中国、美国等国家的跨境电商市场对日本来说尤为重要。

一、日本跨境电商市场发展现状

从世界跨境电商发展来看，全球范围内跨境电商普及率逐年提高，整体市场规模保持持续增长态势。2019 年日本经济产业省《电商市场调查数据》显示，2019 年世界跨境电商的市场规模是 3.53 万亿美元，预测到 2023 年将达到 6.54 万亿美元，EC 化率将达到 22%。2020 年世界 B2C 电商市场规模是 4.28 万亿美元，EC 化率为 18%，且随着世界经济的发展，电商消费需求、市场规模及 EC 化率将继续提升。

---

① 　包振山. 日本"购物难民"的产生、影响及启示 [J]. 中国流通经济，2021，35（02）：61–70.

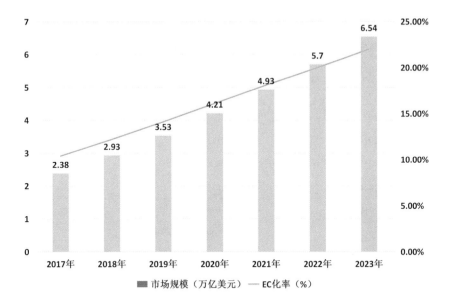

图 10.4　2017—2023 年世界 B2C 电商市场规模趋势图

资料来源：经济産業省商務情報政策局情報経済課．産業経済研究委託事業報告書（電子商取引に関する市場調查），2019。

世界跨境电商市场规模进一步扩大，从需求侧来看，消费者对跨境电商认可度日益提升，探寻本国没有的商品和高品质低价格的商品，增加对商品及制造商的信赖将成为发展趋势；从供给侧来看，跨境电商的发展，有利于跨境电商企业进一步开拓全球范围的目标消费者，利用数字技术进行商业模式、跨境物流、国际结算等方面的创新。

自 2009 年日本经济产业省年度电子商务市场调查报告里增加跨境电商统计以来，日本与两大跨境电商贸易伙伴国——中国、美国的市场规模，从 2010 年的 3789 亿日元增至 2020 年的 63141 亿日元，贸易额增长了 16.6 倍，年均增长率超过了 29%（见表 10.1）。日本跨境电商快速发展的背后，与以中国为首的海外消费需求逐年扩大有直接关联。

表 10.1　2010—2020 年日本跨境电商市场规模及增幅变化统计表

年份	市场规模（亿日元）	增幅（%）
2010	3789	0

（续表）

年份	市场规模（亿日元）	增幅（%）
2011	3551	−6.3
2012	3780	6.5
2013	17184	454.6
2014	22573	31.4
2015	27664	22.6
2016	34549	24.9
2017	42196	22.1
2018	49309	16.9
2019	55397	12.3
2020	63141	13.9

资料来源：经济産業省商務情報政策局情報経済課，産業経済研究委託事業報告書（電子商取引に関する市場調査），2009–2020。

从 2020 年中日美三国间的跨境电商市场规模来看，日本跨境电商的市场总规模是 3416 亿日元，其中从美国购入 3076 亿日元，从中国购入 340 亿日元；美国跨境电商的市场总规模是 17108 亿日元，其中从日本购入 9727 亿日元，从中国购入 7382 亿日元；中国跨境电商的市场总规模是 42617 亿日元，其中从日本购入 19499 亿日元，从美国购入 23119 亿日元。日本向中国及美国的出口额为 29226 亿日元，进口额为 3416 亿日元，出口额是进口额的 8.5 倍之多（如图 10.5）。总体来看，日本跨境电商对中美两国出口均有较大的贸易顺差，而且贸易顺差规模正以较快的速度逐年扩大。快速发展的日本跨境电商，不仅促进了日本贸易出口，而且为日本企业及国内制造业等带来较多的贸易机会。

1. 销售类跨境电商市场规模

根据 2020 年日本经济产业省《电商市场调查数据》，日本销售类跨境电商市场规模，从 2019 年的 100515 亿日元增加到 2020 年的 122333 亿日元，增加了 21818 亿日元，增长率达 21.71%。EC 化率比 2019 年的 8.08% 增加了 1.32 个百分点。2013 年日本销售类跨境电商的市场规模是 59931 亿日元，7 年间增长了约 2 倍（图 10.6）。

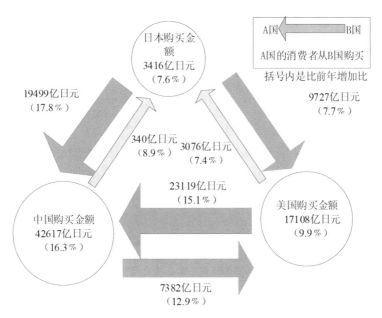

图 10.5　2020 年中日美三国间跨境 EC 市场规模示意图

资料来源：经济産業省商務情報政策局情報経済課，産業経済研究委託事業報告書（電子商取引に関する市場調査），2020。

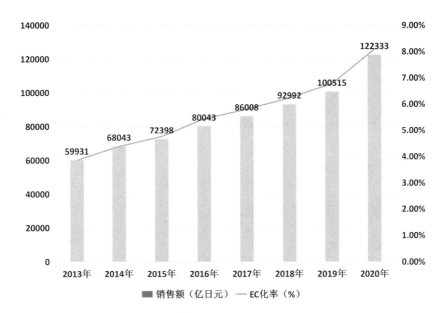

图 10.6　2013—2020 年日本销售领域跨境电商市场规模及 EC 化率增长趋势图

资料来源：经济産業省商務情報政策局情報経済課，産業経済研究委託事業報告書（電子商取引に関する市場調査），2020。

2.服务、数字领域跨境电商市场规模

根据 2020 年日本经济产业省《电商市场调查数据》，2020 年日本服务类跨境电商市场规模比 2019 年的 71672 亿日元减少了 25840 亿日元，增长率出现了大幅度下滑；数字类跨境电商市场规模比 2019 年的 21422 亿日元增长了 3192 亿日元，达到了 24614 亿日元，增长率为 14.9%（表 10.2）。服务类跨境电商市场规模大幅度减少，是受到与该领域占有同样大市场规模的跨境旅游减少的影响，跨境旅游市场出现了近 6 成的缩减，对餐饮住宿、交通等服务类市场影响非常大。

表 10.2　2013—2020 年日本服务、数字类跨境电商市场规模统计表

年份	服务类跨境电商市场规模（亿日元）	数字类跨境电商市场规模（亿日元）
2013	40710	11019
2014	44816	15111
2015	49014	16334
2016	53532	17782
2017	59568	19478
2018	66471	20382
2019	71672	21422
2020	45832	24614

资料来源：经济产业省商务情报政策局情报经济课. 产业经济研究委託事业报告书（電子商取引に関する市场调查），2020。

二、日本跨境电商的进口发展动向

日本完备的内需消费体系，是推进经济内外循环的重要驱动力，跨境电商有助于将高端消费回流国内，在促进消费升级、优化消费结构、提升消费层次中具有核心动能。2020 年日本经济产业省《电商市场调查数据》显示，日本消费者利用跨境电商理由中，"使用方便"（45%）的理由占比最高，其

次分别是"购物条件好"（38%）、"商品品质高"（17%）、"商品丰富"（13%）、"有感染力的宣传"（9%）、"值得信任"（7%）（如图10.7）。日本消费者喜欢利用跨境电商的国家分布中，美国占比高达71%，其次分别是中国（18%）、英国（14%）、意大利（11%）和韩国（11%）（如图10.8）。由此可见，日本消费者对美国商品具有较强的信赖感，且与其他国家的占比相差较大。

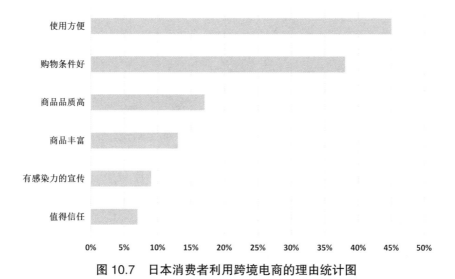

图10.7　日本消费者利用跨境电商的理由统计图

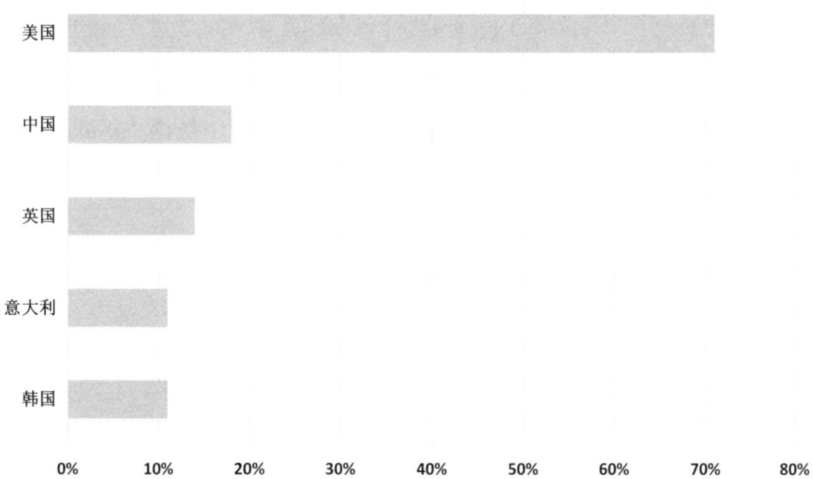

图10.8　日本消费者利用跨境电商的主要国家分布统计图

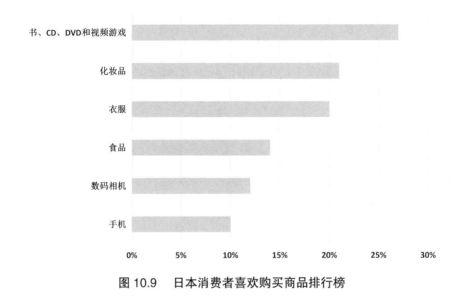

图 10.9　日本消费者喜欢购买商品排行榜

　　日本消费者喜欢购买的商品中，第一位的是"书、CD、DVD 和视频游戏"（27%），第二位的是"化妆品"（21%），第三位的是"衣服"（20%），后面分别是"食品"（14%）、"数码相机"（12%）和"手机"（10%）。由此可见，日本跨境电商企业从事进口贸易，在保持对美国进口的基础上，也要适度加大对中国等国家商品的宣传和营销，增加"书、CD、DVD 和视频游戏"等商品在日本的销售。跨境电商的进口数据，一方面凸显日本消费者对精神文化产品需求的提升，不仅要求制造业提升服务能力，而且对产业间协同融合发展提出更高要求；另一方面可以提升中高端消费比例，强化消费体验，同时提高了消费者的购买意愿，有利于释放高层次消费市场潜力。消费需求的新发展动向反过来对生产、分配和流通环节的优化提出了更高要求。

三、日本跨境电商出口发展趋势

　　跨境电商出口贸易更有利于利用全球市场和资源要素，优化全球产业分工体系。在线支付解决方案 PayPal 和全球市场研究公司 Ipsos 联合发布的 2018 年跨境贸易报告指出，从海外市场发展动向来看，通过对 31 个国家或地区 3.4 万人的调查数据显示，利用跨境电商的理由中，"商品价格便宜"（72%）、"能购买到本国没有的商品（49%）"占比较高，占比不太高（24%）的"邮费合适"也是不可忽视的理由（如图 10.10）。

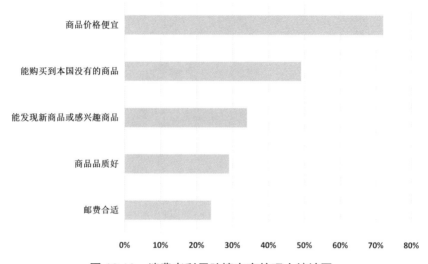

图 10.10 消费者利用跨境电商的理由统计图

资料来源：Paypal and Ipsos，PayPal Cross Border Consumer Research 2018。

根据艾媒咨询 2019 年对中国消费者利用跨境电商购买商品来源国的调查中，排第一位的是日本，占比高达 58%；第二位的是韩国，占比为 52.5%；其次分别是美国 48.4%、澳大利亚 26.7%、德国 22.2%、法国 20.3%、英国 18.5%（如图 10.11）。

2020 年日本经济产业省《电商市场调查数据》显示，中国是日本跨境电商的首选目标市场，其次是美国、韩国等（如图 10.12）。中国消费者在经济快速增长背景下收入水平不断提高，今后会积极利用跨境电商的回答比例占到 79.5%，日本商品的品牌和品质是吸引中国消费者通过跨境电商购买的主要原因[①]。

---

① 原田良雄．越境 e コマースの現状と展望 –EC 事業者の中国市場への取り組み [J]. 大阪産業大学経営論集，2013，15（1）：1–26.

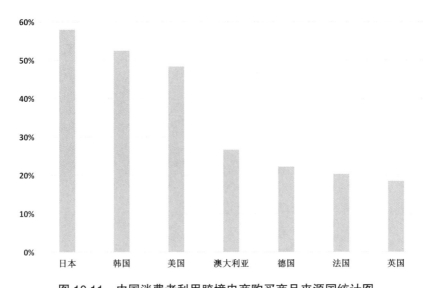

图 10.11　中国消费者利用跨境电商购买商品来源国统计图

资料来源：iiMedia Research，2019 China Cross-Border Ecommerce Development Trends Research Report。

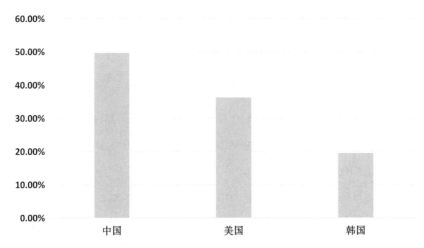

图 10.12　日本企业跨境电商海外经营的主要国家分布统计图

日本贸易振兴机构 2020 年对日本企业扩大海外出口业务意向的调查数据显示 [①]，今后三年向海外出口的意向虽然与 2019 年相比减少了 3.7%，但依

---

① 日本貿易振興機構海外調査部 .2020 年度日本企業の海外事業展開に関するアンケート調査報告書 [R/OL]. 2021. https://www.jetro.go.jp/ext_images/_Reports/01/3f6c5dc298a628be/20200024.pdf.

然高达 76.7%。全球新冠疫情的蔓延与反复是影响日本企业降低出口意向的主要原因。日本企业对跨境电商却呈现较为积极的态度。同调查数据显示，2018 年日本企业扩大跨境电商的回答是 35.9%，2020 年增长至 43.9%。其中除了大企业的回答率略微减少外，中小企业的回答从 2018 年的 37.2% 增至 2020 年的 46.7%，增长了 9.5%。

日本企业今后扩大跨境电商目标国家的调查数据显示，位于前列的是中国、美国、新加坡、越南、泰国、法国、马来西亚、印度尼西亚等。面向中国的跨境电商市场，因中国企业的发展及全球企业的竞相进入，使得企业间的竞争愈发激烈，影响到部分日本企业在中国市场的发展。因此日本企业不再局限于中国和美国市场，开始重视消费需求日益旺盛的东南亚各国、市场规模不断扩大的俄罗斯及其他有发展潜力的国家。由于目标市场的扩大需要相应的劳动力及经营成本，因此可以预想到日本政府会制定并实施服务跨境电商发展的相关支持政策。基于跨境电商出口新动向，可以优化日本出口市场结构，拓展新兴市场，优化出口产品结构，深度调整全球产业链价值链。

日本企业在发展跨境电商业务时，也存在经营战略、法律制度、关税、结算及物流等限制[①]。具体来看，一是针对东道国市场特征选择跨境电商模式，其关键点是库存风险；二是将企业经营模式根据东道国市场特征进行本土化调整；三是熟悉东道国市场产品认证等相关法律制度；四是基于当地竞争商品、协同合作伙伴、是否包括邮费等制定合适的销售价格；五是确定业务流程，明确各环节责任范围与分工。跨境电商的发展虽然受到这些因素的影响，但作为开拓海外市场的重要手段，不仅可以拉动日本的贸易出口，而且可以服务国内经济增长，成为活化日本经济的原动力，因而备受关注。

---

① 莊秀文. 日米中における越境 EC のビジネスモデル解析の研究 [J]. 情報社会学誌，2015，10（1）：45-56.

第五节　对中国的镜鉴

一、中国跨境电商发展的现实基础

从早期的海淘、个人代购等模式发展起来的中国跨境电商，经历黎明期（2002—2004）、发展期（2005—2013）、全面发展期（2014—2018）后，进入发展的成熟期（2019—2024）。在政府政策、企业创新发展、不断扩大的消费市场推动及数字信息技术的助推等多重因素作用下，中国跨境电商呈现如下发展特征：一是跨境电商规模快速增长，成为外贸增长新引擎；二是跨境电商创新能力增强，带动实体经济转型升级，表现在跨境电商模式创新推动海外仓快速发展，按需定制模式推动企业改变生产和服务方式，外贸综合服务模式推动制造企业专注于产品提升，社交和直播跨境电商模式扩大优质产品影响力；三是跨境电商全球布局扩大，开拓国际国内潜在市场；四是跨境电商监管体制逐步完善，营造良好发展环境等[1]。

中国产业链、供应链和消费市场形成了满足规模经济、集聚经济要求的条件，庞大的国内市场规模、完善的工业链条为实施"双循环"战略打下坚实的基础[2]。消费升级、政策开放、数字技术促进、用户规模增长、跨境电商企业快速发展、新零售推动产业融合发展等是影响中国跨境电商发展的重要因素，促使跨境电商思维从卖货思维向营销思维转变。中国跨境电商的发展中，跨境品牌创建成为新的盈利模式，"一带一路"沿线国家和地区及《区域全面经济伙伴关系协定》（RCEP）成员国中的东南亚各国将成为跨境电商

---

① 曲维玺，王惠敏. 中国跨境电子商务发展态势及创新发展策略研究 [J]. 国际贸易，2021（03）：4–10.

② 赵宇新，孙先民. 中国现代流通体系构建研究的方法论选择——马克思流通经济方法论在当代中国的应用与发展 [J]. 商业研究，2021（03）：47–56.

的蓝海市场，数字技术促进跨境电商与关联产业的深度融合发展，数字化运营赋能跨境电商竞争力提升，开放联动的跨境电商生态系统影响国内外市场的开拓与经营。

对比中日两国跨境电商的发展，从政策层面来看，两国政府都非常重视跨境电商的发展，且积极推动数字技术在跨境电商领域的运用，跨境电商成为两国提升出口贸易的重要抓手；从企业层面来看，两国企业积极发展跨境电商业务，注重经营模式的创新与优化；从消费者层面来看，两国消费者及目标市场国家的消费者，对跨境电商的商品及服务持支持态度，热衷于购买使用便利、性价比高的国外商品。但与日本国内低迷的消费市场相比，中国国内消费升级及中产阶层扩大等消费市场不断扩大的特征尤为鲜明。制造强国的日本与制造大国的中国，跨境电商企业在全球市场上竞合发展，将成为今后持续关注的重要课题。因此，立足中国国情和跨境电商发展的现实基础，总结日本跨境电商发展的有益经验，对于中国更好地促进跨境电商服务国内国际双循环新发展格局有着重要的参考价值。

二、对中国跨境电商发展的镜鉴

（一）完善数字基础设施新基建，夯实跨境电商发展基石

跨境电商是一个复杂的生态系统，对基础设施的要求比较高，既包括硬件如通信基础设施等，也包括软件如企业经营能力、营商环境等；既包括专业化人才、金融政策等核心辅助，又需要国际支付、跨境物流等配套支撑服务。因此，中国应借鉴日本在跨境电商发展中的利用数字信息技术布局移动互联网技术设施，进一步加快海外保税仓的建设，强化与国际贸易商的合作，打通国内外市场的国际物流、电子支付等领域的合作；借鉴日本高校及职业院校对流通人才、跨境电商人才的培养，抢抓"新文科"，引导建设政府—高校—企业多层次人才培养体系，探索跨境电商人才的培养。同时，跨境电商企业也应完善员工培训研修制度，鼓励企业员工加强跨境电商新理论、新知识及数字信息等新技能的学习，创建完善的企业人才职业发展制度。以数字

基础设施建设为抓手，在软硬两方面强化中国跨境电商发展的基础。

（二）强化数字技术赋能作用，推动产业升级转型

日本政府大力打造若干世界领先的产业集聚，加快大数据、云计算、区块链、物联网等数字技术在跨境电商中的应用，推动数字技术与产业融合，以跨境电商的数字化转型带动关联产业的升级转型。中国应借鉴日本的做法，将数字技术应用到跨境电商发展的全流程，收集消费者的消费行为、消费习惯等消费数据，分析预测消费趋势，发挥数据要素与传统生产要素的渗透融合，协同社会再生产中的消费与生产、流通、交换的职能，通过跨境电商平台实现企业间优势互补，实现商品、资金、物流、信息等资源共享，构建跨境电商生态圈。在此过程中，可优先发展一批具有跨境电商产业优势的龙头企业、头部企业，通过政府政策引导加市场竞争机制的组合方式，推动跨境电商带动中小企业发展。依托跨境电商园区，推动跨境电商产业链、产业圈和产业集群的转型升级。

（三）推进区域贸易协作，提升跨境电商竞争力

世界百年未有之大变局加速演进，外部环境更趋复杂严峻的背景下，日本更加注重区域贸易，如中日双边贸易将由预期效应转为实际效应，中日贸易总额可望恢复到高峰期2011年的水平，此后将保持稳定增长状态[1]。RCEP于2022年1月率先在中国、日本等十国开始生效，日本政府分析RCEP产生的经济效应，结果显示日本实际GDP在RCEP生效后的一定时期内，将实现2.7%的增长[2]。在区域贸易日趋活跃、地区经贸环境日趋复杂的现实情况下，日本一直以主导或积极参与区域协定、双边协定谈判等形式，谋求贸易规则制定主动权，这对日本充分实施经济安全策略有着不可或缺的重要作

---

[1] 张季风.RCEP生效后的中日经贸关系：机遇、挑战与趋势 [J]. 东北亚论坛，2021，30（04）：69-81，127-128.

[2] 宋志勇，蔡桂全.RCEP签署对中日经贸关系的影响 [J]. 东北亚论坛，2021，30（05）：68-82，127-128.

用①。中国可借鉴日本经验，利用 RCEP、"一带一路"倡议及要加入的《全面与进步跨太平洋伙伴关系协定》(CPTPP)、《数字经济伙伴关系协定》等合作协定，利用贸易自由化等政策，加快与世界各国或地区的贸易往来，借助跨境电商载体，促进区域内贸易协作，进而提升中国跨境电商的国际竞争力。

（四）创新跨境电商发展模式，助推"双循环"新发展格局

跨境电商一方面能促进日本企业扩大海外市场、提高企业经营管理能力，另一方面能促进国内地域再生、中小企业及相关产业的发展，因此日本政府及地方自治体、商工会所等社会经济团体②，以各种形式支持跨境电商利用数字技术在业态发展、模式升级等方面不断创新。以满足消费者日趋个性化、多样化的需求为目标，对内通过调整产业政策，以强有力的财政金融政策应对实体经济下行，重构产业链、供应链来稳固日本经济发展；对外通过对接区域战略部署，以主动性的数字经济政策，依托跨境电商寻求营造数字技术海外拓展的新环境，确保日本对外经济政策的实施和经济安全、国际竞争力。中国非常注重跨境电商的发展，今后应利用跨境电商降低国内生产成本、调整产业结构、改变消费行为决策等发展优势释放国内需求潜力，激发超大市场规模经济，服务国内大循环；同时推动跨境电商企业开拓海外市场、深化国际分工合作，促进中国产业向中高端全球价值链拉升，提升全要素生产率的跨境配置，利用跨境贸易便利化等政策，通过创新跨境电商贸易模式、构建跨境电商促进双循环发展政策支撑体系等创造双循环发展的市场环境③，服务国际大循环。在此基础上，实现跨境电商的内需与外贸联动发展，助推中国"双循环"新发展格局。

---

① 郭锐，许菲.日本东亚区域合作动向及其经济安全策略调整 [J].现代日本经济，2021（05）：1-14.

② 大泉启一郎.中国の消费市场と越境 EC —デジタル时代の消费财输出战略 [J].GRI レビュー，2017，8（47）：47-59.

③ 赵崧含，张夏恒，潘勇.跨境电商促进"双循环"的作用机制与发展路径 [J].中国流通经济 2022，36（03）：93-104.

第十一章　数字经济时代零售业数字化转型与经济增长

第一节　绪论

数字经济的蓬勃发展给全社会生产生活带来了深刻影响，以云计算、大数据、物联网、区块链为代表的新一代数字技术促进产业数字化发展，数字技术带来的"蝴蝶效应"[①]，正在加速零售商业领域的传统企业组织形式变革和商业运用模式革新，以新技术、新产品、新业态等形式催生零售业的数字化创新与转型。从供给端来看，数字经济能够借助扁平化的信息交互平台，丰富决策信息获取手段和提高信息传递效率，优化市场交易匹配机制，提升零售企业的供给效率；从消费端来看，数字经济能够促进消费场景的延展和消费需求的增加，并通过推动消费端的转型升级来刺激供给端的经营创新[②]。

发展数字经济已逐步上升为国家战略，成为各级政府推动新旧动能转换

---

① 包振山，常玉苗，万良杰. 数字经济时代零售商业模式创新：动因、方法与路径 [J]. 中国流通经济，2022，36（07）：12-21.

② 姜扬. 数字经济如何促进创业发展——基于宏观和微观的双重视角 [J/OL]. 经济管理，1-14 [2024-06-16]. https://doi.org/10.19616/j.cnki.bmj.2024.04.004.

和打造高质量发展高地的重要举措[①]。当前中国经济发展模式正在由地租经济向数字经济转变，数字经济将取代地租经济成为高质量发展的新动能[②]。数字经济是发展新质生产力的基础支撑，具有高创新性、强渗透性和广覆盖性的特征，代表着先进生产力，包含数字产业化、产业数字化、数据价值化和治理数字化等多维内容。

零售业作为连接生产和消费的关键纽带，在促进产业结构升级和推进现代服务业同先进制造业、现代农业深度融合，建设现代化产业体系中具有重要的媒介供需职能[③]。数字技术作为企业重组生产要素的关键力量，能重塑企业资源内部结构，促进线上线下融合，助力零售业迭代升级[④]。以 ABCDE（AI 人工智能，Block chain 区块链，Cloud 云计算，Data 大数据，Electronic commerce 电子商务）为核心的第四次数字变革，成为重塑零售业生产要素的重要动能。数字经济赋能零售业的数字化转型，利用数字技术要素，重构商业模式优势、重塑组织管理的过程，对要素重新排列组合，优化资源配置，提升竞争优势[⑤]，可为缓解供需矛盾变化为诉求的流通效率升级提供重要支撑。

数字经济时代零售业利用数据分析、准确辨别与匹配需求等优势，使传统消费突破时空和渠道限制，同时通过技术创新不断催生新业态，从而扩大居民消费。零售业积极拥抱数字经济进行创新与转型，服务于扩大内需消费的国家战略，满足人民对美好生活的向往，激发中国超大规模市场优势，具有重要的现实意义。

① 周耿，王宇伟，范从来.数字经济、区域壁垒与统一大市场——来自长三角地区的证据 [J]. 山西财经大学学报，2024，46（06）：17-31.

② 张翔，孙久文.数字经济发展与新质生产力的生成逻辑 [J].学术研究，2024（05）：87-95.

③ 梁佳，严锋，张其林.数字技术提升零售产业效率：机理与实证 [J].商业经济与管理，2023（12）：5-21.

④ 梁佳，严锋，杨宜苗.数字技术推动了零售业高质量发展吗？——基于面板门限模型的检验 [J].经济与管理，2022，36（06）：15-24.

⑤ 黎传熙.数字创新生态下营销动态能力的构建与资源编排——基于零售新业态企业的双案例研究 [J].经济与管理，2024，38（02）：84-92.

第二节　文献综述

数字化转型的基础是数字技术，是通过各种信息技术进行组合，进而促进企业属性产生重大变化，并进行改进的过程。华纳等（Warner et al.，2019）认为企业利用数字技术来实现组织结构、经营战略、商业模式等的变革[①]。安筱鹏（2019）认为数字化转型是企业深化数据流动、实现资源优化配置并提高运营效率的过程[②]。王坤和相峰（2018）认为零售业数字化创新转型是基于新一代数字信息技术驱动零售业态与供应链重构、渠道融合与场景创新、产业协同与供需适配等，促进零售企业转型升级[③]。零售业经过多年的演化，随着数字技术迭代更新与深度应用，以消费者为中心的需求时空化消费期望的更迭，"人货场"核心要素的主导逻辑在加速演进。王福和王科唯（2020）认为零售数字化转型的实质是大数据、人工智能等数字技术应用，加速零售产业的全面升级[④]。

近年来，中国零售业在科技变革与消费升级等叠加驱动下不断进行数字化创新。王福等（2024）认为从供给端来看，新一代数字信息技术快速发展，加速零售业的迭代转型；从需求端来看，"00后"已成为中国消费市场的主力军，人口结构变迁驱动新消费人群崛起和新消费理念更新[⑤]。戚聿东和肖旭（2020）认为供需两端的变化及数字信息技术的应用，使得零售业数字化创新转型也从早期的信息技术引进与应用，转向基于数字技术的组织结

① Warner K，Wacer M. Building Dynamic Capabilities for Digital Transformation：An Ongoing Process of Strategic Renewal[J]. Long Range Planning，2019，52（3）：326-349.
② 安筱鹏.重构：数字化转型的逻辑[M].北京：电子工业出版社，2019.
③ 王坤，相峰."新零售"的理论架构与研究范式[J].中国流通经济，2018，32（01）：3-11.
④ 王福，王科唯."新零售"供应链场景化价值逆向重构[J].中国流通经济，2020，34（02）：27-35.
⑤ 王福，何佳华，刘俊华，等.场景链如何基于"人货场"主导逻辑演变赋能制造业商业模式生态化创新——福田汽车案例研究[J].科技进步与对策，2024，41（06）：30-39.

构、商业模式和业态场景等方面的创新发展①。

在零售业数字化创新转型的过程中，南比桑等（Nambisan et al., 2017）提出数字技术的应用改变了企业间的竞争模式，构建了新的价值创造逻辑，价值创造也由企业内部拓展至企业外部，消费者可以参与其中②。包振山等（2022）认为零售业数字化创新转型没有颠覆零售的本质，是围绕"人货场"三核心要素的重构，以消费者体验为中心，将侧重渠道视角拓展为产业协同视角，围绕消费需求变化，将人与货的规模化匹配升级为个性化、多样化、高级化精准适配，将人从被动消费向主动需求转变，将货从有形商品向"产品+"转变，将场从单一渠道向场景体验转变③。

基于零售业数字化创新转型的深度和广度来权衡，中国零售企业的转型策略可分为既有深度也有广度的数字化转型策略、先有深度而暂未兼顾广度的数字化转型策略和先有广度而暂未兼顾深度的数字化转型策略④。零售企业基于自身要素禀赋，利用数字技术组合创新组织结构、优化业务流程、整合营销渠道、重构商业模式，形成新的竞争优势，提高经营效率，更为高效地发挥生产与消费中的媒介职能。

随着中国消费驱动型增长模式的逐步形成，消费成为拉动经济增长的主引擎，零售消费在中国经济增长中的重要性日益显现⑤。谢莉娟和王晓东（2021）认为零售业数字化不仅可以精准洞察消费者个性化和多样化的需求，而且可以开发和创出更多长尾需求⑥。陈剑等（2020）研究发现，从规模经济效应来看，小而分散的长尾需求在平台等虚拟交易场所聚集，可能形成潜

① 戚聿东，肖旭．数字经济时代的企业管理变革[J]．管理世界，2020，36（06）：135-152，250．

② Nambisan S, Lyytinen K, Majchrzak A, et al. Digital Innovation Management: Reinventing Innovation Management Research in a Digital World [J]. MIS Quarterly, 2017, 41（1）: 223-238.

③ 包振山，常玉苗，万良杰．数字经济时代零售商业模式创新：动因、方法与路径[J]．中国流通经济，2022，36（07）：12-21．

④ 王晓东，万长松，谢莉娟．零售企业数字化转型策略选择——基于转型深度和广度对全要素生产率的影响[J]．中国人民大学学报，2023，37（03）：56-69．

⑤ 张伊娜，展蓉．网络零售缩小了区域经济差距吗？——基于中国地级市数据的实证分析[J]．西北大学学报（哲学社会科学版），2023，53（06）：83-93．

⑥ 谢莉娟，王晓东．马克思的流通经济理论及其中国化启示[J]．经济研究，2021，56（05）：20-39．

在的规模经济效应，且零售业线上线下深度融合发展，使商品交换突破时空限制，延展了规模可能性边界[1]。李勇坚（2014）研究发现电子商务的发展通过消费乘数效应可以促进经济增长[2]。李朝鲜和兰新梅（2005）认为如果由于零售市场需求的增加而促进了总需求，则能带动供给的增加，同时刺激宏观经济高速增长[3]。

数字化零售引领经济增长新动能，谢莉娟（2019）认为在深化供给侧结构性改革和完善促进消费体制机制的背景下，数字化零售的终极目的是更好地适应消费升级的需要，提升流通效率，带动产业链的适应性调整，引领经济增长新动能[4]。零售业数字化创新转型将"人货场"作为独立的价值链角色，三者间分工和协同的底层逻辑带来供需两端个性化、多样化、高级化适配，成为构建以消费为主导的内需体系、扩大国内需求、形成经济增长压舱石、服务以内循环为主体的新阶段的重要举措[5]。

基于零售业数字化创新转型与经济增长关系的研究梳理，发现零售业积极拥抱数字新技术的探索，不仅促进行业企业的变革发展，而且其发展过程也是在促进经济增长，这为本研究提供了有益的借鉴价值。基于此，本章拟从零售业数字化创新转型及与经济增长的互动创新进行深入研究。

① 陈剑，黄朔，刘运辉.从赋能到使能——数字化环境下的企业运营管理 [J]. 管理世界，2020，36（02）：117–128，222.
② 李勇坚.电子商务与宏观经济增长的关系研究 [J]. 学习与探索，2014（08）：102–108.
③ 李朝鲜，兰新梅.零售商业景气波动及其对宏观经济增长波动的影响效应分析 [J]. 北京工商大学学报（社会科学版），2005（02）：1–5.
④ 谢莉娟.2019 年中国商业十大热点展望之七——数字化加快零售效率提升引领供应链形成经济增长新动能 [J]. 商业经济研究，2019（16）：2.
⑤ 田正，李鑫.双循环背景下经济高质量发展路径探究：日本的经验与启示 [J]. 广西师范大学学报（哲学社会科学版），2021，57（03）：130–142.

第三节　数字经济时代零售业数字化转型及主要表现

改革开放以来，中国零售业加快了创新步伐，各种新型业态、经营模式、商业模式、营销场景等不断涌现，从传统零售变革的百货店革命（1985—2000）到超级市场革命（1990—2013）及几乎同期的连锁经营革命（1993—2013），主要是通过引进世界最新业态的方式完成了弯道超车式的发展[1]。以电子商务的出现为标志的第四次零售革命，把实体零售业卷入变革中的 O2O 模式，加速零售业线上线下的融合发展，中国已成为该次零售革命的引领者。近年来，中国零售业先后经历了网络零售、"新零售"、全渠道零售、零售数字化等创新转型，具体的内涵与表现如下。

一、网络零售及主要表现

网络零售是互联网与零售业融合发展而产生的一种线上零售业态。网络零售在创新交易方式、激发消费市场活力、促进产业协同融合发展等方面具有重要促进作用[2]。网络零售产生的前提是互联网的应用与发展，商流、物流、资金流、信息流等向网络集聚，产生了不同于传统零售的突破时空限制、购物便捷、配送便利等新特征，极大地提升了供需匹配效率[3]。

从交易主体来看，以网络零售商为中心，将生产商、供应商和消费者连接起来，促进生产端和消费端的价值共创，形成由网络零售商、供应商、顾客共同构成的核心体系。网络零售的发展离不开物流业的发展与支付方式的创新，形成由支付与物流平台共同构成的支撑体系。

---

[1]　李骏阳.改革开放以来我国的零售革命和零售业创新[J].中国流通经济，2018，32（07）：3–11.

[2]　王海波.网络零售业态发展的经济效应及对策[J].理论与改革，2016（01）：161–164.

[3]　王国顺，王瑾.网络零售的经济学分析[J].北京工商大学学报（社会科学版），2021，36（01）：105–113.

从交易内容来看，网络零售的资金流、信息流及部分物流进行线上传输，更大价值在于物流平台、资金流平台的良好运营，商品服务的供需信息通过网络接洽，优化了零售交易环节。主要表现为中间商或渠道商减少，交易渠道缩短，交易效率提升，交易费用大幅度减少，能提供适应并引领消费需求变化的商品服务才能在竞争中赢得优势。

从交易形式来看，网络零售因通过去中间化提升了供需匹配效率，但也存在市场准入门槛降低、供需分散化等问题，导致新的信息不对称。为此，网络零售商积极将信息技术迭代升级应用，通过网络零售平台实现信息集合，使得以信息流为主要交易内容的网络零售平台成为交易的中心。

由此可见，网络零售表现出交易内容信息化、交易主体多元化、交易组织形式去中间化与再中心化的特征，通过打破供需的时空边界、重塑供求关系、跨界融合一体化等方式获得规模经济和范围经济，进而激发内需消费活力，促进经济增长。

二、"新零售"及主要表现

"新零售"的概念一经提出，就得到业界和学界的广泛讨论，时至今日仍在不断演化和迭代，如果说 2016 年是"新零售"萌芽之年，则 2017 年是"新零售"爆发之年，2018 年是"新零售"竞争格局确定之年，2019 年是"新零售"沉淀与反思之年[①]。"新零售"是以消费者为中心的业态重构，凸显消费者的中心作用。

"新零售"的核心在于建立线上线下融合的新型商业模式，从而满足消费者对消费体验的追求，是以智慧平台搭建为重点，以线上线下融合为核心，以线下促进线上为导向的创新发展[②]。从本质结构上看，"新零售"是线

① 王宝义 . "新零售"演化和迭代的态势分析与趋势研判 [J]. 中国流通经济，2019，33（10）：13–21.
② 张普 . 新零售的兴起、理念及构建——以零售业革命的发展为视角 [J]. 哈尔滨商业大学学报（社会科学版），2021（05）：112–120.

上平台、线下平台与物流的有机结合。

以"线上＋线下"商业环境为载体，供应商或厂商、顾客以及新零售企业之间共同构成一个有机协同、合作共赢的机制，在先进技术的驱动下形成具有一定经济社会效益且稳定持续的体系[①]，即新零售生态圈。

"新零售"代表性业态或模式有盒马模式、小店模式、美团模式、平台赋能模式、社交引流模式、拼购模式等[②]，主要表现为服务体验多样化、物流配送效率化、售后机制完善化、零售需求升级化等。其中服务体验多样化是以消费者的根本需求为出发点，在商品搜索、交易支付、即时反馈及售后保障等全过程，为消费者提供视觉、听觉、触觉周到的服务；物流配送效率化是建立在大数据、人工智能、云计算等信息技术基础上的，以实现物流的自动化、智能化、可控化和网络化的方式，对客户数据进行收集、分析及预测，以提升物流配送效率为最终目标；售后机制完善化是企业借助数字平台收集消费者的反馈信息，对其进行深入分析后，将数据应用到零售的全流程，通过智能化、全渠道、数据驱动、个性化与预防性服务创新，为业务优化提供支持和依据，从而提升服务效率，不断完善售后服务体验，形成良性的服务闭环；零售需求升级化是零售企业"上云""用数"，在提高零售运营效率、降本增效的同时，助推企业洞察、了解消费者需求，并把需求及时转换成商品，为消费者提供更多高品质、个性化的商品或服务，反过来促进零售需求的升级。

三、全渠道零售及主要表现

零售渠道的演化，在技术（生产技术、信息技术、物流技术、资金流技术等）与零售渠道融合发展推动下，先后经历了单渠道阶段（1990—1999）、

---

① 徐君，郭鑫.区块链技术驱动新零售生态圈的作用机制及提升策略 [J]. 经济体制改革，2021（02）：180-186.

② 王宝义."新零售"演化和迭代的态势分析与趋势研判 [J]. 中国流通经济，2019，33（10）：13-21.

多渠道阶段（2000—2009）、跨渠道阶段（2010—2011）和全渠道阶段（2012年至今）4个阶段[①]。全渠道是一个复杂的系统，通过整合零售交易各环节中的渠道资源，突破渠道壁垒，满足消费者无缝衔接的购物需求[②]。

数字经济时代，零售业数字化转型以全渠道模式为核心形式进行探索，消费者在零售消费时可以突破时空限制进行购物、社交、娱乐等综合体验，围绕"人货场"三大核心要素的重构，旨在为消费者提供更为便利的消费体验，基于顾客流、信息流、资金流、物流的协同而完成。

与传统的消费者购物过程相比，全渠道零售的消费者购物通过客流导入，包括利用综合的营销方式吸引消费者，向消费者展示商品服务，利用促销、优惠等各种方式激发消费者购买欲望，消费者购买后的配送等服务。在此过程中，全渠道零售为了给消费者更好的购物体验，收集整理消费者购物环节形成的数据，并勾画数字化的消费画像。零售企业通过数字客户管理系统的构建，精准地为顾客提供所需服务并与之深度互动[③]。

可见全渠道零售是一种新型零售模式，是采购、营销和履约等消费者购物全流程的系统高度协同，旨在为消费者提供"无缝"渠道体验。在此过程中，零售企业可以从全渠道信息传递、订单管理、支付、配送、售后服务及客户数字关系管理等每个环节优化整合，优化不同渠道类型间的无缝切换，提供更好的契合消费者需求的服务。

四、零售数字化及主要表现

零售业是中国数字化进程快速推进的前沿和缩影，作为创新最活跃的产业，积极运用大数据、人工智能、云计算等数字技术，获取零售业每个环节

---

① 李飞. 全渠道零售的含义、成因及对策——再论迎接中国多渠道零售革命风暴 [J]. 北京工商大学学报（社会科学版），2013，28（02）：1-11.

② Saghiri S，Wilding R，Mena C，et al. To-ward a Three-dimensional Framework for Omni-channel [J]. Journal of Business Research，2017，77（8）：53-67.

③ 齐永智，张梦霞. 全渠道零售：演化、过程与实施 [J]. 中国流通经济，2014，28（12）：115-121.

的数据，对"人货场"核心要素的重组，实现精准决策、精准营销，进而降低交易成本、提高流通效率、优化消费体验，形成新型高效的零售数字化创新模式。

零售数字化创新的关键机理不是更改"人货场"核心要素，而是以消费者需求为出发点，将数字化技术深度应用到产品、业务、流程、组织、人员等各要素环节中，通过线上平台与线下实体融合的方式，形成"人与货""货与货""人与人"之间的充分互联互通，促使商品流通打破近乎一切时间和空间限制，推动商流、物流、资金流、信息流、服务流"五流合一"，提升零售过程中对于敏捷匹配供需的能力，促使商品以更短的流通时间开拓更远的市场空间，从时、空双重维度提升流通效率，并催生了社群经济、平台经济等似乎更能体现人文关怀和协同理念的新型流通组织形式①。

零售数字化的表现主要有五方面：一是基于消费需求构建跨时空多元化消费场景，如实体店、线上电商平台等线上线下构建多维立体实体场景和虚拟场景，通过数字技术营造跨时间、空间的全场景在线，提升零售数字化转型的规模经济和范围经济。二是利用数字技术实现商品服务的价值增值，如利用消费需求数据构建面向产品的全生命周期研发、生产和服务体系，推动商品服务的供应链与服务链整合，从零售商向服务商转变。三是以逆向整合供应链的方式创新商业模式。零售企业基于自身资源能力和外部环境与机遇，可选择性地构建复合服务型商业模式、平台协同型商业模式、技术驱动型商业模式、价值共创型商业模式和产品驱动型商业模式等不同商业模式。四是基于数据能力的业务流程再造和组织重构。五是基于数字化开放平台的内外部资源智能协同。②

零售业数字化转型是指基于大数据来挖掘并且分析出消费者用户需求，构建连接消费者、零售商、供应商、生产商以及各种相关资源和数据的数字化商业生态网络，打破消费者购物的时空限制，提升生产与流通间的供给质

① 谢莉娟，王晓东. 数字化零售的政治经济学分析 [J]. 马克思主义研究，2020（02）：100–110.
② 李晓雪，路红艳，林梦. 零售业数字化转型机理研究 [J]. 中国流通经济，2020，34（04）：32–40.

量和供给效率。在零售业数字化转型的过程中，数字技术深度应用到每个环节，并形成强大数据管理运营支撑系统。从图 11.1 可以看出在零售业数字化转型过程中，人是拉动零售业升级转型的第一动力，牵引着整个零售流程的重构变化，并通过以消费者需求为主导来全面综合进行数据分析[①]。

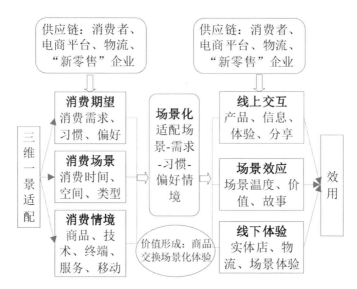

图 11.1　零售业数字化价值实现图

第四节　零售业数字化转型对经济增长的影响

零售业作为生产与消费的核心媒介，其数字化转型的目的在于畅通经济循环，更好地服务经济增长。零售业数字化是数字经济发展的重要贸易形式之一，通过重塑人民的生活方式和社会关系方式，进一步促进居民消费理念、行为与方式的转变，持续激发消费促进经济增长的基础性动能。

---

① 许金杏.基于消费心理变化的新零售业态整合问题研究 [J]. 商业经济研究，2021（05）：62-64.

一、零售业数字化转型有利于社会再生产

在百年未有之大变局加速演进、动荡变革的全球大趋势下，世界面临新的不稳定、不确定和难预料因素。新一轮科技革命和产业变革方兴未艾，产业数字化、数字产业化加速演化，推动全球经济探索复苏之道。中国持续推动高质量发展，顺应科技革命和产业变革的有利时机，加快发展新质生产力，培育壮大新动能。新时代，高质量发展的着力点在于尽快形成消费主导的新增长模式，不断释放消费对拉动经济增长潜能的关键，在于数字化零售核心媒介职能的发挥。

零售业数字化转型对经济增长的促进作用，可从马克思社会再生产理论中的生产、分配、交换和消费四个环节来论述①。在生产环节，为实现资源的合理最优配置，利用数字经济时代下的大数据技术，以消费者的需求为导向，生产能满足消费者个性化需求的产品与服务。在分配环节，利用数字技术重点解决市场中产品与服务的供需错失与失衡的相关问题②，根据区域间的特色差异化，寻找能够充分展现区域性特色的产品或服务。在交换环节，打造适合当前新时代潮流的新型产品，注意要与前者生产环节的创造性发展战略相结合，比如将"互联网+"的新型产品横向纵向拓展，延伸产业链，逐渐形成"一条龙"的产品服务趋势。

马克思主义经济学理论将消费划分为生产性消费和生活性消费。生产性消费是从社会生产层面来讲的，是工人在工厂里进行生产时必须消费掉的原材料；生活性消费是从个人消费层面来说的，是消费者为了生存和进行"再生产"而购买的生活资料。数字化时代劳动方式和消费方式已经升级迭代，零售业数字化转型成为贯穿从传统消费到新型消费发展过程中具有基础性作用的技术支配逻辑，已经覆盖到社会生产生活的方方面面，影响着消费制

---

① Gould K T. Meeting Today's Challenges in Travel Retail with Digital Commerce Marketplaces[J]. Journal of Airport Management，2019（03）：245-253.

② 蔡爱玲，王钧，李婧贤，等 . 我国中部地区不同等级城市零售业空间布局特征研究 [J]. 北京大学学报（自然科学版），2018，54（05）：1114-1122.

度、消费方式、消费观念、消费工具、消费关系等的变化，助推社会再生产循环发展，促进经济增长。

二、零售业数字化转型可提升经济增长质量

数字化的发展有助于零售业升级转型，以数据为基础的零售业数字化可以促进企业创造更多就业机会、提高运营效益、降低边际成本等。零售业数字化可以增加就业，缩小城乡收入差距，转变生产、生活方式，打破时间和空间限制，满足人民生产、生活需要，进而驱动经济增长；可以转变商业运营模式，促进生产端生产效率的提升，生产制造、研发创新得以转型升级，改善供需关系的高效适配；可以优化资本要素、生产要素等资源配置，促进资本、技术与知识等资源在不同市场主体间的流动，为经济增长注入新动能。

零售业数字化过程中的数字技术应用可带来技术升级效应，进而促进产业间深度融合发展的产业关联效应，推动经济增长质效的提升。技术升级效应首先表现在自我发展效应，促使传统消费方式和行为向不受时空限制的消费服务转变，刺激消费需求及消费潜力，推动零售消费的规模扩张，直接提高经济增长质量。零售企业在数字化转型过程中，增强创新能力，提升对目标客户的捕捉能力，及时获取用户信息和反馈信息，以此提升企业利润，提高零售业数字化对经济增长的推动作用。

零售业数字化将突破产业边界，加速与关联产业的协同发展与融合共生，间接提升经济增长质量。零售业是国民经济的先导产业和基础产业，是消费拉动经济增长的着力点。零售业数字化促进线上网络销售的快速发展，重构零售业与其他产业之间的关联，增加诸如物流配送、带货直播等关联产业的市场需求，以新需求激发市场活力，推动产品和服务的创新，进而推动经济的跨越式发展。

三、零售业数字化转型有利于优化经济结构

商务部将 2024 年定为中国"消费促进年"。消费持续稳定增长是实现经济增长提速换挡、经济结构优化升级的"领头雁",也是保障经济发展动力转换、经济水平稳步提升的"压舱石"[①]。连接生产与消费的零售业被赋予了重要循环载体职能,是引导生产、扩大消费的核心媒介。零售业数字化、智能化、标准化、协同化转型,培育新增长点,发展成为深度激发内需消费潜能、服务扩大内需战略的重要抓手。

根据前文分析零售业数字化演化及主要表现,利用数字技术创新消费新场景,可以满足多元消费新需求;顺应消费新需求,可以重构零售消费新模式。零售业数字化升级可以在促进消费增长中直接稳定经济发展,反过来消费增长可成为引领零售业升级的新动力,间接促进经济增长。

零售业数字化转型升级可带来消费总量扩张效应和结构优化效应。其中总量扩张效应表现为零售业数字化由低附加价值、低规模经济状态向高附加价值、高规模经济状态演变。在零售业数字化升级中,产业链上下游的产品也随之从低端向高端演化,产品附加价值得以提升,企业收入增加,居民收入也随之得以提高,进而提高居民的购买力,促进消费总量的扩张。结构优化效应是指零售业数字化升级可降低"供需错配",促进消费结构升级。随着新一代数字信息技术的迭代升级与应用深化,零售业数字化升级可增加高质量的产品或服务供给,提高居民消费中高质量、高附加价值产品服务的消费比重,助推消费结构提质增效,刺激形成新的需求和消费热点,反过来影响生产端的低端生产供给向中高端攀升,带动产业结构的优化升级。

消费升级可成为引领零售业升级的新动力。一方面,根据恩格尔定律,居民收入水平的提高会降低需求收入弹性低的产品需求,提高需求收入弹性高的产品需求,中国消费者正在从生存型消费向发展型、享受型消费升级,

---

① 王琪延,张珊.新冠肺炎疫情下居民消费结构变动研究 [J].调研世界,2022(04):3-14.

消费升级激发高端需求，相应的产业结构中的高端产品服务供给也不断提高，这就要求零售业既要提升满足消费升级的高质量供给，又要发挥供需两端的精准适配，引导高端生产制造和高端消费需求的经济占比不断提高。另一方面，消费升级会通过消费结构变化引导生产要素向高端产业攀升，助推高端产业技术的创新和进步，以满足消费升级带来的高端消费需求，在此过程中，资本、技术等要素也不例外地向零售业倾斜，促进零售业的升级转型。

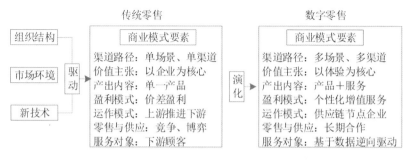

图 11.2　零售业数字化的驱动演化示意图

四、零售业数字化转型有利于拓展下沉市场

下沉市场是指三线及以下城市、县镇与农村地区的市场，其消费人数占国内全部消费市场的 2/3。从规模上来看，目前中国下沉市场中有近 300 个地级市、2000 个县城、40000 个乡镇、660000 个村庄。对数字经济时代的零售业来说，如何开拓规模巨大的下沉市场成为新的时代课题。从配套支撑条件来看，随着互联网技术的普及和居民收入水平的提高，下沉市场的居民也进入了互联网时代，物流配送的效率提升及向下沉市场倾斜、数字基础设施的日益完善等，要求零售业用新供给去创造新需求。从用户特征来看，下沉市场居民收入及消费水平稳步提升，网购消费行为趋于日常化，消费升级趋势明显，消费潜力巨大，已有生存型消费逐步发展为生存型消费及享受型

消费并重[1]。从需求属性来看，下沉市场的居民收入虽不如一二线城市的居民高，但车贷房贷压力小，闲暇时间较多，消费品类多追求性价比，与城市居民存在较大的消费差距，从"城尾乡头"的县城到广大的农村地区，下沉市场不断释放出立体的、多层次的消费需求。

零售业数字化转型有利于开拓下沉市场的新蓝海。首先可利用数字技术创新符合下沉市场需求的产品服务供给形式。下沉市场消费从"重产品"向"重品牌"过渡的新背景下，零售企业以连锁经营等方式抢滩下沉市场，多选取品牌认知度高的商品服务，以满足"小镇青年""小镇家庭"的多元化、个性化需求。其次可创新数字化服务，拓展下沉市场营销渠道。将近年来涌现的新业态、新模式、新场景应用到下沉市场，利用数字技术精准匹配消费需求，提升零售企业的数字化服务方案，推动数字应用基于供应链进行全流程延伸，提升下沉市场的商品服务效率。最后要补齐零售业数字化转型中的短板，释放下沉市场"向上"潜力。零售业一方面在因地制宜的织密下沉市场的商业网点，为县乡居民提供更为便捷的购物服务；另一方面也在不断地加快线上线下与物流的深度融合发展进程，以全产业链合作、多渠道协同发展的方式服务下沉市场。

五、零售业数字化转型有利于全国统一大市场建设

世界百年未有之大变局加速演进，外部国际经济形势不确定、不稳定因素增加，内部超大规模市场优势未能有效凸显，加快全国统一大市场建设成为增强经济内生发展的动力。经济循环畅通是建设全国统一大市场的基础，要素自由流动是建设全国统一大市场的前提，公平竞争是建设全国统一大市场的保障，良好治理是建设全国统一大市场的关键[2]。

---

[1]　安媛媛.基于下沉市场群体消费特征的电商业态模式创新研究 [J].商业经济研究，2023（12）：123-126.

[2]　周文，李亚男.建设全国统一大市场：从分割到高质量发展 [J].马克思主义与现实，2024（02）：92-100.

零售业数字化转型有助于提高创新资源利用效率与配置效率，扩张企业市场规模，增强零售企业竞争力，并依托国内超大规模市场优势，持续挖掘、释放内需潜力[①]。零售业数字化转型对全国统一大市场建设的推动作用，主要表现在三方面。

一是基于零售数字化带来的集聚效应，推动创新要素的合理有序流动。依托数字新基建的数字零售基础设施建设能够打破时空限制，扩大创新要素在全国范围的自由流动，基于集聚效应整合区域内原有要素资源，实现零售业的创新模式升级。

二是基于零售数字化带来的长尾效应，激发内需消费的规模经济。数字化零售平台的搭建提升了区域间商贸便利化程度，可以更好地满足消费者的即时性消费需求，同时依托平台信息的导向性建立供需反馈机制，精准生产、适配营销。消费市场变化引发生产环节的规模经济，推动商品服务的区域间流转，推动区域间经济联系，加快全国统一大市场建设。

三是基于零售数字化转型的网络效应，促进全国统一大市场循环畅通。零售业数字化转型模糊了区域间商贸边界，形成内畅外联的智慧零售网络，既有利于零售企业内部采购、制造、研发、销售等全过程的数字化连接，又有利于企业通过跨区域经营战略布局，整合内外部资源，以强互动性、去中心化、低门槛等优势消除企业间信息壁垒，拓展延伸区域间供产销链条，在避免区域间同质化恶性竞争、产业结构趋同的基础上，加快形成更优的市场规模、市场组织、市场空间以及市场机制，促进全国统一大市场循环畅通[②]。

[①] 郝爱民，任禛，冉净斐. 流通数字化赋能全国统一大市场建设的机理与效应研究 [J]. 统计研究，2024，41（04）：40-53.

[②] 刘志彪，孔令池. 从分割走向整合：推进国内统一大市场建设的阻力与对策 [J]. 中国工业经济，2021（08）：20-36.

第五节　零售业数字化转型与经济增长互动的实现路径

数字经济时代，零售业以数字化创新、优化供给、促进消费的方式服务经济增长，表现为以"数据＋算力＋算法"为代表的数字生产力引领零售企业数字化转型、促进消费和供给高效匹配，带来了工具革命和决策革命，也带来了促进经济增长的范式革命。

一、利用数字生产力加快零售业数字化转型，培育经济增长新动能

创新驱动是数字经济的重要特征，创新加快融入零售业的传统要素中，数据成为新生产要素，改变了经济增长路径。以"数据＋算力＋算法"为代表的数字生产力引领零售企业数字化转型，可以释放消费潜能，优化资源配置，提升流通效率，成为创新驱动的新动力。零售业数字化转型促进经济增长的方式，从要素驱动向创新驱动、从外延式扩张向内涵式发展转变，与数字经济相适应的制度创新也不断调适，与技术创新相互促进[①]。

数字经济的发展促进了零售业数字化创新能力的提升。在微观企业层面，零售企业应积极利用数字技术，以消费者的需求为导向，加速线上线下创新融合、产业链跨界融合，超越传统企业组织边界，打造促进经济增长的新支点，对零售企业产生进化效应。在中观层面，零售业利用数字技术的扩散效应，突破时空、区域限制，打破产业边界，优化创新资源配置，将创新成果向上下游产业链渗透，在促进零售产业结构数字化转型的基础上，带动关联产业结构的转型升级。在宏观层面，数据资源已成为新的生产要素，电子商务、在线支付等在零售业中的投入及深度应用，边际成本随着用户规模的增加而递减，共享资源推动技术吸收与再创新速度，相关市场融合并逐渐

---

① 欧阳日辉. 数字经济中经济增长的新动力与新范式 [J]. 广东社会科学，2024（01）：15–26，284.

形成规模效应，进而提升经济增长中的创新能力[①]。

二、利用数字平台加快零售业数字化转型，促进供需动态平衡

数字平台是供需高水平平衡的重要载体，兼具市场与企业的功能：一方面，数字平台为供需双方提供互动空间，将"数据＋算力＋算法"进行组合，提升零售业中信息流、资金流、商流、物流等的运作效率，可增强信息交互有效性，更好地实现供需的精准匹配；另一方面，平台经济是以消费为起点，与产业互联网平台的整合，尤其是以电商平台为主的交易型产业互联网平台，通过需求驱动，贯通生产、分配、流通和消费等社会再生产的各个环节，形成需求牵引供给、供给创造需求的更高水平的动态平衡，增加经济增长的稳定性。

通过零售数字平台的构建，一方面提升高质量供给能力，整合产业链、资金链、人才链等的协同融合发展，拓展传统市场边界，促进以需求为导向的生产端专业分工，提升高端化、定制化、柔性化的生产供给能力，通过供需精准匹配实现产销合一，满足消费不断升级的新需求。另一方面在供给创新与需求变革互动中实现"供给创造需求"，在数字技术迭代升级与深度应用中不断创造新的消费需求。尤其是数字产品成为消费的热点，数字平台通过提供网络零售、在线支付、即时配送、精准营销等创新服务，构建联动效应平台，既可迅速将消费需求及变化传导到生产端的供应链、产业链，利用数字技术升级形成新产品、新服务，又可以把新产品、新服务迅速推入消费市场，形成工序之间更高效更高水平的互动式动态平台。

三、构建数字生态圈加快零售业数字化转型，驱动产业融合升级

数字生态通过推动传统零售业加速向网络化、数字化、智能化、协同

---

① 温珺，阎志军，程愚. 数字经济驱动创新效应研究——基于省际面板数据的回归 [J]. 经济体制改革，2020（03）：31-38.

化方向演进升级，持续催生零售业内部组织结构变革、商业模式重构、经营战略重组等，实现零售业高质量供给体系的效率提升与质量优化。零售数字生态系统圈是一个开放、非均衡、自组织的复杂系统，是在互联网、在线支付、物流快递等新兴商业基础设施的环境中，以消费者的需求为中心，涉及供应商、零售商、消费者、电商平台、物流配送企业、金融机构及其他利益相关者之间相互作用的，能实现经济社会效应且稳定持续的体系[①]。

以数字生产力为核心要素的零售数字生态圈的构建，主要从三个方面着手。首先要促进数据的协同共享。零售数字生态圈旨在实现数据的实时共享，围绕产业链不同环节、不同主体、不同客体的行为信息，包括不同种类数据及不同的生产要素跨级融合，构建描述产业运行基本态势的全息数据体系。其次要促进业务的深度协同。基于消费者需求及变化，在数据协同共享基础上，通过精准预测、定制研发、柔性生产、精准营销等方式，实现技术、资本、数据等要素的协同共享与精准产销。再次要实现价值共创。零售业在数据共享与业务协同基础上，利用数字技术创新不断突破业务边界，促进产业链、价值链、资金链、人才链等相互交叉、相互缠绕，形成有机的价值网络体系。零售企业自身的数字化改造、数字化平台建设，以及与供应商、物流服务商等合作伙伴通过数字化连接，形成零售数字生态圈，零售企业及关联企业可以实现更加高效、协同的运营管理，提高整体效率和竞争力。

---

① 雷兵.网络零售生态系统种群成长的系统动力学分析 [J].管理评论，2017，29（06）：152-164.

主要参考文献

［1］安筱鹏.重构：数字化转型的逻辑 [M].北京：电子工业出版社，2019.

［2］包振山.中国零售业演变的内在逻辑与政策体系构建 [M].北京：经济科学出版社，2020.

［3］卞亦文.平台零售运营管理决策：模型与方法 [M].北京：科学出版社，2024.

［4］钞小静.数字经济推动经济高质量发展的机制及路径研究 [M].北京：人民出版社，2024.

［5］丁宁，丁华.流通业功能扩展机制及其影响效应研究 [M].北京：经济科学出版社，2021.

［6］韩文龙.数字经济学（第二版）[M].北京：人民出版社，2024.

［7］黄奇帆，朱岩，邵平.数字经济内涵与路径 [M].北京：中信出版社，2022.

［8］李飞.零售革命（修订版）[M].北京：经济科学出版社，2018.

［9］李丽.流通服务业高质量发展的路径选择与政策体系构建 [M].北京：经济科学出版社，2022.

［10］刘戈.双重迭代——后消费时代的商业模式 [M].北京：机械工业出版社，2024.

［11］马克西姆·C·科恩，保罗·埃米尔·格拉斯，阿瑟·庞特科斯蒂，张任宇.零售业需求预测 [M].罗敏，张莲民，朱妍，译.南京：南京大学出版社，2024.

［12］茹少峰，张青.数字经济赋能经济高质量发展 [M].北京：人民出版社，2022.

［13］孙前进.零售业改革与发展 [M].北京：中国财富出版社，2012.

［14］王济川，郭志刚.Logistic 回归模型：方法与应用[M].北京：高等教育出版社，2001.

［15］吴明隆.问卷统计分析实务 [M].重庆：重庆大学出版社，2010.

［16］夏杰长，李坚飞.新零售服务供应链的质量稳态及其协同演化 [M].北京：经济管理出版社，2024.

［17］肖怡.零售模式变革：数字经济时代零售企业生存之道 [M].北京：企业管理出版社，2021.

［18］阳翼.数字消费者行为学 [M].北京：中国人民大学出版社，2022.

［19］杨虎涛.数字经济：底层逻辑与现实变革 [M].北京：社会科学文献出版社，2023.

［20］杨水根.流通产业减贫：理论机理、效应测度与机制创新 [M].北京：人民出版社，2023.

［21］依绍华.流通创新促进品质消费发展研究 [M].北京：中国社会科学出版社，2021.

［22］张文松.平台战略：无边界的价值共创与共享 [M].北京：机械工业出版社，2024.

［23］郑斌斌.平台经济背景下零售商业模式创新研究 [M].厦门：厦门大学出版社，2023.

［24］郑石明.商业模式变革 [M].广州：广东经济出版社，2006.

［25］周纪昌，张梦雨，王彦杰，刘鹏.中国数字经济发展的微观驱动机理研究 [M].北京：经济科学出版社，2023.

［26］庄尚文，秦杰.流通促进经济循环的机制及数字化创新研究 [M].大连：东北财经大学出版社，2024.

［27］邹红.消费视域下人民美好生活需要研究：理论内涵与实现路径 [M].北京：科学出版社，2023.

［28］馮睿.外資小売業の中国市場参入—新興市場における小売国際化プロセスの展開 [M].名古屋：三惠社，2011.

［29］久保村隆祐.商学通論（七訂版）[M].東京：同文館，2009.

［30］矢作敏行.小売国際化プロセス—理論とケースで考える [M].東京：有斐閣，2007.

［31］謝憲文 .WTO 加盟後の中国流通政策の展開 [M]// 松江宏 . 現代中国の流通 . 東京：同文館，2005.

［32］謝憲文 . グローバル化が進む―中国の流通・マーケティング [M]. 東京：創成社，2009.

［33］岩間信之 . 改訂新版フードデザート問題　無縁社会が生む「食の砂漠」[M]. 東京：農林統計協会，2013.

［34］岩永忠康 . 流通国際化研究の現段階 [M]. 東京：同友館，2009.

［35］楊陽 . 変化する中国の小売業―小売業態の発展プロセス [M]. 東京：専修大学出版会，2015.

［36］Buton K J. Urban Economics[M]. Urban Economics Department of National Economy Institute of Shanghai Academy of Social Science，Trans. Beijing：The Commercial Press，1984.

［37］Easterlin R A，Sawangfa O. Happiness and Economic Growth：Does the Cross Section Predict Time Trends？Evidence from Developing Countries[M]. Oxford：Oxford University Press，2010.

［38］Geunes J，Pardalos P M，Romeijn H E. Supply Chain Management：Models，Applications，And Research Directions[M]. New York：Springer Science + Business Media，Inc.，2002.

［39］Malcolm P McNair. Significant Trends and Development in Post War Period[M]. Pittsburgh：University of Pittsburgh Press，1958.

［40］Silverman B W. Density Estimation for Statistics and Data Analysis[M]. New York：Chapman and hall，1986.

［41］Yin R K. Case Study Research：Design and Methods（5th ed.）[M]. Thousand Oaks，CA：Sage，2014.

后记

　　《数字经济时代中国零售业数字化创新与转型》是我继《中国零售业演变的内在逻辑与政策体系构建》一书后，关于零售研究的第二本著作。数字经济成为重组全球要素资源、重塑全球经济结构、改变全球竞争格局的关键力量。数字经济成为中国经济社会变革发展的新动能，"数字产业化""产业数字化"成为时代命题，数字化转型正在驱动生产方式、生活方式和治理方式发生深刻变革。由此，为应对新形势新挑战，把握数字化发展新机遇，拓展经济发展新空间，提高数字信息技术在零售业中的运用，发挥海量数据作用和丰富应用场景，适应并引导日益个性化、多样化的消费需求，成为拓展零售业发展新空间的重要抓手。

　　自攻读博士学位 10 余年以来，我一直致力于零售经济的研究，从第一篇学术论文在期刊发表至今，深感零售经济受到经济社会环境变化影响之大、中国零售业变革速度之快，对此进行的研究课题之重要。但从马克思主义哲学中的辩证论来看，越是变革快的事物，越是对经济社会发展具有重要性，但也越是难以捕捉到其演变的内在规律。在我对中国零售经济的研究中，深切感受到其中的难度，随着零售业创新变革进程的加快，零售经济的研究变得愈发复杂，对研究者来说主要表现在对此研究的论文发表，尤其是中文核心以上期刊论文的发表难度在骤增，申报相关领域的各级别课题难度在增加，立项率在降低。这或许也是"内卷"的一种体现形式吧。

"内卷"当然不仅仅体现在对零售经济的研究，体现在研究的各个领域，体现在经济社会发展的方方面面。各行各业、各类人群都在探索破解"内卷"之道，但无奈的现实却是，大家越是努力地去探索，越是加剧了"内卷"程度。"打不过就加入"吧，无奈之余重抖擞继续探索，这或许就是本书产生的背景。

愈挫愈勇或许是做研究者的最低素养，尤其是对农村出身，经历过与饥饿寒冷斗争的我来说。父母说我出生的 1984 年，遭遇了多年未有的地震，出生后不久就在帐篷里居住，天然的日光浴赋予我全身黝黑的肤色，并被村里人嘲笑多年。现在偶尔回村里，也会被村里的老人问："怎么不黑了？"求学也是一路坎坷，小学时升二年级差点受挫，据说是大舅找了人才没有留级；升高中时差点辍学，后来以"高价学费"的形式得以继续学习。高考第一年恰逢中国男子足球闯入世界杯，高考成绩如同那届世界杯的中国足球表现一样，复读一年才得以考入大学。多年的挫折经历锻淬了我坚韧的意志，进入大学后如同打开了"心智"的"任督二脉"，学习成绩、社会实践等得以齐头并进，学校奖学金、国家奖学金等接踵而来。

囿于农村家庭出身，我和哥哥同一年考取大学，这对一个农村家庭来说是个巨大的考验。为了我们兄弟二人的求学，作为家里老大的姐姐初中未读完就辍学外出务工。犹记得高三复读时，奶奶身患癌症，本就贫困的家庭雪上又加了霜，最最困难时妈妈私下对爸爸说："对奶奶的治疗已经尽力了，放弃吧，不然两个孩子也没钱供读了。"但这对传统思想发源地的人们来说，是要背上不孝之名的。父母为家庭的辛勤劳作，姐姐为我们兄弟读书的无私付出，才让我们家庭这艘小船渡过了一次又一次的难关。这种艰难经历，不仅锻造了我越挫越勇的品格，也让我学会了感恩。

危机中有危也有机。我大学的专业是旅游管理，大二上学期考出导游证后，就利用五一、十一及周末寒暑假，以"实习锻炼"之名从事导游带团工作。现在回想起来还是很感谢这个专业，曾经的导游带团实践，不仅增长了我的专业能力，也帮我解决了学费、生活费等经济问题。这种实践一直持续到我出国留学，完美解决了大学、研究生乃至出国留学的费用。

留学期间，起初是语言不通，为此除了去参加国际科为留学生开设的语言课外，还去蹭本科生的课。其后为了博士入学备考中断了打工。考试完马上切换到打工模式，一天同时打 3 份工，曾创下一天工作 20 小时的记录。或许是天道酬勤，博士入学后，成功申请到了中国政府的公派留学奖学金，由自费留学转变为公派留学，打工也由早期的夜间快递分拣、拉面店切菜零工，升级为在环日本海经济研究所（现合并到新潟县立大学）做研究员的助手。

博士学成回国后，就职于盐城师范学院，原有的定性理论分析学术训练，遭遇到当时国内主流研究偏定量实证，不管论文投稿还是基金申报，屡屡碰壁。坚毅的品格再次提醒我，断臂自救才会有破茧成蝶的喜悦。挫折后的痛定思痛转型，让我归零自我重新出发。从起初的文章被嘲笑为"日语式中文"到现在的中国情境满满，从起初的普通期刊到现在的中文核心期刊，从起初的市厅级基金到现在的国家社科基金，让我再次感知到"山重水复疑无路"的困境和"付出就有收获"的内涵。

道阻且长，不管是科研还是生活，唯有砥砺前行，才会有收获的喜悦。或许是困难越大，成就感才会越强。